개정신판

신약성서 헬라어 교본

박창환 역편

대한기독교서회

개정신판 신약성서 헬라어 교본

1962년 3월 25일 초 판 1쇄
2006년 1월 10일 개정신판 1쇄
2026년 1월 25일 개정신판 20쇄

지은이/박창환 역편
펴낸이/김보현
펴낸곳/대한기독교서회
편집책임/정길호

등록/1967년 8월 26일 제1967-000002호
주소/서울시 강동구 성내로 16(성내동)
전화/편집 553-0873~4 영업 553-0870~7
팩스/편집 3453-1639 영업 555-7721
e-mail/editor@clsk.org
http://www.clsk.org

책번호/1062
ISBN 978-89-511-0810-5 93230

The Christian Literature Society of Korea, Seoul
Printed in Korea

*책값은 뒤표지에 있습니다.

개정신판

신약성서 헬라어 교본

초판 머리말

과거 10여 년 동안 신학대학에서 신약성서 헬라어를 가르치면서 헬라어 교과서가 얼마나 시급히 필요한지 깨닫고 있었으나 이 문제를 해결할 방도를 별로 생각지 못하고 지내왔다. 우리나라 안에 있는 여러 신학교에서 각각 외국어로 된 적당한 교과서를 택하여 원서로나 번역물을 가지고 가르쳐 왔다. 우리말로 교과서를 만들어야겠다고 생각하면서도 망설이게 된 것은 내 자신이 얼마나 헬라어를 다룰 수 있는 지식이 있느냐 하는 것과 또 얼마나 우리말을 문법적으로 알고 있느냐 하는 자문(自問)에 대하여 조금도 긍정적인 대답을 할 만한 준비가 되지 않았기 때문이었다. 무엇보다도 우리말 문법을 자세히 알아야 하는데 부끄럽게도 그렇지 못한 것이 문제였다. 그러나 다만 얼마만큼이라도 정리해 나가며 죽이 되든 밥이 되든 한 번 만들어 볼 수밖에 없다는 생각으로 이 일을 시작하였다.

우리나라에는 신도들의 수가 많으며, 특별히 성서를 사랑하는 사람들이 많이 있지만, 신학생들 외에 성서 원어를 공부하는 사람은 극히 드물다. 그것은 우리말로 된 헬라어 문법책을 만들어 주지 못한 탓이라고 보아야 할 것이다. 그래서 완전히 학교 교과서로 간단 명료하게 만들어 교사의 설명을 붙이도록 하는 방법보다는 독학하는 사람들을 위하여 좀 더 자세하게 설명을 붙이는 방식을 취하도록 하였다. 따라서 그와 같은 종류의 교과서로 대표적인 J. G. Machen 박사의 *New Testament Greek for Beginners*를 대본으로 정하고, 그것을 기초로 번역하여 엮어 보기로 했다.

지금까지의 경험을 통해서 보면 신학생들은 신학교에서 한두 해 헬라어를 공부했지만, 그것이 산 도구가 되지 못하고 졸업 후에는 하나의 쓰라린 옛 추억으로 남게 되는 것이 보통인 것 같다. 그것도 역시 헬라어 교사들인 우리의 책임이라고 여겨진다. 즉 그들이 학교에서 겨우 초보 문법을 배우고 나가는데 그 후에 그 이상 발전시키고 더 연구할 만한 참고서가 없는 것이다. 그러므로 초보 지식을 가진 사람이 열심만 있으면 헬라어 성서를 읽어 활용할 수 있는 길을 조금이라도 열어 주기 위하여 이 책에는 조금 더 전문적인 내용을 첨가하였다. 이를테면 시제(tense)에 대한 보다 세밀한 설명이라든가 희구법(希救法, optative mood)의 변화라든가 그 밖에 성서를 읽어 나가는 데 걸리게 될 요소들을 가급적 많이 덧붙였다. 특히 부록에는 시제(tense)와 법(mood)에 관한 설명을 다시 종합하여 모아 놓았으며, 교과서 본론에서 볼 수 없는 내용을 수록하였다. 낱말이나 익힘 문제는 메이첸 박사의 책을 그대로 따왔으며 문법의 내용 순서도 거의 그것을 따랐다.

이 책을 교과서로 사용하는 교사들은 초보자들에게 반드시 필요하지 않은 내용이나 그들에게 너무 번거로워 무거운 부담이 될 것으로 보이는 부분은 빼놓고 가르치는 것이 현명할 것이다. 우리나라의 형편으로는 초보자 이상을 위해 고급 헬라어 문법책을 구해 보는 일이 그리 쉬운 일이 아니기 때문에, 또 그런 특별한 책을 당장에 저술할 도리도 없기 때문에 이렇게 초보자에게 반드시 필요하지는 않은 내용까지 이 책에 얼버무려 놓게 된 것이다.

성서를 좀 더 깊이 연구하려는 학도들에게 조금이나마 도움이 되기를 바라면서 이 부족한 책을 내어 놓기로 한다.

1962년 8월
옮기어 엮은이

개정신판 출간에 즈음하여

이 책의 초판이 1962년 9월에 나왔으니, 벌써 40여 년 전의 일이다. 그동안 이 방면의 교과서가 별로 없었기에 거의 독점하다시피 많은 신학생들의 애용 서적이 되었었다. 수십 쇄를 찍는 동안 연판이 마모되어 더 이상은 찍을 수 없게 되자, 완전히 새롭게 판을 짜는 작업을 했다. 그러나 취급 전문가들의 미숙 때문인지 새로 나온 책이 내용에서 오자가 많아서 사용자들에게 불편을 주었고, 또 오도할 가능성도 있어서 염려스러웠었다.

이번에 다시 장로회신학대학교의 소기천 교수가 학생들과 오랫동안 수업을 진행하면서 일일이 교정해 주고, 또한 책을 참고하면서 책임 편집을 해 준 정길호 목사의 수고로 미비한 점들이 보수되고, 용어나 어투를 현대어로 수정 · 통일하고, 한글을 헬라어로 번역하는 익힘 문제를 삭제하는 등 새롭게 개정을 하게 되었다. 소기천 교수와 대한기독교서회에 감사를 드린다. 성서 이해에 필수적인 원어 공부를 위하여 도움이 되는 좋은 교과서가 나온다는 것은 교회 전체의 경사가 아닐 수 없다. 이 책을 애용함으로써 한국 교회 발전에 이바지하는 결과가 나타나기를 기원한다.

2005년 12월

옮기어 엮은이 박창환

차례

들어가는 말

아시아 중서부에서 발생한 대아리안족은 서방으로 이주해 갔다. 그들 원시 족속들 가운데 한 족속이 지금 그리스로 알려져 있는 남 유럽의 작은 반도로 이민하여 내려갔다. 지리적으로 매우 복잡하고 많은 산맥들과 해안선의 심한 굴곡 때문에 자연히 그 나라는 여러 부분으로 나뉘었다. 따라서 거기에 사는 주민들은 서로 교류하기가 힘들었고 생활과 언어의 통일이 매우 힘들었다. 그래서 여러 가지 방언이 곳곳마다 생기게 되었다. 그중에 대표적인 것은 도리스(Doric), 애올리스(Aeolic), 이오니스(Ionic) 방언이었으며, 그중에서도 이오니스 방언은 가장 영향력이 있고 매력이 있어서 후대의 헬라어 발달에 가장 많은 역할을 하였다.

헬라어의 발달을 시대적으로 나누어 본다면, 첫째로 **고전 시대**라는 이름을 붙일 수 있는 시기가 있다. 그것은 호메로스(Homeros)로부터 알렉산드로스 대왕의 정복(330 BC) 때까지다. 이 시대에는 옛날 이오니스 방언을 기초로 하여 도리스와 애올리스의 좋은 요소들을 덧붙여 이루어진 아티카(Attic)라는 방언이 우위를 차지했다. 지금까지 전해 내려오는 고대 헬라어 문헌은 거의 이 아티카를 주로 하고, 도리스나 애올리스는 불규칙적인 것으로 혹은 예외의 것으로 취급되고 있다. 아리스토텔레스에서 그 극치를 이룬 아티카 방언은 그 뒤에 발전한 모든 헬라어의 모형(母型)으로 되어 있으며,

신약성서 헬라어의 주요 기초가 된다.

둘째로 **코이네**(κοινή) **시대**로서, 기원전 330년부터 기원후 330년까지를 말한다. 이 시대를 통하여 헬라어는 문명 세계에서 자유롭게 사용되었다. 로마, 알렉산드리아, 예루살렘, 아테네 같은 여러 도시에서는 헬라어로 자유롭게 말하였다. 코이네라는 말의 뜻이 보여 주는 것처럼 헬라어가 일반화되고, 그 당시의 세계어가 되던 시대다. 이렇게 헬라어가 세계적으로 보급된 원인은 여러 가지가 있다. 첫째, 그리스 민족의 침략적 성격을 들 수 있다. 해안선의 굴곡이 많으므로 천연적 항만이 많고, 따라서 그러한 반도에 사는 이 민족은 자연히 바다와 친하고, 페니키아(Phoenicia) 민족에게서 항해술을 배우고, 그들과 경쟁적으로 해상 활동을 하게 되었다. 그 결과는 지중해 연안 거의 전역에 식민지를 가지게 된 것이다. 따라서 그리스 민족은 정치적으로나 상업적으로 생활의 폭이 넓어지고, 서로 분산하여 도시 국가적인 형태를 가졌던 그들이 점점 단결하고 힘을 합해서 외적에 대항하였고, 공동 복지를 위하여 협력하게 되었다. 특히 장기간에 걸친 페르시아와의 전쟁을 겪는 난국을 당할 때, 이 그리스 민족은 여러 방언을 가진 여러 종족이 한 군대를 이루고, 일심 협력하여 싸우게 되었다. 여기에서 그들의 언어 통일의 많은 진전을 보게 되었다. 둘째, 그들의 종교 생활이 가져다주는 영향이었다. 그리스의 각 종족이 종족신 또는 신들을 가지고 있었지만, 역시 민족 전체적으로 종교적 통일 의식을 가지고 있었다. 즉 그 여러 종족들이 다 공통적으로 섬기는 신이 있었다. 예를 들면 제우스(Zeus)와 같은 신이다. 이런 민족신들이 민족의 통일을 조장하는 동기가 되었을 것이다. 특히 올림피아(Olympia)와 델로스(Delos)와 델피(Delphi) 같은 종교 집회소에서 국가적인 대제전(大祭典)이 개최될 때마다 사방에서 몰려드는 사람들이 자연히 공통적인 언어를 사용하는 경향으로 흐르게 되었다. 셋째, 알렉산드로스 대왕의 원정에 있다고 본다. 마케도니아 왕 필립포스의 아들인 알렉산드로스가 거느린 군대 가운데는 그리스 각지에서 몰려 온 우수한 군인들이 있었으며, 그들은 자연히 아니, 불가불 단일 언어를 사용할 수밖에 없었다. 동시에 그들은 가는 곳마다, 정복하는 곳마다 그들의 언어와 문명을 이식했다. 알렉산드로스가 정복한 그 넓은 지역은 모두 그리스화되었으며, 그가 죽은 후 그의 부하들이 분할 통치하는 동안에도 계속하여 그 문명은 부식되었다. 그 후에 로마 제국이 득세하고 정치적으로나 군사적으로 그 모든 지역이 로마의 세력 아래 들어가게 되었지만, 그리스 문명의 깊은 뿌리는 뽑힐 줄을 모르고, 오히려 로마가 그리스화되는 지경에 이르렀다. 오늘날까지 남아 있는 비문들을 통하여 알 수 있는 것은, 그 당시 인도의 서쪽 경계선으로부터 시작하여 스페인의 타구스(Tagus)까지 코이네 헬라어가 통용되었다는 사실이다. 로마 제국의 수도 로마에서도 문인, 예술가, 상인들이 라틴어보다도 헬라어를 더 즐겨 사용했다. 바울이 로마 시민권을 가진 사람으로서 로마 사람들에게 편지를 하면서 오히려 헬라어를 사용하였다. 그리고 로마 황제 아우구스투스는 황제 인장을 헬라어로 새겨야만 했다.

셋째 **비잔틴 시대**(330-1453)와 넷째 **현대**(1453-현재)는 신약성서 헬라어와 별로 관계가 없으므로 설명하지 않기로 한다.

그러면 이제 신약성서 헬라어 자체를 좀 더 가까이 검토하기로 하자. 과거 어떤 때의 학자들은, 신약성서의 원어가 하나님께서 성서 기자들에게 특별히 주신 특수한 헬라어로서 소위 성령의 언어라고 생각했다. 그러나 그 생각이 잘못된 것임을 알게 되었을 때, 두 가지 다른 의견이 대두하였다. 하나는 히브리파로서 칠십인역이나 신약성서가 히브리어나 아람어의 표현 방식을 주로 받은 성서 헬라어로 기록되었다고 보았으며, 또 하나는 순수파(純粹派)로서, 그것들이 고전 아티카 방언에 가까운 헬라어로 기록되었다고 말한다. 그러나 1825년 비너(Winer)의 발표를 비롯하여 신약성서 학계는 이 문제에 대하여 일대 변혁이 생기었다. 독일의 다이스만(Deissman), 영국의 몰튼(Moulton), 미국의 로벗슨(Robertson) 같은 학자들의 연구 결과로서, 신약성서 헬라어는 단순히 제1세기에 통용되던 구어체 헬라어, 즉 코이네 헬라어라는 것이 밝혀졌다. 영감을 받은 성서 기자들이 그 당시 대중이 사용하던 일반 용어를 가지고 기록하였다는 것은 너무나도 당연하고 개연성이 있는 일이다.

신약성서가 그와 같이 당시의 일상 구어체로 되어 있기는 하지만, 신약성서와 칠십인역의 헬라어는 하나의 독특한 형태를 이루고 있는 것도 사실이다. 그 당시 파피루스(Papyrus)에 기록된 일반 문서들과 비교하면, 문장의 질적인 측면에서 뛰어나지만 그 시대에 아티카 방언을 사용하여 기록한 고전 작가들의 글과 같이 고전적인 면은 발견되지 않는다. 신약 헬라어는 그 시대의 통용어와 같으면서도 이런 특징을 가지는 것은, 누가를 제외한 거의 모든 기자들이 유대 사람이었다는 데서 먼저 원인을 찾을 수 있다. 즉 유대인들의 관용적인 술어가 많이 사용되며, 히브리어 구약성서의 어법과 칠십인역의 영향이 가미되어 있는 것이다. 그 밖에도 물론 당시 팔레스타인의 토착어이던 아람어의 영향을 적지 않게 받은 것이 사실이다. 그러므로 신약성서 헬라어는 일반 코이네 헬라어와 어느 정도의 차이가 있다는 것을 인정해야 한다. 물론 이 코이네 시대에도 고전적인 아티카 방언으로 글을 쓴 고전파 작가들도 많이 있다. 스트라보(Strabo), 플루타르코스(Plutarchos), 폴리비오스(Polybios), 요세푸스(Josephus), 필론(Philon) 등이 그런 사람들이다. 반면에 이집트에서 많이 발견된 파피루스에서 볼 수 있는 것과 같이 그 당시의 사사로운 편지, 계약서, 유언서, 법정 기록, 정부 문서 등에는 비문학적인 일상 구어체를 사용한 것을 알 수 있다. 신약성서 헬라어는 이런 일반 문헌에 사용된 헬라어 형태를 따르고 있다.(신약성서 중에서도 누가와 히브리서 기자는 코이네이면서도 문어체 코이네를 사용하고 있는 것이 사실이다.)

그러나 위에서도 말한 것처럼 신약성서 헬라어는 히브리어, 아람어, 구약성서, 칠십인역 등의 영향을 받아 문체상의 특이성을 가지고 있을 뿐만 아니라 성서 기자들의 창의적 요소들이 그 언어 속에 침투되어 있는 것을 볼 수 있다. 그 당시 사회에서 보통 쓰던 개념과는 무척 다르거나, 개념의 폭이 넓어지거나 승화된 경우들도 많이 있다. 이집트에서 발굴된 파피루스 조각들이나 그 밖의 비문들이나 옛 유물들에 적혀 있는 글이 투명하지 못하던 헬라어 낱말들의 뜻을 밝혀 주는 경우가 많이 있다. 그러나 그리스도인들이 독창적으로 만들거나 사용한 표현과 낱말들은 기독교의 고유한 사상을 연구하기 전에는 이해하기 곤란하다. 사랑, 은혜, 신앙 등의 많은 낱말들이 보다 깊고 넓을 어의를 함축하게 되었다.

하나님의 섭리는 오묘하시다. 하나님께서 그의 말씀을 인간에게 주려 하실 때에 그 당시 사람들의 언어적인 통일을 먼저 이루시고, 만민에게 미치는 기쁜 소식을 가장 짧은 시일에 가장 많은 사람에게 효과적으로 전할 수 있게 하셨기 때문이다. 초기 그리스도인들이 편협한 민족주의나 국가주의를 떠나서 그 당시 가장 널리 보급되어 있는 통용 구어체를 서슴지 않고 사용했다는 것은 또한 놀라운 일이 아닐 수 없다. 하나님의 말씀은 가장 많은 사람이 가장 이해하기 쉬운 말로써 전달되어야 할 것이다. 그런 의미에서 하나님께서 이 헬라어를 택하신 줄로 안다. 그 밖에도 헬라어를 성서 원어로 사용하신 특별한 뜻이 계신 줄로 안다. 즉 헬라어는 그 당시는 말할 필요도 없고 현대의 어떠한 언어에 비교하더라도 뒤떨어지지 않는 정확성과 풍부한 표현력을 가지고 있기 때문이다.

제1과

알파벳

1. 헬라어의 알파벳은 다음과 같은 24개의 철자로 되어 있다.

대문자	소문자		이름	소리	수로 쓰일 때
Α	α	ἄλφα	알프하	ㅏ	1
Β	β	βῆτα	베타	ㅂ	2
Γ	γ	γάμμα	감마	ㄱ[1]	3
Δ	δ	δέλτα	델타	ㄷ	4
Ε	ϵ	ἔψιλόν	에프실론	ㅔ(짧다)	5
Ζ	ζ	ζῆτα	제타	ㅈ	7
Η	η	ἦτα	에타	ㅔ(길다)	8
Θ	θ	θῆτα	ㅌ헤타	ㅌㅎ(th)	9
Ι	ι	ἰῶτα	이오타	ㅣ	10
Κ	κ	κάππα	캎파	ㅋ	20
Λ	λ	λάμβδα	람다	ㄹ(l)	30
Μ	μ	μῦ	뮈—	ㅁ	40
Ν	ν	νῦ	뉘—	ㄴ	50
Ξ	ξ	ξῖ	ㅋ시—	ㅋㅅ(ks)	60
Ο	ο	ὄμικρόν	오미크론	ㅗ(짧다)	70

대문자	소문자		이름	소리	수로 쓰일 때
Π	π	πῖ	피—	ㅍ	80
Ρ	ρ[2]	ῥῶ	ㅎ로—	ㄹ(r)	100
Σ	σ ς[3]	σίγμα	시그마	ㅅ	200
Τ	τ	ταῦ	타우	ㄷ	300
Υ	υ	ὖψιλόν	위프실론	ㅟ	400
Φ	φ	φῖ	프히—	ㅍㅎ(ph)	500
Χ	χ	χῖ	ㅋ히—	ㅎ(ch)	600
Ψ	ψ	ψί	프시—	ㅍㅅ(ps)	700
Ω	ω	ὦμέγα	오메가	ㅗ(길다)	800

주1. γ, κ, χ, ξ 앞에 있는 γ는 응(ng)소리가 난다. ἄγγελος는 '악게로스'가 아니고 '앙겔로스'이다. ἀνάγκη는 '아낙케'가 아니고 '아낭케'이다. ἐγχρίω는 '엑ㅋ흐리오'가 아니고 '엥ㅋ흐리오'이다. φάραγξ는 '프하락크스'가 아니라 '프하랑크스'이다.

주2. ρ가 낱말의 처음에 올 때에는 ῥ가 되고 ㅎ소리가 섞여 나온다. ῥῆμα나 ῥήτωρ를 그 본보기로 들 수 있다.

주3. 낱말의 마지막에서는 ς가 되고 그 밖에서는 σ를 쓴다.

본래 헬라어 알파벳에는 세 개의 철자가 더 있었다. 즉 봐우(Vau) 혹은 다이감마(Digamma)라는 Ϝ(ϛ)와, 콮파(Koppa)라는 Ϙ와, 삼피(Sampi)라는 이름을 가진 Ϡ가 있었다. 그들은 다른 글자들과 함께 수를 나타내는 기호로 사용되었다. Ϝ는 6, Ϙ는 90, Ϡ는 900을 각각 나타내었다. 요한계시록 18:18에 있는 χξς는 666을 표시한다. χ는 600, ξ는 60, ς는 6이다.

2. 헬라어는 영어나 독일어와 같이 문장을 시작할 때 대문자를 써야 한다는 법이 없다. 언제나 소문자를 사용하기 때문에 우선 소문자를 잘 익혀야

한다. 고유명사나 또는 한 대목의 시작을 표시하기 위하여 편의상 그 첫자를 대문자로 적는 일을 볼 수 있다. 글자를 배울 때 처음부터 교사의 지도를 받아 올바른 글씨 쓰기를 익혀야 한다. 아래에 기록된 알파벳을 자세히 보고, 뿔과 꼬리가 어떻게 붙는가를 보라.

α β γ δ ϵ ζ η θ ι κ λ μ ν ξ ο π ρ σ τ υ φ χ ψ ω

주의할 것은 β, μ, ρ는 반드시 꼬리에서(밑에서) 시작하여 붓을 떼지 아니하고 위로 그어 올리며 δ, θ, λ는 뿔이 있고 γ, η, μ, ρ, χ는 꼬리가 있고 β, ζ, ξ, φ, ψ는 뿔도 있고 꼬리도 있다.

3. 헬라어의 모음은 다음과 같다.

단모음	장모음
α	α
ϵ	η
ο	ω
ι	ι
υ	υ

이 모음 가운데 ϵ와 ο는 언제나 짧고, η와 ω는 언제나 길다. 그리고 α, ι, υ는 어떤 때는 길고 어떤 때는 짧다.

ι와 υ를 폐모음(close vowel)이라 하고, 그 밖의 것들을 개모음(open vowel)이라 부른다. ι나 υ는 다른 모음보다 이(齒)를 거의 다물고 입을 좁혀서 소리를 내기 때문에 폐모음이라고 한다.

4. 한 음절(syllable) 안에 두 개의 모음이 겹쳐 있는 것은 이중모음(重母音, diphthong)이라고 한다. 이중모음에서는 둘째 모음이 반드시 폐모음이어야 한다. 이중모음의 첫 소리는 υι의 경우를 제하고는 언제나 개모음이다. 이중모음은 물론 소리가 길다. 따라서 이중모음을 가진 음절은 길다.

짧은 개모음(short open vowel) α, ϵ, ο와 폐모음 ι, υ를 결합하면 아래

와 같은 이중모음들이 생긴다.

αι ει οι	두 소리를 차례로 읽으면 된다.
αυ	ㅏ 소리와 ㅜ 소리를 차례로 낸다.
ευ	ㅠ 소리
ου	ㅜ 소리

긴 개모음(long open vowel) α, η, ω와 폐모음 ι, υ를 결합하면, ᾳ, ῃ, ῳ, ηυ, ωυ와 같은 겹소리들이 나온다. ᾳ, ῃ, ῳ는 각각 αι, ηι, ωι가 변한 것으로 ι가 장모음과 연결되는 경우에는 개모음 밑에 소문자로 쓰며, 발음은 그것이 없는 것과 같이 된다. 즉 ᾳ, ῃ, ῳ는 α, η, ω의 소리만이 난다. ᾳ, ῃ, ῳ와 같이 ι가 다른 글자 밑에 붙는 것을 이오타 하기(下記)라고 한다. 그런데 이 ι가 대문자에 붙는 때에는 다시 그 글자 옆으로 나와 붙는다. 가령 τῇ κωμῳδιᾳ는 THI ΚΩΜΩΙΔΙΑΙ 가 되고, ᾤχετο는 ῎ΩΙΧΕΤΟ가 된다.

ηυ와 ωυ는 매우 드물며, 그 소리는 두 모음을 차례로 발음하면 된다. υι도 역시 두 소리를 각각 발음하면 된다.

5. 낱말 처음에 있는 모음이나 이중모음은 언제나 숨표(breathing)를 가진다. 숨표는 모음 위에 붙으며, 이중모음의 경우에는 그 이중모음을 구성한 두 번째 모음 위에 붙는 법이다.

숨표에는 거친 숨표(rough breathing)와 연한 숨표(smooth breathing)의 두 가지가 있는데, 거친 숨표(̔)는 모음이나 이중모음에 붙어서 그 소리 처음에 ㅎ소리를 내게 하며, 연한 숨표(̓)는 그런 ㅎ소리 없이 그저 그 모음의 음가(音價)만을 나타낸다. 그러므로 ἐν은 엔(en)이 되고, ἑν은 헨(hen)이 된다. οὐ는 우(oo)가 되고, οὑ는 후(hoo)가 된다.

6. 헬라어에는 세 가지 악센트(accent)가 있다. 애큐트(acute, ´)와 써컴

플렉스(circumflex, ˆ)와 그레이브(grave, ˋ)이다. 악센트도 역시 숨표와 같이 모음 위에 붙으며, 이중모음의 경우에는 둘째 모음 위에 붙는다. 숨표와 악센트가 같은 모음 위에 오는 경우에는 숨표가 먼저 오고 악센트가 뒤에 온다. 그러나 써컴플렉스와 숨표가 같이 나오는 때에는 숨표 위에 써컴플렉스가 붙는다. 즉 ἄρτος, οἴκου, ὧδε, οἶκος, εἶδον같이 된다. 악센트의 용법에 대하여는 제2과에 설명이 나온다.

모음의 대문자로 시작하는 낱말에서는 숨표나 악센트를 그 모음 위에 두지 않고, 왼쪽 위에 붙인다. 즉 Ἰησοῦς, Ἄρτος와 같다.

7. 가름표(diaeresis)라는 기호는 모음 위에 붙이는 두 개의 점인 ¨ 으로서, 앞에 있는 모음과 그 표가 붙은 모음이 합하여 이중모음을 구성하지 않는다는 것을 표시한다. 가령 πρόϊμος에서 ¨ 가 없으면 οι 라는 이중모음이 되지만, 그 가름표 때문에 ο와 ι가 두 개의 음절을 구성하게 된다. 그리하여 πρό-ι-μος의 세 음절을 만든다. 가름표를 가진 모음에 애큐트 악센트가 붙는 경우에는 προΐστημι와 같이 두 점 사이에 애큐트가 붙는다.

8. 구두점(句讀點)은 네 가지가 있는데, 쉼표(,)와 마침표(.)는 우리말의 그것들과 기법(記法)이나 작용이 같으며, 그 밖에 영어의 콜론(:)이나 세미콜론(;)의 역할을 하는 (·)와 물음표(;)가 있다. 이 물음표는 영어의 세미콜론과 모양이 같다.

9. 익힘 문제

알파벳의 작은 글자 쓰는 법을 익히고, 순서대로 모두 기억해야 한다. 그리고 이 교과서나 헬라어 성서 어느 곳이든지 펴서 낱말과 문장을 소리내어 읽어 보자. 눈으로 보고, 입으로 발음하고, 그것을 귀로 듣고, 또 손으로 써 본다. 이것은 어떤 언어를 막론하고 빨리 익히는 가장 좋은 방법이다.

제2과

악센트

10. 헬라어에서 악센트는 별로 소용이 없는 번거로운 물건으로 생각되기 쉽다. 그러나 헬라어를 정확하게 공부하기 위해서는 반드시 알아야 하는 매우 중요한 요소다. 가령 영어의 경우에는 독서나 할 정도로 배우려 할 때 악센트까지 건드리지 않아도 무방하다. 그러나 헬라어에서는 독서하는 데까지라도 반드시 악센트의 법칙을 알아야만 정확하게 해독할 수 있다. 같은 모양의 낱말에도 악센트의 종류와 위치 여하에 따라서 판이한 뜻을 나타내는 수가 많으며, 악센트 법칙을 앎으로써 낱말의 구조를 쉽게 분별할 수도 있다. 예를 들면, αὐτή는 '그 여자' 라는 인칭대명사인데 αὕτη는 '이 여자' 라는 지시대명사다. ὁ는 남성 단수 관사인데 ὅ는 중성 단수 관계대명사다. τίς는 '누구' 라는 의문대명사인데 τις는 '어떤' 이라는 부정(不定)대명사다. ἕξω는 '내가 가지겠다' 라는 동사인데 ἔξω는 '밖에' 라는 부사(副詞)이다.

11. 예비 지식

헬라어 낱말은 그 속에 있는 모음 또는 이중모음의 수를 따라 음절의 수를 따진다. 다시 말해서 한 낱말에 모음이 두 개, 이중모음이 하나 있다고 할 때, 그 낱말은 모두 세 음절로 되었다고 한다. 가령 προσεύχομαι라는 낱말을 보면 이중모음이 두 개, 모음이 두 개 있다. 그러므로 προσ-ευ-χο-μαι라는 네 음절의 낱말이다.

낱말의 마지막 음절을 얼티마(ultima), 끝에서 두 번째 음절을 피널트(penult), 끝에서 세 번째 음절을 앤티피널트(antipenult)라고 부른다. 그러므로 προσευχομαι에서 -μαι는 얼티마, -χο-는 피널트, -ευ-는 앤티피널트이다.

장모음이나 이중모음을 가진 음절은 긴 음절이다. 그러나 낱말의 맨 끝에 나오는 οι와 αι는 악센트 문제에 관한 한 단모음으로 간주된다. 예를 들면, ἀνθρώπους의 끝 음절은 ου라는 이중모음을 가지고 있기 때문에 긴 음절이다. ἄνθρωποι의 끝 음절은 οι가 마지막에 있기 때문에 짧다. 그러나 ἀνθρώποις의 마지막 음절은 길다. 왜냐하면 그 음절의 이중모음 οι는 낱말의 맨 끝이 아니고, ς라는 글자가 끝에 붙어 있기 때문이다. 그래서 여기의 οι는 다른 이중모음과 마찬가지로 장음이다.

12. 악센트의 일반 법칙

1) 애큐트(´)는 낱말의 마지막 세 음절 중 어느 하나에 붙을 수 있다. 써컴플렉스(˜)는 마지막 두 음절 중 어느 하나에만 붙을 수 있다. 그레이브(`)는 마지막 음절에만 붙을 수 있다.

보기 ἄποστολος는 끝에서 네 번째 음절에 애큐트를 붙였기 때문에 잘못이다. πισπεῦομεν은 역시 끝에서 세 번째 음절에 써컴플렉스를 붙였기 때문에 법을 어긴 것이다.

2) 써컴플렉스는 짧은 음절에는 붙지 못한다.

3) 얼티마가 긴 경우

(1) 앤티피널트에는 악센트를 붙이지 못한다.

(2) 피널트에 악센트를 붙인다면 그것은 반드시 애큐트 악센트이어야 한다.

보기 ἀπόστολῳ나 ἀπόστολου는 3)의 (1)을 어기고 있다. 즉 얼티마가 긴

경우 앤티피널트에는 악센트가 붙지 못하기 때문이다. 그러나 ἀπόστολε나 ἀπόστολοι는 얼티마가 짧기 때문에 법칙에 맞다. δοῦλου 또는 δοῦλων은 3)의 (2)를 어기었다. 그러나 δοῦλος나 δοῦλοι는 정당하다.

4) 얼티마가 짧고 피널트가 긴 경우 피널트에 악센트를 붙이려면, 반드시 써컴플렉스를 붙여야 한다.

보기 δούλε나 δούλοι는 법칙을 어긴 것이다. 그러나 δούλου는 법칙대로 된 것이다. 왜냐하면 얼티마가 짧지 않기 때문이다. 또 υἱός는 짧은 얼티마와 긴 피널트를 가졌지만, 악센트가 피널트에 있는 것이 아니기 때문에 법칙을 어긴 것은 아니다.

5) 긴 얼티마는 애큐트나 써컴플렉스 중 어느 하나를 가질 수 있다.

보기 ἀδελφοῦ나 ἀδελφού는 둘 다 일반 법칙을 어기는 것은 아니다. 그러나 그중의 하나만이 참으로 사용되는데, 그것은 뒤에 나올 세칙(細則)에서 설명될 것이다.

6) 낱말의 마지막 음절에 붙은 애큐트 악센트는, 그 낱말이 어떤 구두점(句讀點)에 따라서 그 다음에 따라 나오는 낱말과 의미상으로 밀접하게 연결될 경우에 그레이브 악센트로 변한다.

보기 ἀδελφός는 그 낱말이 홀로 있을 때에는 옳다. 그러나 ἀδελφός ἀποστόλου의 경우에는 법칙을 어기는 것이다. 반드시 ἀδελφὸς ἀποστόλου가 되어야 한다.

13. 위에서 말한 악센트 법칙은 각 낱말의 악센트가 반드시 이러저러하다고 규정짓지는 못한다. 다만 이러이러할 수는 없다고 하는 소극적인 판단을 내리는 것뿐이다. 다시 말하면 헬라어 낱말이 반드시 지켜야 하고 또 벗어날 수 없는 어떤 한계를 정해 주는 것뿐이다. 이런 윤곽적인 한계 안에서 어떤 낱말이 실제로 어떤 악센트를 가지느냐 하는 것은 뒤에 따라 나오는 세칙이 정해 줄 것이다. 그러나 각 낱말의 악센트를 개별적으로 기억해야

하는 경우도 많이 있다. 만일 λυομενου라는 낱말을 앞에 놓았을 때, 일반 법칙에서는 λυομενού, λυομενοῦ, λυομένου가 모두 가능하다. 그 밖의 다른 방식으로 악센트를 붙이면 법칙을 어기는 것이 된다. 그러나 그 세 가지 가능성 중에 어느 것을 택해야 하는가는 앞으로 더 나가야 알 수 있는 문제다. προσωπον이라는 낱말에 악센트의 일반 법칙을 적용하면, πρόσωπον, προσῶπον, προσωπόν이 모두 가능하다.

일반 법칙보다 한 걸음 더 범위를 좁혀서 많은 낱말의 악센트를 규정할 수 있는 두 개의 세칙이 있다. 즉 동사 법칙과 명사 법칙이다.

14. 동사 악센트 법칙

동사는 한마디로 말해서 역행법(recessive)을 쓴다고 할 수 있다. 이를테면 동사에서는 악센트의 일반 법칙이 허락하는 한, 할 수 있는 대로 끝에서부터 먼 곳에 악센트를 붙인다. 어느 낱말이 동사형에 속한다는 것만 알면, 그 원형이 어떤 것이든지 상관할 것 없이, 얼티마를 보고서 그것이 짧으면 앤티피널트에 애큐트를 붙이고(세 음절을 가졌다고 가정하고 하는 말이다.) 얼티마가 긴 경우에는 애큐트가 피널트에 붙을 수밖에 없다.

보기 가령 ἐγινωσκου에다 악센트를 붙여 보자. 동사 법칙에 따라 일반 법칙이 허락하는 한, 할 수 있는 대로 끝에서 먼 곳에 악센트를 붙이자. 만일 ἔγινωσκου가 되면 일반 법칙 1)을 어긴다. 그리고 ἐγίνωσκου가 된다 해도 얼티마가 길기 때문에 3)의 (1)을 어긴다. 그러므로 피널트에 악센트를 붙일 수밖에 없다. 그러나 ἐγινῶσκου는 3)의 (2)를 어긴다. 그러므로 결국 ἐγινώσκου가 맞다. 다시 ἐγινωσκε라는 동사형에 악센트를 붙여 보자. ἔγινωσκε는 일반 법칙 1)을 어긴다. 동사는 역행법을 적용하기 때문에 ἐγίνωσκε가 맞고 ἐγινῶσκε나 ἐγινωσκέ는 맞지 않다. 또 두 음절밖에 없는 동사 σωζε는 자연히 피널트인 σω에 악센트가 붙게 된다. 일반 법칙 4)에 따르면 여기에서는 σώζε가 아니라 σῶζε가 된다.

15. 명사의 악센트 법칙

명사는 한마디로 보유법(retentive)을 쓴다고 할 수 있다. 명사의 악센트는 그 명사의 주격(主格), 단수(單數)의 악센트 위치를 그대로 지키되, 일반 법칙이 허락지 않을 때에는 그것이 허락하는 가장 가까운 음절로 옮겨 간다.

명사 법칙이 동사 법칙과 다른 점은 어떤 낱말이 명사인 것을 알았다 할지라도, 그 악센트를 정할 수가 없다는 점이다. 명사는 우선 주격 단수에서 악센트가 어디 있는가를 일일이 기억해야 한다. 이것을 안 다음에는 그 밖의 모든 변화의 악센트를 법칙에 따라서 정할 수 있다.

보기 1) λογος라는 낱말이 명사라는 것을 알았다 하더라도, 일반 법칙이나 명사 법칙이 그것을 λόγος라든가 λογός라고 규정할 수 없다. 그러나 일단 그 낱말의 주격 단수가 피널트에 악센트를 가진다는 것을 알면, 자연히 그 명사의 다른 모든 변화의 악센트도 결정할 수 있다. 이 낱말의 나머지 형태는 λογου, λογῳ, λογον, λογε, λογοι, λογων, λογοις, λογους이다. 이 모든 형태는 피널트에 애큐트 악센트를 가진다. 그 이유는, 첫째, 명사 법칙에 따라서 일반 법칙이 허락하는 한 악센트가 그 자리에 남아 있어야 하고, 둘째, 일반 법칙은 피널트에 악센트가 있는 것을 금하지 않으며, 셋째, 짧은 음절에는 애큐트 악센트만 올 수 있다고 하는 것이 일반 법칙 2)가 명하는 것이기 때문이다.

2) οἶκος의 경우를 생각해 보자. 이것도 λόγος처럼 변화하고 위에서 말한 첫째와 둘째가 여기에도 적용된다. 그러나 이 경우에는 피널트가 길기 때문에 셋째는 해당되지 않는다. 이 경우에 일반 법칙 3)의 (2)와 4)에 따라서 애큐트가 되는 것과 써컴플렉스가 되는 경우가 생긴다. 즉 얼티마가 길 때에는 피널트의 악센트는 애큐트가 되고, 얼티마가 짧을 때에는 피널트의 악센트가 써컴플렉스가 된다. 그래서 οἶκος, οἴκου, οἴκῳ, οἶκον, οἶκε, οἶκοι, οἴκων, οἴκοις, οἴκους로 변하게 된다.

3) ἄνθρωπος라는 명사에서 주격 단수가 앤티피널트에 악센트를 가지고 있기 때문에 명사 법칙에 따라서 할 수 있는 대로 앤티피널트에 악센트를 그대로 두려고 한다. 그러나 얼티마가 긴 경우에는 일반 법칙 3)의 (1) 때문에 악센트가 앤티피널트에 머물러 있을 수가 없다. 그러나 일반 법칙 3)의 (2)에 따라서, 얼티마가 긴 경우에, 피널트에 악센트를 붙이려면, 애큐트 악센트를 붙일 수밖에 없다. 그래서 ἄνθρωπος, ἀνθρώπου, ἀνθρώπῳ, ἄνθρωπον, ἄνθρωπε, ἄνθρωποι, ἀνθρώπων, ἀνθρώποις, ἀνθρώπους가 된다.

4) ὁδός라는 명사의 경우에는 변화 형태가 모두 얼티마에 악센트를 가질 것이다. 즉 일반 법칙은 얼티마에 악센트를 붙이는 것을 금하지 않는다. 얼티마가 짧을 때에는 물론 애큐트 악센트가 붙을 것이다. 그러나 얼티마가 긴 경우에는 애큐트나 써컴플렉스가 붙을 수 있다. 그러므로 지금까지 나온 법칙을 가지고는 어떤 악센트를 붙여야 하는지 확정할 도리가 없다. ὁδός, ὁδόν, ὁδέ, ὁδοί는 확정적이다. 그러나 ὁδού, ὁδῴ, ὁδών, ὁδοίς, ὁδούς와 ὁδοῦ, ὁδῷ, ὁδῶν, ὁδοῖς, ὁδοῦς 중 어느 것이 정확한가는 앞으로 알게 될 것이다.

16. 익힘 문제

1) 아래 동사 형태에 악센트를 붙여 보라. 그리고 발음도 해 보라.

(1) ἐλυομεν, ἐλυομην, ἐλυσω.

(2) ἐλυου, ἐλυε, ἐλυσαμην.

(3) διδασκε, διδασκονται, διδασκομεθα(마지막 α가 짧다.)

(4) λυε(여기의 υ은 길다.), λυου, λυουσι(마지막 ι는 짧다.).

(5) λυσαι, λυσω, λυετε.

2) 아래 명사형들에 악센트를 붙여 보라. 주격 단수는 각각 ἀπόστολος, κώμη, πλοῖον이다.

(1) ἀποστολοις, ἀποστολους, ἀποστολου, ἀποστολοι, ἀποστολῳ.

(2) κωμαις, κωμαι, κωμας(긴 α), κωμῃ.

(3) πλοια(짧은 α), πλοιων, πλοιοις, πλοιου, πλοιῳ, πλοιον.

3) 아래 낱말에서 악센트의 일반 법칙에 어긋나는 점은 없는지 검토하라. 어긴 경우에는 어떤 법칙을 어겼는지를 말하라. 그리고 일반 법칙이 허락하는 대로 각 낱말에 여러 가지로 악센트를 붙여 보라.

(1) ἔ̓διδομεν, ὥραι, πρόφηταις.

(2) δόξῃ, ἐρῆμου, οὖρανος.

(3) ἔ̓ρημος, βουλαί, λὺε.

제3과

현재 능동태 직설법

17. 낱말 모음

βλέπω, **내가 보다**

γινώσκω, **내가 알다**

γράφω, **내가 쓰다**

διδάσκω, **내가 가르치다**

λαμβάνω, **내가 취하다**

λέγω, **내가 말하다**

λύω, **내가 풀다, 파괴하다**

ἔχω, **내가 가지다**

18. 헬라어 동사는 여러 다른 나라의 말과 같이 시제(tense)와 태(voice)와 법(mood)을 가지고 있다.

시제를 대략 구분하면 아래와 같다.

- 제1시제
  - 미래(future)
  - 현재(present)
  - 현재완료(present perfect)
- 제2시제
  - 미완료(imperfect)
  - 단순과거(aorist)
  - 과거완료(pluperfect)

태(voice)에는 능동태(能動態, active voice), 수동태(受動態, passive

voice), 중간태(中間態, middle voice)가 있다.

법(mood)에는 아래와 같은 것들이 있다.

법(mood)
- 직설법(indicative mood)
- 가정법(subjunctive mood)
- 명령법(imperative mood)
- 희구법(optative mood)

이 과에서는 현재 시제, 능동태, 직설법만을 설명한다.

19. λύω, **내가 풀다**의 현재 능동태 직설법은 아래와 같이 변화한다.

		단수		복수
1.	λύω	**내가 풀다, 풀고 있다**	λύομεν	**우리가 풀다, 풀고 있다**
2.	λύεις	**네가 풀다, 풀고 있다**	λύετε	**너희가 풀다, 풀고 있다**
3.	λύει	**그가 풀다, 풀고 있다**	λύουσι	**그들이 풀다, 풀고 있다**

20. 여기에 주목되는 것은 어미(ending)를 가지고 주어의 인칭과 수를 가릴 수 있다는 점이다. 즉 주격 인칭대명사를 따로 쓰지 않을지라도 가령 λύω의 ω를 보면, 1인칭 단수 '나'가 주어이고, λύομεν의 ομεν을 보면, 1인칭 복수 '우리'가 주어인 것을 알게 된다. 이와 같이 동사의 주어가 그 어미 가운데 나타난다. 물론 그 어미들은 그 동사의 인칭과 수를 말할 뿐, '나', '우리', '너', '너희', '그', '그들'이라는 대명사가 대표하는 실체(實體)는 따로 어떤 이름을 가지고 있을 것이기 때문에, 그 이름을 밝혀서 쓰는 경우에는 주어가 이중으로 나타나게 된다. 가령 λύει는 **그가 풀다**인데 '한 제자가(3인칭 단수) 푼다.'라는 문장에도 역시 λύει가 그대로 변함없이 사용된다.

21. 동사가 어미 변화를 할 때 줄곧 변치 않고 남아 있는 부분을 어근(stem)이라고 한다. λύω의 현재 시제 어근은 λυ-이다. 헬라어에서 1인칭 단수 현재 능동태 직설법을 원형으로 취급하며, 사전에는 그런 원형을 기재하

고 있다. 그러므로 사전에 나오는 ω로 마치는 동사에서 ω를 떼면, 남는 것이 그 동사의 현재 어근이 된다. 따라서 현재 어근을 찾았을 때 거기에 -ω, -ϵις, -ϵι, -ομϵν, -ϵτϵ, -ουσι를 붙이면 현재 능동태 직설법의 어미 변화가 된다.

제1시제의 인칭 어미(personal ending)는 원래 아래와 같았다.

	단수	복수
1.	-μι	-μϵν
2.	-σι	-τϵ
3.	-τι	-ντι

어근과 이 인칭 어미 사이에 소위 연결모음(variable vowels)이라는 것이 붙는다. μ와 ν 앞에는 ο가 오고, 그 밖의 경우에는 ϵ가 온다. 이런 원칙을 가지고는 있지만, 현재 능동태 직설법 어미 변화에서(특히 단수에서) 그 원칙과는 너무 거리가 먼 변화를 하기 때문에 오히려 단순히 -ω, -ϵις, -ϵι, -ομϵν, -ϵτϵ, -ουσι를 무조건 기억하는 편이 편리할 것이다. 이런 어미를 볼 때마다 그 동사가 현재 능동태 직설법인 것을 알아야 하며 동시에 그 인칭과 수를 알 수 있다.

미리 알아둘 것은 현재 시제에 현재 어근이 있는 것처럼 미래, 현재, 완료, 단순과거 등의 시제에는 각각 해당하는 어근이 따로 있다는 것이다.

22. 헬라어에는 단순한 현재와 현재진행을 구별하여 나타내는 방법이 없다. λύω라는 말은 **내가 풀다**라는 단순한 현재 동작을 나타내는 동시에, **내가 풀고 있다**라는 계속적 행동을 나타낼 수도 있다. 그러나 과거 시제에서는 단순한 과거 동작을 표시하는 것과 과거에 계속 혹은 반복된 동작을 표시하는 동사 변화가 완전히 구별되어 있다.

23. 익힘 문제

1) βλέπϵις, γινώσκϵις, λαμβάνϵις.

2) γράφϵι, ἔχϵι, λέγϵι.

3) λύει, διδάσκει, βλέπει.

4) λαμβάνομεν, ἔχομεν, γινώσκομεν.

5) βλέπετε, λέγετε, γράφετε.

6) διδάσκουσι, λαμβάνουσι, λύουσι.

7) γινώσκετε, γινώσκεις, γινώσκομεν.

8) βλέπομεν, διδάσκουσι, λέγει.

9) ἔχεις, βλέπουσι, λαμβάνομεν.

제4과

명사 제2변화, 어순, 움직이는 ν

24. 낱말 모음

ἀδελφός, ὁ, **형제**
ἄνθρωπος, ὁ, **사람**
ἀπόστολος, ὁ, **사도**
δοῦλος, ὁ, **종, 일꾼**
δῶρον, τό, **선물**
θάνατος, ὁ, **죽음**
ἱερόν, τό, **성전**
καί, 접속사, **그리고, 또, 와**
λόγος, ὁ, **말씀**
νόμος, ὁ, **율법**
οἶκος, ὁ, **집**
υἱός, ὁ, **아들**

25. 헬라어 명사에는 세 가지 종류의 변화가 있다. 편의상 제2변화를 먼저 공부하게 되는데, 제2변화는 가장 배우기 쉽고, 보통 명사의 대다수가 이 변화에 속해 있기 때문이다. 제3변화는 가장 복잡하므로 한참 뒤에 가서 소개하기로 한다. 제2변화를 일명 ο변화(오미크론 변화)라고 한다.

26. 헬라어 명사는 성(性, gender), 수(數, number), 격(格, case)을 가지고 있다.

27. 성에는 남성(男性, masculine), 여성(女性, feminine), 중성(中性, neuter)이 있다. 명사의 성(性)에 대해서는 명사 하나하나의 성을 따로 기억해야 한다. 그러나 주격 단수에서 -ος로 끝나는 제2변화 명사는 거의가 남성이며, -ον으로 마치는 것은 모두 중성이다. 이 책에서는 낱말 모음에 나타난 명사마다 그 뒤에 해당하는 관사를 붙여서 그 성을 나타냈다. 남성 관사 ὁ는 그 앞에 있는 명사가 남성임을 나타내고, 여성 관사 ἡ는 여성을 나타내고, 중성 관사 τό는 중성을 나타낸다.

28. 수(數)에는 단수(單數), 복수(復數)가 있다. 고전 헬라어에는 쌍수(雙數)라는 것이 있다. 동사는 그 주어와 수(數)가 일치해야 한다. 즉 주어가 단수이면 동사도 단수가 되고, 주어가 복수이면 동사도 복수가 된다.

29. 격에는 다섯 가지가 있다. 즉 주격(主格, nominative), 속격(屬格, genitive), 여격(與格, dative), 대격(對格, accusative), 호격(呼格, vocative)이다.

30. ἄνθρωπος, ὁ, **사람**의 변화는 아래와 같다.

	단수	복수
주.	ἄνθρωπ ος	ἄνθρωπ οι
속.	ἀνθρώπ ου	ἀνθρώπ ων
여.	ἀνθρώπ ῳ	ἀνθρώπ οις
대.	ἄνθρωπ ον	ἀνθρώπ ους
호.	ἄνθρωπ ε	ἄνθρωπ οι

31. 문장의 주어는 주격이어야 한다. 따라서 ἀπόστολος γινώσκει는 **사도가 안다**는 뜻이 된다.

타동사의 목적어에는 보통 대격을 사용한다. 따라서 βλέπω λόγον은 **내가**

말씀을 본다는 뜻이 된다.

32. 속격은 보통 소유를 표시한다. 따라서 λόγοι ἀνθρώπων은 **사람들의 말씀들**이라는 뜻이다. 속격은 그 밖에도 여러 가지 중요한 용도가 있으며 거기에 대한 설명은 후에 나올 것이다.

33. 여격은 보통 간접목적어로 사용된다. 따라서 λέγω λόγον ἀποστόλοις는 **내가 사도들에게 말씀을 말한다**라는 뜻이 된다. 그러나 여격도 역시 그 밖의 여러 가지 중요한 용도를 가지고 있으며, 거기에 대한 설명이 후에 다시 나올 것이다.

34. 호격은 직접 불러내는 말에 사용한다. 따라서 ἀδελφέ, βλέπομεν은 **형님, 우리가 봅니다** 또는 **동생, 우리가 보네**라는 뜻이 된다.

제1, 2, 3변화에서 모든 명사의 호격 복수는 주격 복수와 같다.

35. §498을 보며 λόγος, ὁ, **말씀**, δοῦλος, ὁ, **종**의 변화를 배우라. 이 낱말들은 주격 단수의 악센트가 ἄνθρωπος의 그것과 다르다. 따라서 악센트의 일반 법칙을 적용하는 모양도 다르다.

36. υἱός, ὁ, **아들**의 변화는 아래와 같다.

	단수	복수
주.	υἱ ός	υἱ οί
속.	υἱ οῦ	υἱ ῶν
여.	υἱ ῷ	υἱ οῖς
대.	υἱ όν	υἱ ούς
호.	υἱ έ	υἱ οί

37. 주격 단수에서 얼티마에 악센트가 있기 때문에 명사의 악센트 법칙대로 모든 격의 얼티마에 악센트를 가지는 것이 당연하다. 그러나 어떤 악센트를 붙여야 할까? 악센트의 일반 법칙에 따라서 얼티마가 짧은 경우에는 애큐트 악센트밖에 붙지 못한다. 그러나 얼티마가 긴 경우에는 애큐트와 써컴플렉스 중 하나를 붙일 수 있다. 그러므로 여기에 특별한 법칙이 필요하게 된다. 즉 얼티마에 악센트를 가지는 제2변화 명사에서는 속격과 여격의 단수와 복수에 써컴플렉스가 붙고, 그 밖에는 모두 애큐트가 붙는다.

38. δῶρον, τό, **선물**의 변화는 아래와 같다.

	단수	**복수**
주.	δῶρ ον	δῶρ α
속.	δώρ ου	δώρ ων
여.	δώρ ῳ	δώρ οις
대.	δῶρ ον	δῶρ α
호.	δῶρ ον	δῶρ α

39. δῶρον은 중성이다. 모든(제2, 3명사 변화) 중성 명사는 단수와 복수에서 호격과 대격이 주격과 같은 모양을 가진다. 그리고 복수의 주격, 대격, 호격은 짧은 α로 끝난다.

40. 어순

헬라어 문장의 정상적 어순은 영어와 같이 주어+동사+목적어의 형식이다. 우리말에서와 같이 동사를 뒤에 두는 경향은 별로 없다. 헬라어에서는 뜻을 강조하기 위해서나 듣기 좋게 하기 위하여 배열을 바꿀 수 있다. 가령 **사도가 율법을 안다**라는 말을 보통 ἀπόστολος γινώσκει νόμον으로 나타내지만, γινώσκει ἀπόστολος νόμον이나 νόμον γινώσκει ἀπόστολος이나 γινώσκει νόμον ἀπόστολος가 모두 가능하며, 또 틀리는 것이 아니다. 그

순서를 보지 말고 낱말의 어미를 보아 번역해야 한다.

41. 움직이는 ν

동사의 3인칭 복수 -ουσι가 모음 앞에 오든지 문장의 맨 끝에 올 때 ν이 붙어서 -ουσιν이 된다. βλέπουσιν ἀποστόλους와 같은 경우를 예로 들 수 있다. 그러나 때로는 자음으로 시작하는 낱말 앞에 -ουσι가 올 때도 ν이 붙는 수가 있다. 즉 λύουσι δούλους나 λύουσιν δούλους가 모두 가능하다. 모음으로 시작하는 낱말 앞에 모음으로 끝나는 동사 어미가 온다고 해서 어떤 어미에나 ν을 붙이는 것은 아니다. 앞으로 나올 여러 동사 변화 중에서 특별히 몇 가지에만 이 법칙을 적용한다. 그것들이 나올 때에 설명할 것이다.

42. 익힘 문제

1) ἀδελφὸς βλέπει ἄνθρωπον.

2) δοῦλος γράφει λόγους.

3) ἀπόστολοι διδάσκουσιν ἄνθρωπον.

4) ἀπόστολοι λύουσι δούλους.

5) δοῦλος λαμβάνει δῶρα.

6) λαμβάνουσιν υἱοὶ οἴκους.

7) δούλους καὶ οἴκους λαμβάνουσιν ἀδελφοί.

8) βλέπομεν ἱερὰ καὶ ἀποστόλους.

9) δούλους βλέπετε καὶ ἀδελφούς.

10) γράφεις λόγον ἀποστόλῳ.

11) διδάσκει ἄνθρωπον.

12) ἀδελφὸς λέγει λόγον ἀποστόλῳ.

13) ἀδελφὸς ἀποστόλων γινώσκει νόμον.

14) δοῦλοι γινώσκουσι νόμον καὶ λαμβάνουσι δῶρα.

15) γινώσκουσιν ἄνθρωποι θάνατον.

16) λαμβάνομεν δῶρα καὶ ἔχομεν ἀδελφούς.

17) ἀποστόλοις καὶ δούλοις λέγομεν λόγους θανάτου.

18) ἀδελφοὶ καὶ δοῦλοι γινώσκουσιν καὶ βλέπουσιν ἱερὰ καὶ δῶρα.

19) γράφει ἀπόστολος νόμον καὶ λέγει λόγους υἱοῖς δούλου.

20) υἱοὶ ἀποστόλων λέγουσι λόγους καὶ λύουσι δούλους.

제5과

명사 제1변화

43. 낱말 모음

ἀλήθεια, ἡ, **진리**	ζωή, ἡ, **생명**
βασιλεία, ἡ, **왕국, 나라**	ἡμέρα, ἡ, **날**
γραφή, ἡ, **문서, 성경**	καρδία, ἡ, **마음**
δόξα, ἡ, **영광**	παραβολή, ἡ, **비유**
εἰρήνη, ἡ, **평화**	φωνή, ἡ, **음성**
ἐκκλησία, ἡ, **교회**	ψυχή, ἡ, **혼, 목숨, 마음**
ἐντολή, ἡ, **계명**	ὥρα, ἡ, **시간**

44. 주격 단수에서 α 또는 η로 끝나는 제1변화 명사는 모두 여성이다. 제1변화를 일명 α 변화(알파 변화)라고도 한다.

45. ὥρα, ἡ, **시간**과 βασιλεία, ἡ, **왕국**의 변화는 아래와 같다.

	단수		복수	
주.	ὥρ α	βασιλεί α	ὧρ αι	βασιλεῖ αι
속.	ὥρ ας	βασιλεί ας	ὡρ ῶν	βασιλει ῶν

여.	ὥρ ᾳ	βασιλεί ᾳ	ὥρ αις	βασιλεί αις
대.	ὥρ αν	βασιλεί αν	ὥρ ας	βασιλεί ας
호.	ὥρ α	βασιλεί α	ὧρ αι	βασιλεῖ αι

46. 단수의 주격, 속격, 대격, 호격의 어미에 있는 α와 복수의 대격에 있는 α는 길다.

47. 복수 속격은 악센트에서 명사 법칙을 어기고 있다. 명사 법칙에 따르면 악센트의 일반 법칙이 허락하는 한, 단수 주격의 악센트 위치를 그대로 지키라는 것이지만, 제1변화 명사에서는 단수 주격의 악센트가 어디 있든지 상관할 것 없이 복수 속격에는 얼티마에 써컴플렉스를 붙여야 한다. 즉 일반 법칙대로 하자면 ὥρων이어야 하지만 그 법칙을 벗어나 ὡρῶν이 되고, 제1변화 명사는 모두 이 예외 법칙을 따르게 되어 있다.

48. ἀλήθεια, ἡ, **진리**는 아래와 같이 변화한다.

	단수	복수
주.	ἀλήθει α	ἀλήθει αι
속.	ἀληθεί ας	ἀληθει ῶν
여.	ἀληθεί ᾳ	ἀληθεί αις
대.	ἀλήθει αν	ἀληθεί ας
호.	ἀλήθει α	ἀλήθει αι

49. 이 명사는 단수 주격의 얼티마에 있는 α가 짧다. 제1변화에서 단수 주격의 어미가 짧은 α일 때, 단수 대격, 호격에서도 α는 짧다. 제1변화의 어떤 명사든지 복수 대격 어미의 α는 길다. 이 명사는 복수 속격을 제외한 모든 경우에 명사 법칙을 따라서 악센트를 붙인다. 즉 악센트의 일반 법칙을 범하지 않는 한, 단수 주격의 악센트 위치를 그대로 지킨다는 말이다.

50. δόξα, ἡ, **영광**은 아래와 같이 변화한다.

	단수	**복수**
주.	δόξ α	δόξ αι
속.	δόξ ης	δοξ ῶν
여.	δόξ ῃ	δόξ αις
대.	δόξ αν	δόξ ας
호.	δόξ α	δόξ αι

51. 단수 주격 어미가 α로 끝나는 제1변화 명사 가운데 그 어근이 ϵ, ι, ρ 이외의 글자로 끝나는 경우에는 단수 속격과 여격의 α가 η로 변한다.

52. γραφή, ἡ, **문서, 성경**은 아래와 같이 변화한다.

	단수	**복수**
주.	γραφ ή	γραφ αί
속.	γραφ ῆς	γραφ ῶν
여.	γραφ ῇ	γραφ αῖς
대.	γραφ ήν	γραφ άς
호.	γραφ ή	γραφ αί

53. 주격 단수 어미가 η로 된 제1변화 명사는 단수 변화에서 줄곧 η를 가진다. 그러나 제1변화의 모든 복수 변화는 모양이 모두 같다.

54. 제1변화에서도 제2변화에서와 마찬가지로 주격 단수에서 얼티마에 악센트를 가진 명사는 단수와 복수의 속격과 여격이 써컴플렉스를 가지고 그 밖에는 애큐트를 가진다.

55. 익힘 문제

1) ψυχὴ βλέπει ζωήν.

2) βασιλεία γινώσκει ἀλήθειαν.

3) ἄνθρωπος γράφει ἐντολὰς καὶ νόμους.

4) ἀπόστολοι λαμβάνουσι δούλους καὶ δῶρα καὶ ἐκκλησίας.

5) ἀπόστολοι καὶ ἐκκλησίαι βλέπουσι ζωὴν καὶ θάνατον.

6) υἱὸς δούλου λέγει παραβολὴν ἐκκλησίᾳ.

7) παραβολὴν λέγομεν καὶ ἐντολὴν καὶ νόμον.

8) βασιλείας γινώσκετε καὶ ἐκκλησίας.

9) ἐκκλησίαν διδάσκει ἀπόστολος καὶ βασιλείαν δοῦλος.

10) νόμον καὶ παραβολὴν γράφει ἄνθρωπος ἐκκλησίᾳ.

11) καρδίαι ἀνθρώπων ἔχουσι ζωὴν καὶ εἰρήνην.

12) φωνὴ ἀποστόλων διδάσκει ψυχὰς δούλων.

13) ὥρα ἔχει δόξαν.

14) φωναὶ ἐκκλησιῶν διδάσκουσι βασιλείας καὶ ἀνθρώπους.

15) βλέπεις δῶρα καὶ δόξαν.

16) γράφει ἐκκλησίᾳ λόγον ζωῆς.

17) λέγει καρδίαις ἀνθρώπων παραβολὴν καὶ νόμον.

18) γράφει ἐκκλησίᾳ υἱὸς ἀποστόλου.

제6과

관사, 제1, 2변화 형용사, 형용사와 명사의 일치, 관사의 용법, 형용사의 한정적 용법과 서술적 용법, 형용사의 독립적 용법

56. 낱말 모음

ἀγαθός, ή, όν, 형용사, **좋은, 착한, 선한**

ἄλλος, η, ο, 형용사, **다른**

δίκαιος, α, ον, 형용사, **옳은**

ἐγείρω, **내가 일으키다**

ἔρημος, ἡ, **빈들, 광야**

ἔσχατος, η, ον, 형용사, **마지막의, 끝의**

κακός, ή, όν, 형용사, **나쁜**

καλός, ή, όν, 형용사, **좋은, 아름다운**

κύριος, ὁ, **주, 주인**

μικρός, ά, όν, 형용사, **작은, 적은**

νεκρός, ά, όν, 형용사, **죽은**

ὁ, ἡ, τό, 관사, **그**

ὁδός, ἡ, **길**

πιστός, ή, όν, 형용사, **신실한**

πρῶτος, η, ον, 형용사, **처음의**

주격 단수에서 -ος로 마치는 제2변화 명사는 거의가 다 남성인데, ἔρημος와 ὁδός는 여성이다. 신약성서에는 이런 낱말이 34개 있으며, 또 남성으로 사용되면서 여성으로도 사용되는 낱말은 18개나 있다.

57. 형용사 ἀγαθός, ή, όν, **선한**의 변화는 아래와 같다.

	단수			복수		
	남성	여성	중성	남성	여성	중성
주.	ἀγαθός	ἀγαθή	ἀγαθόν	ἀγαθοί	ἀγαθαί	ἀγαθά
속.	ἀγαθοῦ	ἀγαθῆς	ἀγαθοῦ	ἀγαθῶν	ἀγαθῶν	ἀγαθῶν
여.	ἀγαθῷ	ἀγαθῇ	ἀγαθῷ	ἀγαθοῖς	ἀγαθαῖς	ἀγαθοῖς
대.	ἀγαθόν	ἀγαθήν	ἀγαθόν	ἀγαθούς	ἀγαθάς	ἀγαθά
호.	ἀγαθέ	ἀγαθή	ἀγαθόν	ἀγαθοί	ἀγαθαί	ἀγαθά

58. 형용사 ἀγαθός의 남성은 명사 제2변화의 남성 명사와 같이, 여성은 명사 제1변화의 η로 마치는 여성 명사와 같이, 중성은 명사 제2변화의 중성 명사와 같이 변화한다.

59. μικρός, ά, όν, **작은, 적은**과 δίκαιος, α, ον, **옳은**의 변화는 §510, §511을 보고 공부하라. 주의할 것은 어근의 마지막 글자가 ρ나 모음으로 되어 있는 형용사에 서는, 여성 변화의 어미는 η가 아니라 긴 α로 나타난다는 것이다.(§51과 비교하라.)

제1변화와 제2변화의 형식으로 변화하는 모든 형용사의 속격 복수 여성의 악센트는 제1변화의 예외 법칙(§47)을 따르지 않고 일반 법칙을 따른다.

60. 관사의 변화는 아래와 같다.

	단수			복수		
	남성	여성	중성	남성	여성	중성
주.	ὁ	ἡ	τό	οἱ	αἱ	τά
속.	τοῦ	τῆς	τοῦ	τῶν	τῶν	τῶν
여.	τῷ	τῇ	τῷ	τοῖς	ταῖς	τοῖς
대.	τόν	τήν	τό	τούς	τάς	τά

61. ὁ, ἡ, οἱ, αἱ 같은 악센트 없는 한 음절짜리 말로서, 뒤따라 나오는 낱말에 붙어서 함께 읽히는 말을 후접어(後接語, proclitic)라고 한다.

62. 관사 변화는 대체로 ἀγαθός 변화와 같다. 다른 점은 첫째로 ὁ, ἡ, οἱ, αἱ에 τ가 붙지 않는 것과 그것들이 악센트를 가지지 않는 것이며, 둘째는 중성 단수 주격과 대격이 τόν이 아니라 τό가 된다는 것이며, 셋째로 호격이 없다는 것이다.

63. 형용사와 명사의 일치

형용사(관사를 포함한다.)는 그것이 수식하는 명사와 성, 수, 격이 일치해야 한다.

보기 1) ὁ λόγος, τοῦ λόγου, τῷ λόγῳ, βλέπω τὸν λόγον, οἱ λόγοι, τῶν λόγων, τοῖς λόγοις, βλέπω τοὺς λόγους.

2) τὸ δῶρον, τοῦ δώρου 등등.

3) ἡ ὥρα, τῆς ὥρας, τῇ ὥρᾳ, βλέπω τὴν ὥραν, αἱ ὧραι 등등.

4) ἡ ὁδός, τῆς ὁδοῦ, τῇ ὁδῷ, βλέπω τὴν ὁδόν, αἱ ὁδοί, τῶν ὁδῶν, ταῖς ὁδοῖς, βλέπω τὰς ὁδούς.

5) καλὸς λόγος, καλὴ ὥρα, καλὴ ὁδός, καλὸν δῶρον, καλὰ δῶρα 등등.

64. 관사의 용법

헬라어에는 영어의 부정관사(不定冠詞)와 같은 것이 없으며, 정관사만 있을 뿐이다. λόγος는 단순히 **말씀** 또는 **한 말씀**이라는 뜻이고, ὁ λόγος는 **그 말씀**, οἱ λόγοι는 **그 말씀들**이라는 뜻이 된다. 이와 같이 관사는 어떤 사물을 지적하거나, 그것에 주목을 하게 하는 역할을 한다. 따라서 어떤 말에 관사가 붙으면 그 말이 뚜렷이 드러나게 되며, 특정한 것이 된다. 관사는 또한 사물의 정체(正體, identity)를 가리킨다. 즉 그 사물의 질(質)이나 종류(種

類)가 아니라, 그 정체를 구별해 주는 역할을 한다. 가령 ὁ θεός는 성자(聖子)나 성령(聖靈)과 구별하여 성부(聖父) 되시는 신분(身分)을 말하며, 반면에 관사가 없이 θεός만 나오면 그 본질에서 사람이나 물건과 다른 신령한 존재임을 나타낸다.

형용사의 한정적 용법과 서술적 용법

65. 형용사는 두 가지의 특별한 용법이 있다. 첫째는 한정적(限定的) 용법이요, 둘째는 서술적(敍述的) 용법이다.

그 좋은 말씀이라는 문구에서 **좋은**은 우리말에서 형용사로서 **말씀**을 한정하며 그 말씀이 어떠하다는 것을 꾸며 주고 있다. 즉 모든 말씀이나 아무런 말씀을 말하는 것이 아니라 그 좋은 말씀만을 가리킨다.

그 말씀은 좋다라는 문장에서 **좋다**는 형용사로서 문장의 주어인 **그 말씀**에 대하여 어떠하다고 설명하고, 서술을 한다. 다시 말하면 형용사는 그 위치에 따라서 관형어의 역할을 하는 경우와 서술어의 역할을 하는 경우가 있다.

66. **그 좋은 말씀**을 헬라어로 나타내는 데는 두 가지 방법이 있다. 첫째는 ὁ ἀγαθὸς λόγος이며, 둘째는 ὁ λόγος ὁ ἀγαθός이다. 헬라어 형용사의 한정적 용법의 특징은 관사 뒤에 곧바로 형용사가 따라 나오는 것이다. 두 가지 경우에서 공통점은 형용사 앞에 관사가 있는 것이다.

67. **그 말씀은 좋다**라는 문장을 헬라어로 나타내는 데도 두 가지 방법이 있다. 첫째는 ὁ λόγος ἀγαθός이며, 둘째는 ἀγαθὸς ὁ λόγος이다. 헬라어 형용사의 서술적 용법의 특징은 그 형용사 바로 앞에 관사가 붙지 않다는 것이다.

68. §66과 §67을 종합해 보면

형용사의 한정적 용법은 { ὁ ἀγαθὸς λόγος / ὁ λόγος ὁ ἀγαθός } **그 좋은 말씀**

형용사의 서술적 용법은 { ὁ λόγος ἀγαθός / ἀγαθὸς ὁ λόγος } **그 말씀은 좋다.**

헬라어에서 이 두 가지 용법을 확실히 알게 되면 헬라어 문장법의 대부분을 습득하는 기초를 닦은 셈이 된다.

69. 헬라어에서 형용사의 한정적 용법과 서술적 용법이 구별되는 것은 형용사가 수식하는 명사에 관사가 붙어 있는 경우뿐이다. ἀγαθὸς λόγος 또는 λόγος ἀγαθός는 **좋은 말씀**(한정적 용법)도 되고 **말씀은 좋다**(서술적 용법)도 될 수 있다.

70. 형용사의 독립적 용법

형용사가 명사같이 사용되기도 한다. 특히 관사를 동반할 때 그렇다.

보기 1) ἀγαθός **좋은 남자**, ἀγαθή **좋은 여자**, ἀγαθόν **좋은 것**, ἀγαθοί **좋은 남자들**, ἀγαθαί **좋은 여자들**, ἀγαθά **좋은 것들**의 뜻이 될 수 있다.

2) ὁ ἀγαθός **그 좋은 남자**, ἡ ἀγαθή **그 좋은 여자**, τὸ ἀγαθόν **그 좋은 것**, οἱ ἀγαθοί **그 좋은 남자들**, αἱ ἀγαθαί **그 좋은 여자들**, τὰ ἀγαθά **그 좋은 것들**의 뜻이 된다.

71. 익힘 문제

1) ἀγαθὴ ἡ ἐκκλησία καὶ ἡ βασιλεία κακή.

2) ἡ κακὴ καρδία τῶν ἀνθρώπων γινώσκει θάνατον.

3) οἱ ἀπόστολοι βλέπουσι τοὺς μικροὺς οἴκους καὶ τὰς κακάς ὁδούς.

4) οἱ δοῦλοι οἱ κακοὶ λύουσι[1] τὸν οἶκον τοῦ ἀποστόλου.

5) οἱ κακοὶ λύουσι τὸ ἱερόν.

주1. λύω는 때때로 **나는 파괴하다**를 의미한다.

6) ὁ κύριος τῆς ζωῆς ἐγείρει τοὺς νεκρούς.

7) οἱ λόγοι τῆς ἀληθείας διδάσκουσι τοὺς ἄλλους ἀποστόλους.

8) οἱ δίκαιοι λαμβάνουσι τὰ δῶρα τοῦ κυρίου τὰ καλά.

9) ὁ κακὸς βλέπει τὴν ἔρημον καὶ τοὺς ἐσχάτους οἴκους.

10) πρῶτοι οἱ δοῦλοι· ἔσχατοι οἱ κύριοι.

11) τῇ ἐκκλησίᾳ τῇ μικρᾷ γράφει ὁ κύριος λόγον ἀγαθόν.

12) τοὺς πιστοὺς βλέπει ὁ πιστός.

13) ἔσχατοι οἱ δοῦλοι οἱ κακοί· πρῶτοι οἱ υἱοὶ οἱ ἀγαθοί.

14) ὁ υἱὸς τοῦ ἐσχάτου ἀδελφοῦ βλέπει τὰς καλὰς ἐκκλησίας τοῦ κυρίου.

15) ἄλλην παραβολὴν λέγομεν τῇ κακῇ βασιλείᾳ.

16) πρώτη ἡ ἐκκλησία· ἐσχάτη ἡ ἄλλη βασιλεία.

17) ταῖς πισταῖς λέγει ὁ κύριος παραβολὴν καλὴν καὶ τοῖς πιστοῖς.

18) ὁ ἀγαθὸς γράφει ἀγαθά· ὁ κακὸς κακά.

19) ἀγαθὸς ὁ δοῦλος καὶ λέγει καλά.

20) ἡ ἀλήθεια πιστὴ καὶ ἡ ὥρα κακή.

제7과

제1변화의 남성 명사, 전치사

72. 낱말 모음

ἄγγελος, ὁ, **천사, 사자**

ἄγω, **내가 인도하다**

ἀπό, 전치사, +속격, **에서, 로부터**

βάλλω, **내가 던지다, 놓다**

διά, 전치사, +속격, **통하여**
+대격, **때문에**

εἰς, 전치사, +대격, **안으로**

ἐκ, 전치사, +속격, **에서 밖으로**
(모음 앞에서는 ἐξ)

ἐν, 전치사, +여격, **안에**

θεός, ὁ, **신(神), 하나님**
(하나님을 나타낼 때 대개는 관사를 붙여서 사용한다.)

κόσμος, ὁ, **우주, 세계**

λίθος, ὁ, **돌**

μαθητής, ὁ, **제자**

μένω, **내가 머물다**

μετά, 전치사, +속격, **함께**
+대격, **후에**

οὐρανός, ὁ, **하늘**

πέμπω, **내가 보내다**

πρός, 전치사, +대격, **에게로**

προφήτης, ὁ, **예언자**

τέκνον, τό, **아이**

τόπος, ὁ, **장소, 곳**

φέρω, **내가 가져오다, 지다**(I bear)

73. 주격 단수가 -ης로 끝나는 제1변화 명사는 남성이다.

74. προφήτης, ὁ, **예언자**의 변화는 아래와 같다.

	단수	복수
주.	προφήτ ης	προφῆτ αι
속.	προφήτ ου	προφητ ῶν
여.	προφήτ ῃ	προφήτ αις
대.	προφήτ ην	προφήτ ας
호.	προφῆτ α	προφῆτ αι

단수의 주격, 속격, 호격만 다르고 그 밖에는 모두 다른 제1변화 명사와 같다. μαθητής는 προφήτης와 똑같이 변하되 악센트의 위치만 다르다.

전치사

75. 전치사는 명사 앞에 오고, 그 명사와 문장의 다른 부분의 관계를 나타낸다. 영어에서는 전치사 다음에 오는 명사가 반드시 목적격이어야 하는데, 헬라어에서는 전치사에 따라서 그 뒤에 오는 명사의 격이 다르다. 우리말에는 전치사라는 것이 없으며, 그것에 해당하는 것이 언제나 명사 다음에 따라 나온다. 가령 영어로 in the house는 우리말로 **그 집 안에**라는 순서로 표시된다.

76. 전치사 ἐν은 **안에, 안에서, 안에 있는** 등등의 뜻으로 사용되는데, 반드시 여격을 지배한다. 따라서 **그 집 안에서**는 ἐν τῷ οἴκῳ, **그 진리 안에서**는 ἐν τῇ ἀληθείᾳ, **그 말씀들 안에서**는 ἐν τοῖς λόγοις로 나타낸다.

전치사 εἰς는 **안으로**라는 뜻이고 반드시 대격을 지배한다. 그러므로 **그 집 안으로**는 εἰς τὸν οἶκον이라고 쓰게 된다.

또 ἀπό는 **에서**, **으로부터**라는 뜻이며, 언제나 속격을 지배한다. 따라서 **그 집으로부터**라는 말은 ἀπὸ τοῦ οἴκου라고 표시한다.

77. 위의 실례가 보여 주듯이 속격은 분리(分離)의 격이요, 여격은 어떤

장소에 머물러 쉬는 격이요, 대격은 어떤 곳을 향하여 움직이는 격이라고 통칙을 세울 수 있다. 그러므로 분리를 나타내는 전치사는 자연히 속격을 취하고, 어떤 곳을 향하여 움직이는 것을 나타내는 전치사는 자연히 대격을 취하기 마련이다.

78. 그러나 전치사의 용법이 그렇게 간단한 통칙으로써 다 해결되는 것은 아니다. 예컨대 분리의 뜻을 조금도 나타내지 않으면서 속격을 취하는 전치사들도 있기 때문이다.

79. ἐν, εἰς, ἐκ는 §61에서 말한 것같이 후접어(後接語, proclitic)이다.

80. ἐν, εἰς, ἐκ, ἀπό는 각각 한 가지 격만을 지배하며, πρός도 대격 이외의 다른 격을 취하는 경우가 흔치 않다. 그러나 전치사들 중에는 두 가지 또는 세 가지의 격을 지배하는 것들이 많이 있으며, 또 격이 달라짐으로 전치사의 뜻도 함께 달라지는 것이 보통이다. 가령 διά가 속격을 취하면 …**통하여**라는 뜻이 되고, 대격을 취하면 …**때문에**라는 뜻이 된다. 또 μετά는 속격을 취할 때 …**과 함께**라는 뜻이 되고, 대격을 취하면 …**뒤에**라는 뜻이 된다.

81. 그러므로 전치사를 기억할 때에는, 그것이 어떤 격을 취하고 또 무슨 뜻을 가지는가 하는 것을 함께 기억해야 한다. ἐν을 실례로 들면 ἐν+여격은 …**안에**라고 읽고 기억하며, μετά의 경우에 μετά+속격은 …**과 함께**, μετά+대격은 …**뒤에**라는 식으로 기억해야 한다.

82. 헬라어 전치사를 정확히 해석하기란 매우 어렵다. 경우에 따라서 여러 가지로 해석될 수도 있으며, 우리말로써는 전혀 뜻을 표현할 만한 말이 없는 경우도 있다. 가령 ἐν이란 전치사는 보통 …**안에**라고 해석되나, 어떤 때는 …**을**이라고 표현해야 하는 경우도 있다. 우선 이 교과서에 나오는 대

로 기본적인 뜻을 바로 파악하도록 노력하자.

83. 참고 삼아 전치사들의 기능을 도표로 나타내 본다면 아래와 같다고 할 수 있다. 앞으로 나올 전치사들까지도 여기에 포함되어 있다. 그러나 전치사의 전부는 아니다.

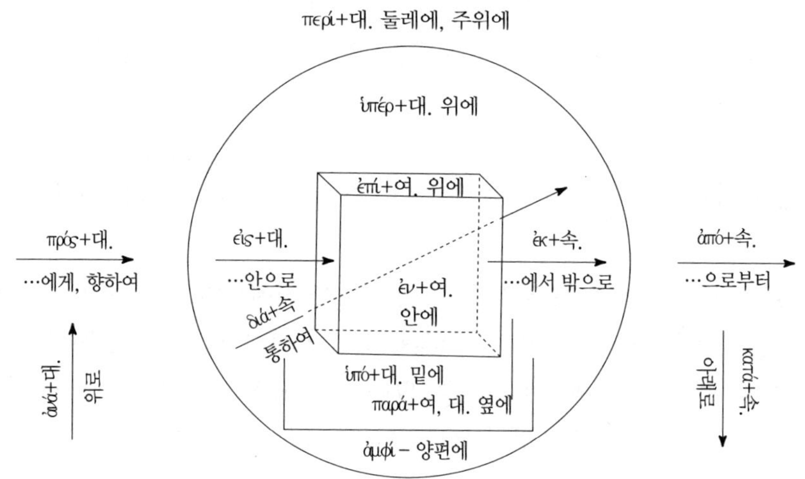

이 도표는 Bruce M. Metzger, *Lexical Aids For Students of New Testament Greek*, 증보판(1960), 103에서 인용했다.

84. 익힘 문제

1) οἱ μαθηταὶ τῶν προφητῶν μένουσιν ἐν τῷ κόσμῳ.

2) οἱ κακοὶ βάλλουσιν λίθους εἰς τὸν οἶκον τῶν μαθητῶν.

3) ὁ θεὸς πέμπει τοὺς ἀγγέλους εἰς τὸν κόσμον.

4) ὁ προφήτης πέμπει τοὺς μαθητὰς τοῦ κυρίου ἐκ τῶν οἴκων εἰς τὴν ἐκκλησίαν.

5) ὁ θεὸς ἐγείρει τοὺς νεκροὺς ἐκ θανάτου.

6) λαμβάνετε τὰ καλὰ δῶρα ἀπὸ τῶν τέκνων.

7) ἄγομεν τὰ τέκνα ἐκ τῶν οἴκων.

8) μετὰ τοὺς ἀγγέλους πέμπει ὁ θεὸς τὸν υἱόν.

9) μετὰ τῶν ἀγγέλων ἄγει ὁ κύριος τοὺς δικαίους εἰς τὸν οὐρανόν.

10) διὰ τῶν ὁδῶν τῆς ἐρήμου φέρουσιν οἱ δοῦλοι τὰ δῶρα εἰς ἄλλον τόπον.

11) διὰ τῶν γραφῶν τῶν προφητῶν γινώσκομεν τὸν κύριον.

12) διὰ τὴν δόξαν τοῦ θεοῦ ἐγείρει ὁ κύριος τοὺς νεκρούς.

13) φέρουσιν τοὺς νεκροὺς εἰς τὴν ἔρημον.

14) οἱ μαθηταὶ διδάσκουσι τὰ ἀγαθὰ τέκνα ἐν τῇ ἐκκλησίᾳ.

15) ὁ κύριος λέγει παραβολὴν τοῖς μαθηταῖς ἐν τῷ ἱερῷ.

16) διὰ τὴν ἀλήθειαν βλέπουσιν οἱ προφῆται τὸν θάνατον.

17) ἀπὸ τῆς ἐρήμου ἄγουσιν οἱ μαθηταὶ τοὺς ἀγαθοὺς δούλους καὶ τοὺς υἱοὺς τῶν προφητῶν πρὸς τοὺς μικροὺς οἴκους τῶν μαθητῶν.

18) διὰ τὴν βασιλείαν τοῦ θεοῦ φέρομεν τὰ κακά.

19) διὰ τὰς ψυχὰς τῶν ἀδελφῶν βλέπει κακά.

20) καλὸς ὁ οὐρανός· κακὸς ὁ κόσμος.

제8과

전접어, 3인칭 인칭대명사, εἰμί의 현재 직설법

85. 낱말 모음

αὐτός, ή, ό, 3인칭 대명사, **그**
δέ, 접속사, **그러나, 그리고, 그런데**
σύ, 2인칭 대명사, **너, 당신, 그대**
ἐγώ, 1인칭 대명사, **나**
εἰμί, **나는 …이다, 나는 …있다**

86. δέ라는 접속사는 후치어(postpostitive)로서 절(clause)의 맨 첫머리에는 올 수 없다. 보통은 둘째 자리에 위치한다.

보기 ὁ δοῦλος γινώσκει τὸν ἀπόστολον, ὁ δὲ ἀπόστολος βλέπει τὸν κύριον. **그 종은 그 사도를 안다. 그러나 그 사도는 주님을 본다.**

87. 전접어

전접어(前接語, enclitic)는 그 바로 앞에 있는 낱말에 밀접하게 연결되는 것으로, 보통은 악센트를 가지지 않는다. 따라서 후접어(proclitic, §61)와의 차이는, 후접어가 그 바로 뒤에 따르는 낱말에 밀접하게 연결되는 데 반(反)하여, 전접어는 그 바로 앞에 나오는 낱말에 밀접하게 연결되는 점이다.

후접어는 그 자체에 악센트가 없을 뿐 아니라, 그 앞뒤에 있는 낱말에도 아무런 악센트 변화를 일으키지 않는다. 그러나 전접어는 그와 매우 달라서 아래와 같은 법이 적용된다.

1) 전접어 앞에 있는 낱말의 악센트 문제

(1) 전접어 앞에 있는 낱말의 마지막 음절에 붙어 있는 애큐트 악센트는 그레이브 악센트로 변하지 않는다.

보기 ἀσελφὸς μου는 잘못이고, ἀδελφός μου가 옳다.

(2) 전접어 앞에 있는 낱말의 앤티피널트에 애큐트가 붙었든지 피널트에 써컴플렉스 악센트가 붙었을 때는, 그 얼티마에 애큐트 악센트가 또 하나 붙는다.

보기 ἄνθρωπός μου, δῶρόν μου, ἄνθρωπός ἐστιν, δῶρόν ἐστιν.

(3) 전접어 앞에 있는 낱말이 후접어이거나 혹은 또 하나의 전접어일 때에는 그 낱말의 얼티마에 애큐트를 붙인다. 다시 말하면 본래 악센트가 없던 낱말에 악센트가 붙게 된다.

보기 εἴς με, ἄνθρωπός μού ἐστιν.

2) 전접어가 그 자신의 악센트를 가지는 경우

(1) 두 음절짜리 전접어가 피널트에 애큐트 악센트를 가진 낱말 뒤에 올 때에 그 전접어는 그 자체의 악센트를 가진다.(그 자체의 악센트라는 말은 전접어가 각각 자기 고유의 악센트를 가지고 있음을 의미한다. 보통은 악센트를 붙이지 아니하고, 특수한 경우에만 자기 고유의 악센트를 붙인다. §88, 89를 참고하라.)

보기 ὥρα ἐστίν에서 ἐστιν은 두 음절짜리 전접어로서, 보통 때는 악센트가 붙지 않는 낱말이다. 그러나 피널트에 애큐트 악센트를 가진 ὥρα라는 낱말이 앞에 왔기 때문에 ἐστιν이 그 자체의 악센트를 가져 ἐστίν이 되었다. 반면에 ὥρα μου의 경우는 μου가 한 음절짜리 전접어이기 때문에, 이 법이 적용되지 않았다. 즉 그 전접어에 악센트를 붙이지 않는 것이 맞다.

(2) 전접어 자체를 강조하려는 경우나 전접어로서 절(clause)을 시작

하는 경우에는 그 자체의 악센트를 가진다.

인칭대명사

88. 1인칭 대명사의 변화는 아래와 같다.

	단수		복수	
주.	ἐγώ	나는, 내가	ἡμεῖς	우리가, 우리는
속.	ἐμοῦ 또는 μου	나의	ἡμῶν	우리의
여.	ἐμοί 또는 μοι	나에게, 나를 위하여	ἡμῖν	우리에게, 우리를 위하여
대.	ἐμέ 또는 με	나를	ἡμᾶς	우리를

ἐμοῦ, ἐμοί, ἐμέ는 강조할 때 사용되는 것이고, 보통은 μου, μοι, με라는 전접어 형태가 사용된다.

인칭대명사 변화에는 호격이 없다.

89. 2인칭 대명사의 변화는 아래와 같다.

	단수		복수	
주.	σύ	네가, 너는	ὑμεῖς	너희가, 너희는
속.	σοῦ 또는 σου	너의	ὑμῶν	너희의
여.	σοί 또는 σοι	너에게, 너를 위하여	ὑμῖν	너희에게, 너희를 위하여
대.	σέ 또는 σε	너를	ὑμᾶς	너희를

σοῦ, σοί, σέ는 강조할 때 사용되고, σου, σοι, σε는 전접어로서 그 밖의 경우에 사용된다.

90. 3인칭 대명사 변화는 아래와 같다.

단수		
남성	여성	중성

주. αὐτός **그(남자)가, 는**	αὐτή **그(여자)가, 는**	αὐτό **그것이, 은**
속. αὐτοῦ **그(남자)의**	αὐτῆς **그(여자)의**	αὐτοῦ **그것의**
여. αὐτῷ **그(남자)에게, 위하여**	αὐτῇ **그(여자)에게**	αὐτῷ **그것에게**
대. αὐτόν **그(남자)를**	αὐτήν **그(여자)를**	αὐτό **그것을**
	복수	
남성	여성	중성
주. αὐτοί **그(남자)들이, 은**	αὐταί **그(여자)들이, 은**	αὐτά **그것들이, 은**
속. αὐτῶν **그(남자)들의**	αὐτῶν **그(여자)들의**	αὐτῶν **그것들의**
여. αὐτοῖς **그(남자)들에게**	αὐταῖς **그(여자)들에게**	αὐτοῖς **그것들에게**
대. αὐτούς **그(남자)들을**	αὐτάς **그(여자)들을**	αὐτά **그것들을**

αὐτός의 변화는 ἀγαθός의 변화와 같으며, 호격이 없는 것과, 중성 단수 주격과 대격이 αὐτό로 되어 있는 것이 다르다.

91. 대명사의 용법

1) 대명사는 명사를 대신하는 말이다. 가령 **나는 그 제자를 보며 또 그를 가르친다**라는 말은 결국 **나는 그 제자를 보며 또 그 제자를 가르친다**라는 말과 같다. 둘째 절의 **그**는 첫째 절의 **그 제자**를 대신하는 말이다.

2) 대명사가 어떤 명사를 대신할 때 그 명사는 그 대명사의 선행사(先行詞, antecedent)라고 한다. 그러므로 **나는 그 제자를 보며 또 그를 가르친다**의 경우에서 **그 제자**는 **그**라는 대명사의 선행사다.

3) 대명사는 선행사와 성(性, gender), 수(數, number)가 일치해야 한다.

보기 (1) βλέπω τὸν μαθητὴν καὶ διδάσκω αὐτόν, **나는 그 제자를 보며 또 그를 가르친다.** 여기서 μαθητήν은 αὐτόν의 선행사이며, μαθητήν이 남성 단수이므로 그 대명사 αὐτόν도 남성 단수일 수밖에 없다.

(2) μένω ἐν τῷ οἴκῳ καὶ γινώσκω αὐτόν, **나는 그 집에 머물러 있으며 또 그것을 안다.** 여기서는 οἴκῳ가 αὐτόν의 선행사다. 그리고

οἴκῳ가 남성 단수 명사이기 때문에 그 대명사 αὐτόν도 역시 남성 단수다.

그런데 우리말에는 성(性)의 구별이 없으며, 집(家)을 남성으로 생각한다든가 길(道)을 여성으로 생각한다든가, 아이(兒)를 중성으로 생각하는 따위의 일이 없으므로, 헬라어 대명사를 우리말로 번역하는 경우에서 사람 이외의 무생물이나 기타에 대해서는, 우리말의 습관대로, 다만 **그것, 그것들**이라는 대명사를 쓸 수밖에 없다.

대명사가 성(性)과 수(數)에서는 반드시 선행사와 일치해야 하지만, 격(格)은 서로 다를 수 있다. οἴκῳ는 ἐν이라는 전치사의 지배를 받아 여격(與格)으로 되어 있는데, 그 대명사 αὐτόν은 γινώσκω라는 타동사의 목적어로서 대격이 되어 있다.

(3) ἡ ἐκκλησία διδάσκει ἐμέ, καὶ ἐγὼ διδάσκω αὐτήν, **그 교회가 나를 가르치며 또 나는 그것을 가르친다.**

(4) βλέπω τοὺς μαθητὰς καὶ διδάσκω αὐτούς, **내가 그 제자들을 보며 또 그들을 가르친다.**

(5) βλέπω τὰ τέκνα καὶ διδάσκω αὐτά, **내가 그 어린이들을 보며 또 그들을 가르친다.** 헬라어에서 아이라는 말이 중성 명사라고 해서, 우리말에서도 아이들을 그것들이라고는 부를 수 없다. 따라서 그들이라는 대명사를 사용할 수밖에 없다.

4) 인칭대명사의 주격은 그것을 강조하려는 경우 외에는 사용되지 않는다.

(1) 그 이유는 동사의 어미가 충분히 그 동작의 주인공의 인칭을 가리켜 주며, 따로 대명사를 붙이지 않더라도 1인칭인지, 2인칭인지, 3인칭인지를 알 수 있기 때문이다. 즉 λέγω는 **내가 말하다**이며, **나**라는 것을 강조하려는 경우 이외에는 ἐγώ라는 대명사를 붙일 필요가 없다.

(2) 강조(强調)는 대개 대조하는 데서 생긴다. 가령 ἐγὼ λέγω, σὺ δὲ γράφεις, **나는 말하고, 너는 쓴다**의 경우에서 ἐγώ와 σύ는 서로 대조

적인 관계에 있으므로 둘 다 강조되고 있다. 즉 **나는 말하고**라는 말 배후에는 다른 사람은 그렇지 않다는 뜻이 포함되어 있으며, **너는 쓴다**의 **너는**도 역시 선택형으로서 **네가**에 보다 강한 뜻이 있다.

(3) αὐτός가 주격 인칭 대명사로 사용되는 경우는 거의 없다고 보아야 한다. 3인칭 주격 대명사를 보통 다른 낱말로써 나타내고, αὐτός가 주격으로 나타나는 경우에는, 그것이 인칭대명사가 아니라 다른 역할을 하고 있는 것이다. 이것에 대해서는 후에 다시 설명이 나온다.

5) 소유를 나타내려면 인칭대명사의 속격을 사용하되 비강조형을 써야 한다. 즉 ἐμοῦ나 σοῦ는 사용하지 말아야 한다.

보기 ὁ λόγος μου **내 말**, ὁ λόγος σου **네 말**, ὁ λόγος αὐτοῦ **그의 말**, ὁ λόγος αὐτῆς **그 여자의 말**, ὁ λόγος αὐτοῦ **그것의 말**, ὁ λόγος αὐτῶν **그들의 말**.

6) 전치사 다음에는 강조형 인칭대명사를 쓰는 법이다.

보기 ἔκ μου가 아니고, ἐξ ἐμοῦ이다. ἀπό μου가 아니고, ἀπ' ἐμοῦ이다. διά μου가 아니고, δι' ἐμοῦ이다. ἔν μοι가 아니고, ἐν ἐμοί이다. 그러나 πρός με는 흔히 사용된다.

전치사의 마지막 모음은 대개 모음으로 시작하는 낱말 앞에서 떨어져 버리고, 그 대신 ' 표가 붙는다. 즉 διὰ ἐμοῦ가 아니고 δι' ἐμοῦ이다.

εἰμί의 현재 직설법

92. εἰμί, **나는 …이다, 나는 …있다**의 현재 직설법 변화는 아래와 같다.

	단수	복수
1.	εἰμι 또는 εἰμί	ἐσμεν 또는 ἐσμέν
2.	εἶ	ἐστε 또는 ἐστέ
3.	ἐστι(ν) 또는 ἐστί(ν)	εἰσι(ν) 또는 εἰσί(ν)

εἶ 이외의 모든 형태는 다 전접어이며 악센트가 붙은 형태는 §87에 있는 법칙대로 사용된다.

ἐστι(ν)과 εἰσι(ν)은 움직이는 ν가 있다.(§41을 보라.)

93. εἰμί는 자동사이기 때문에 보어(補語)를 가지는데, 그 보어는 반드시 주격이어야 한다. 이것을 주격보어(主格補語)라고 한다.

보기 ὁ ἀπόστολος ἄνθρωπός ἐστιν **그 사도는 사람이다**, ὁ ἀπόστολός ἐστιν ἀγαθός **그 사도는 선하다**, ὁ ἀπόστολος λέγει τὸν λόγον **그 사도가 그 말을 한다**의 경우에서는, λέγει가 타동사이며, 그것이 **그 말**에게 어떤 동작을 미치게 하는 것이기 때문에 **그 말**이 대격(즉 목적격)이 되었다. 그러나 **그 사도는 사람이다**라는 말에서는 **그 사도**가 무엇을 하는 것이 아니라, 주어인 **사도**가 어떻다고 풀이해 준다. 따라서 **사람**이 대격이 되지 않고 주격보어로 나오는 것이다.

94. 익힘 문제

1) οἱ μαθηταί σου γινώσκουσι τὴν βασιλείαν καὶ ἄγουσι τοὺς ἀδελφοὺς αὐτῶν εἰς αὐτήν.
2) διδάσκω τοὺς ἀδελφούς μου καὶ λέγω αὐτοῖς παραβολήν.
3) ἄγει με ὁ κύριος πρὸς τοὺς μαθητὰς αὐτοῦ.
4) δι' ἐμὲ βλέπεις σὺ τὸν θάνατον, σοὶ δὲ ἐγὼ λέγω λόγους κακούς.
5) διὰ σοῦ ἄγει ὁ θεὸς τοὺς πιστοὺς εἰς τὴν βασιλείαν αὐτοῦ καὶ δι' αὐτῶν τοὺς ἄλλους.
6) δι' ἡμᾶς μένει ὁ κύριος ἐν τῷ κόσμῳ.
7) ἐγώ εἰμι δοῦλος, σὺ δὲ ἀπόστολος.
8) ἀγαθός ἐστιν ὁ κύριος καὶ ἀγαθοί ἐστε ὑμεῖς.
9) μαθηταί ἐστε τοῦ κυρίου καὶ ἀδελφοὶ τῶν ἀποστόλων αὐτοῦ.
10) ὁ ἀπόστολος πιστός ἐστιν, οἱ δὲ δοῦλοι αὐτοῦ κακοί.

11) ἡ ἐκκλησία πιστή ἐστιν, ἡμεῖς δὲ βλέπομεν αὐτήν.

12) βλέπομέν σε καὶ λέγομέν σοι παραβολήν.

13) δοῦλοι ἐσμέν, δούλους δὲ διδάσκομεν.

14) οἱ δοῦλοι ἡμῶν βλέπουσιν ἡμᾶς, ἡμεῖς δὲ διδάσκομεν αὐτούς.

15) ἀφ' ὑμῶν[1] λαμβάνει ὁ ἀδελφός μου δῶρα καλά, καὶ πέμπει αὐτὰ πρός με διὰ τῶν δούλων αὐτοῦ.

16) γινώσκομεν τὴν ὁδόν, καὶ δι' αὐτῆς ἄγομέν σε εἰς τὸν οἶκον ἡμῶν.

17) μετὰ τῶν ἀδελφῶν ἡμῶν βλέπομεν τοὺς μαθητὰς τοῦ κυρίου ἡμῶν.

18) μετὰ τὰς ἡμέρας τὰς κακὰς βλέπομεν τὴν βασιλείαν τοῦ κυρίου ἡμῶν.

19) μεθ' ἡμῶν[2] βλέπεις αὐτόν.

20) μεθ' ὑμῶν ἐσμεν ἐν τοῖς οἴκοις ὑμῶν.

주1. ἀπό가 거친 숨표를 가진 모음 앞에 올 때에 모음 ο가 떨어지고 대신 ' 가 붙으며 π는 φ로 변한다.

주2. μετά 뒤에 거친 숨표를 가진 모음이 올 때에 α가 떨어지고 그 대신 ' 가 붙으며 τ는 θ로 변한다.

제9과

지시대명사, αὐτός 용법의 보충

95. 낱말 모음

ἀγάπη, ἡ, **사랑**

ἁμαρτία, ἡ, **죄**

βαπτίζω, **내가 세례를 주다**

διδάσκαλος, ὁ, **선생, 교사**

ἐκεῖνος, η, ο, 지시대명사, **저**(that)

ἐπαγγελία, ἡ, **약속**

εὐαγγέλιον, τό, **복음**

κρίνω, **내가 심판하다**

νῦν, 부사, **지금**

οὗτος, αὕτη, τοῦτο, 지시대명사, **이**(this)

οὕτως, 부사, **그와 같이, 그렇게**

πονηρός, ά, όν, 형용사, **악한**

πρόσωπον, τό, **얼굴, 앞**

χαρά, ἡ, **기쁨**

96. οὗτος, **이**(this)의 변화는 아래와 같다.

		단수	
	남성	여성	중성
주.	οὗτος	αὕτη	τοῦτο
속.	τούτου	ταύτης	τούτου
여.	τούτῳ	ταύτῃ	τούτῳ

대.	τοῦτον	ταύτην	τοῦτο
		복수	
주.	οὗτοι	αὗται	ταῦτα
속.	τούτων	τούτων	τούτων
여.	τούτοις	ταύταις	τούτοις
대.	τούτους	ταύτας	ταῦτα

어미에 ο 소리가 있을 때에는 어근에 ου가 오고, 어미에 α나 η 소리가 있을 때에는 어근에 αυ가 온다. 어미 변화는 형용사와 같으며, 각 어미의 모음을 보아 어근의 모음을 정할 수 있다. οὗτος, αὕτη, οὗτοι, αὗται의 네 개만이 맨 처음에 τ가 없는 것을 주의하라.

97. ἐκεῖνος, **저**(that)의 변화는 -ος, -η, -ον식으로 변화하는 형용사와 같다. 그러나 중성 단수의 주격과 대격은 ἐκεῖνον이 아니고 ἐκεῖνο이다.

98. οὗτος와 ἐκεῖνος의 용법

1) οἶτος와 ἐκεῖνος는 흔히 명사와 더불어 사용된다. 이 지시대명사들이 명사와 함께 사용될 때 그 명사는 반드시 관사를 가지고, 그 지시대명사는 서술적 용법을 취한다.(§65-69를 보라.)

보기 (1) ὅυτος ὁ λόγος 또는 ὁ λόγος οὗτος, **이 말씀.**

(2) ἐκεῖνος ὁ λόγος 또는 ὁ λόγος ἐκεῖνος, **저 말씀.**

(3) βλέπω ταύτην τὴν ἐκκλησίαν 또는 βλέπω τὴν ἐκκλησίαν ταύτην, **내가 이 교회를 본다.**

(4) οὗτοι οἱ λόγοι 또는 οἱ λόγοι οὗτοι, **이 말씀들.**

(5) ἐκεῖνοι οἱ λόγοι 또는 οἱ λόγοι ἐκεῖνοι, **저 말씀들.**

(6) οὗτος ὁ καλὸς λόγος 또는 ὁ καλὸς λόγος οὗτος, **이 좋은 말씀.**

2) οὗτος와 ἐκεῖνος는 명사 없이 단독으로 사용되는 경우도 많다.

보기 οὗτος **이 남자**, αὕτη **이 여자**, τοῦτο **이것**, οὗτοι **이 남자들**, αὗται **이**

여자들, ταῦτα **이것들.**

99. *αὐτός* 용법의 보충

αὐτός는 3인칭 대명사로 사용되는 것 이외에 아래와 같은 용도를 가지고 있다.

1) 명사와 함께 있어서 그 명사를 강조해 주는 역할을 한다. 그런 경우에는 서술적 용법을 취한다.

보기 (1) αὐτὸς ὁ ἀπόστολος 혹은 ὁ ἀπόστολος αὐτός, **그 사도 자신이.**
(2) αὐτὴ ἡ ἐκκλησία 혹은 ἡ ἐκκλησία αὐτή, **그 교회 자체.**
(3) αὐτὸ τὸ δῶρον 혹은 τὸ δῶρον αὐτό, **그 선물 자체.**

2) 관사를 가진 3인칭 대명사는 또한 명사와 함께 사용되어 **바로 그** …라는 뜻을 나타낸다. 그렇게 사용될 때에는 한정적 용법을 취한다.

보기 (1) ὁ αὐτὸς ἀπόστολος 혹은 ὁ ἀπόστολος ὁ αὐτός, **바로 그 사도.**
(2) ἡ αὐτὴ ἐκκλησία 혹은 ἡ ἐκκλησία ἡ αὐτή, **바로 그 교회.**
(3) ἀκούω τὸν αὐτὸν λόγον, **나는 바로 그 말을 듣는다.**

3) 위에서 말한 대로 αὐτός가 명사에 붙어서 그것을 강조할 뿐 아니라 대명사에도 붙고, 동사의 숨은 주어에도 붙어서 그것들을 강조하는 역할을 한다.

보기 (1) αὐτὸς ἐγὼ λέγω 혹은 αὐτὸς λέγω, **나 자신이 말한다.**
(2) αὐτὸς σὺ λέγεις 혹은 αὐτὸς λέγεις, **너 자신이 말한다.**
(3) αὐτὸς λέγει, **그 자신이 말한다.**
(4) αὐτὴ λέγει, **그 여자 자신이 말한다.**
(5) αὐτὸ λέγει, **그것 자신이 말한다.**
(6) αὐτοὶ ἡμεῖς λέγομεν 혹은 αὐτοὶ λέγομεν, **우리 자신이 말한다.**
(7) αὐτοὶ ὑμεῖς λέγετε 혹은 αὐτοὶ λέγετε, **너희 자신이 말한다.**
(8) αὐτοὶ λέγουσιν, **그들 자신이 말한다.**

100. 익힘 문제

1) οὗτοι οἱ διδάσκαλοι κρίνουσιν αὐτὸν τὸν ἀπόστολον.

2) ὁ δὲ αὐτὸς διδάσκαλος ἔχει τὴν αὐτὴν χαρὰν ἐν τῇ καρδίᾳ αὐτοῦ.

3) νῦν λαμβάνω αὐτὸς τὸ αὐτὸ εὐαγγέλιον ἀπὸ τοῦ κυρίου μου.

4) οὗτος βλέπει ἐκεῖνον καὶ κρίνει αὐτόν.

5) μετὰ ταῦτα ἔχετε αὐτοὶ τὴν ἀγάπην τοῦ κυρίου ἐν ταῖς καρδίαις ὑμῶν.

6) οὗτοι ἔχουσι χαράν, ἐκεῖνοι δὲ ἔχουσιν ἁμαρτίαν.

7) αὕτη δέ ἐστιν ἡ φωνὴ τοῦ κυρίου αὐτοῦ.

8) οὕτως γινώσκομεν τοῦτον καὶ βλέπομεν τὸ πρόσωπον αὐτοῦ.

9) λαμβάνομεν ταῦτα τὰ δῶρα ἀπὸ τοῦ αὐτοῦ καὶ βλέπομεν αὐτόν.

10) αὐτὸς βαπτίζεις ἐκεῖνον καὶ εἶ ἀδελφὸς αὐτοῦ.

11) εἰς τὴν αὐτὴν ἐκκλησίαν ἄγομεν τούτους τοὺς διδασκάλους ἡμῶν τοὺς ἀγαθούς.

12) αὐτὸς ἐγὼ ἔχω ταύτην τὴν ἐπαγγελίαν τοῦ κυρίου μου.

13) αὕτη βλέπει τὸ πρόσωπον τοῦ κυρίου αὐτῆς.

14) αὐτὴ γινώσκει αὐτὴν τὴν ἀλήθειαν.

15) ἀγαθή ἐστιν ἡ ἐπαγγελία σου καὶ ἀγαθὴ εἶ αὐτή.

16) ἐκεῖνοί εἰσιν μαθηταὶ τοῦ αὐτοῦ διδασκάλου.

17) οὗτός ἐστιν διδάσκαλος ἐκείνου, ἐκεῖνος δὲ τούτου.

18) οὗτος διδάσκει τοὺς ἀγαθοὺς καὶ αὐτός ἐστιν ἀγαθός.

19) μετὰ τὰς ἡμέρας ἐκείνας διδάσκαλοί ἐσμεν τούτων τῶν δούλων.

20) μετὰ τῶν πιστῶν ἔχομεν ἐπαγγελίας ἀγαθάς, οἱ δὲ πονηροὶ βλέπουσιν ἡμέρας κακάς.

제10과

현재 중간태 직설법, 수동태 직설법, ὑπό+속격, 수단의 여격, 디포넌트 동사, 합성동사, οὐ의 위치, 동사에 지배되는 여러 가지 격

101. 낱말 모음

ἀλλά, 접속사, **그러나**(δέ보다 강한 반의[反意]접속사)

ἀκούω, **내가 듣다**(속격을 취할 수 있다. 대격도 역시 취한다. 대격을 취할 때 '순종하다' 라는 뜻이 되기도 한다.)

ἁμαρτωλός, ὁ, **죄인**

ἀποκρίνομαι, 디포, **내가 대답하다**

ἄρχω, **내가 지배하다**(속격을 취함.), ἄρχομαι, 중간태, **내가 시작하다**

γίνομαι, 디포, **내가 되다**(주격보어를 취한다.)

διέρχομαι, 디포, **내가 지나서 가다, 통과하다**

εἰσέρχομαι, 디포, **내가 들어가다**

ἐξέρχομαι, 디포, **내가 나가다**

ἔρχομαι, 디포, **내가 가다, 오다**

ὅτι, 접속사, **…는 것을, 왜냐하면**

οὐ(모음 앞에서는 οὐκ, 거친 숨표 앞에서는 οὐχ), 후접어, **아니**

πιστεύω, **내가 믿다, 신용하다, 신앙을 가지다**(여격을 취한다.)

πορεύομαι, 디포, **내가 가다**

σῴζω, **내가 구원하다**

ὑπό, 전치사, +속격 **…로 말미암아**, +대격 **…밑에**

102. 헬라어 동사에는 세 개의 태(voice)가 있다. 능동태(active voice)와

수동태(passive noice)는 영어나 우리말의 그것들과 똑같으며 중간태(middle voice)는 헬라어의 특징이라고 할 수 있다.

1) 중간태는 그 주어를 묘사하되 그 동작의 결과에 참여하는 주어로 묘사한다. 가령 βουλεύω는 **내가 권고하다** 혹은 **내가 조언하다**라는 뜻이어서 내가 남에게 어떻게 한다는 것이다. 그러나 그 중간태 βουλεύομαι는 **내가 상담하다** 혹은 **내가 협의하다**는 뜻이다. 남과의 상담 혹은 협의를 하니 결국은 그 결과가 **나**라는 주어에 영향을 주고, 주어가 그 결과에 참여하게 되는 것이다. 능동태는 동작 자체를 강조하는데, 중간태는 동작의 주인공을 강조하며, 동작과 주어를 보다 밀접하게 연관시킨다.

그러나 능동태와 중간태를 각각 우리말로 분별하여 번역하려고 할 때 그 구별이 거의 불가능한 경우가 많이 있다. 또 어떤 경우에는 능동태와 중간태의 뜻이 아주 달라서 전혀 다른 말로 번역되는 수도 있다. 가령 ἄρχω는 **내가 지배하다**라는 뜻인데, 그 중간태 ἄρχομαι는 **내가 시작하다**라는 뜻이 된다.

2) 현재 시제에서는 중간태와 수동태가 똑같은 형식으로 변화한다. 그러나 다른 시제에서는 서로 다르게 변화한다. 이 교과서의 익힘 문제에서 중간태나 수동태 양편으로 다 해석될 수 있는 경우일지라도, 수동태로만 취급해서 연습하기로 한다.

103. λύω의 현재 중간태 직설법의 변화는 아래와 같다.

	단수		복수	
1.	λύομαι	**내가 나를 위하여 풀다, 풀고 있다**	λυόμεθα	**우리가 우리를 위하여 풀다, 풀고 있다**
2.	λύῃ	**네가 너를 위하여 풀다, 풀고 있다**	λύεσθε	**너희가 너희를 위하여 풀다, 풀고 있다**
3.	λύεται	**그가 그를 위하여 풀다, 풀고 있다**	λύονται	**그들이 그들을 위하여 풀다, 풀고 있다**

104. 제1시제(primary tense)의 중간태와 수동태의 인칭 어미는 -μαι, -σαι, -ται, -μεθα, -σθε, -νται이다. 현재 시제에서는 어근과 인칭 어미 사이에 연결모음 ο/ε가 붙는다.

	단수	복수
1.	λύ ο μαι	λυ ό μεθα
2.	λύ ε σαι ⟶ λύ ῃ	λύ ε σθε
3.	λύ ε ται	λύ ο νται

2인칭 단수는 λύεσαι가 짧아져서 λύῃ가 된다.(혹 λύει도 된다. 그러나 신약성서에는 별로 나오지 않는다.)

105. λύω의 현재 수동태 직설법의 변화는 아래와 같다.

단수		복수	
1. λύομαι	**내가 풀리다, 풀리고 있다**	λυόμεθα	**우리가 풀리다, 풀리고 있다**
2. λύῃ	**네가 풀리다, 풀리고 있다**	λύεσθε	**너희가 풀리다, 풀리고 있다**
3. λύεται	**그가 풀리다, 풀리고 있다**	λύονται	**그들이 풀리다, 풀리고 있다**

106. ὑπό+속격

속격을 지배하는 ὑπό는 …**로 말미암아**라는 뜻으로, 어떤 동작의 동인(動因)을 표시하는 데 사용된다. 따라서 주로 수동태 동사와 **ὑπό+속격**이 같이 나타난다.

보기 ὁ ἀπόστολος λύει τὸν δοῦλον은 **그 사도가 그 종을 푼다**인데, 이것을 수동태로 고치면 λύει라는 동사의 목적어 τὸν δοῦλον이 주어가 되어 ὁ δοῦλος로 변하고, 주격이던 ὁ ἀπόστολος는 ὑπό 다음에 나오는 속격 τοῦ ἀποστόλου로 변하여 λύεται라는 수동태 동사의 동인 역할을 한다. 즉 ὁ δοῦλος λύεται ὑπὸ τοῦ ἀποστόλου라는 문장으로 변하여 **그 종이 그 사도로 말미암아 풀린다**라는 뜻이 된다.

107. 수단(手段)의 여격

아무 전치사도 붙지 않는 단순한 여격만으로써 수단(手段) 혹은 방편(方便)을 표시하는 경우가 있다.

보기 1) ἐγείρονται τῷ λόγῳ τοῦ κυρίου, **그들은 그 주님의 말씀으로 일으킴을 받는다.** 여기 **말씀**은 **일으키는** 동작의 직접적인 행위자가 아니고, 어떤 사람이 **주님의 말씀**을 사용하여 혹은 그것을 방편으로 하여 일으킨다는 뜻이다.

2) ἄγομεν τοὺς δούλους λόγοις καλοῖς **우리는 좋은 말로 그 종들을 인도한다.** λόγοις καλοῖς는 문법적으로는 **좋은 말에게** 혹은 **좋은 말을 위하여**라고도 해석될 수 있다. 그러나 문맥상으로 볼 때에, 방편을 나타내는 말이라고 간주될 수밖에 없다.

108. 디포넌트 동사

헬라어 동사 가운데 전혀 능동태 형태를 가지지 않고, 중간태나 수동태의 형태만을 가지고 있는 것들이 있다. 그것들이 형식상으로는 중간태나 수동태이면서 능동적인 뜻을 나타낸다. 이런 동사들을 디포넌트 동사(deponent verb)라고 하고, 이를 낱말 모음에 표기할 때 줄여서 '디포' 라고 한다.

보기 πορεύομαι는 형식으로 보아 λύομαι와 같이 중간태나 수동태로 되어 있지만 뜻은 **내가 가다**라는 능동적인 것이다.

109. 합성동사

동사 앞에 전치사를 붙여서 한 동사를 이루는 경우가 많이 있다. 그런 경우에 대개는 그 전치사의 뜻이 동사의 뜻을 수식하는 것이기 때문에 전치사의 일반적인 뜻을 알면 그 동사가 그 전치사를 가지지 않는 경우와 가지는 경우의 뜻의 차이를 가려낼 수 있다. 그러나 어떤 경우에는 합성동사의 뜻이 그 동사의 구성 요소인 전치사와 동사의 뜻과 아주 엉뚱하게 달라지는 수도 있다.

보기 ἐκ는 …**에서 밖으로**의 뜻을 가졌고 πορεύομαι는 **내가 가다**이다. 따라서 ἐκπορεύομαι는 **내가 나가다**라는 뜻이다. 그러나 ἀποκρίνομαι는 **내가 대답하다**라는 뜻인데, ἀπό …**으로부터**와 κρίνομαι **내가 심판하다**를 합하더라도 그 뜻이 나타나지 않는 경우다.

110. οὐ의 위치

οὐ라는 부정어(否定語)는 주어를 부정하든지, 목적어를 부정하든지, 동사를 부정하든지, 문장의 어떤 요소를 부정하든지, 그 부정하는 낱말의 앞에 온다. οὐ는 동사를 부정하는 데 제일 많이 사용되고 있는 것이 사실이고, 동사 바로 앞에 붙는 것이 보통이다. 우리말과는 정반대다. οὐ는 후접어(後接語, proclitic)이다.

보기 οὐ λύω **나는 풀지 않는다,** οὐ λύομαι **나는 풀리지 않는다.** οὐκ ἐγὼ ἀλλὰ σύ **내가 아니라 네가** 같은 경우는 οὐκ가 ἐγώ라는 대명사를 부정하고 있다.

111. 동사에 지배되는 여러 가지 격

동사의 직접 목적어가 어떤 동사의 경우에는 속격으로 나타나고, 어떤 경우에는 여격 혹은 대격으로도 나타난다.

보기 (1) ἀκούω τῆς φωνῆς, **내가 그 음성을 듣는다.**
(2) ἀκούω τὴν φωνήν, **내가 그 음성을 순종한다.**
(3) ἄρχω τῆς βασιλείας, **내가 그 나라를 지배한다.**
(4) πιστεύω τῷ κυρίῳ, **나는 주님을 믿는다.**(대격의 예는 §163에 나온다.)

112. 익힘 문제

1) λύονται οὗτοι οἱ δοῦλοι ὑπὸ τοῦ κυρίου.

2) τῷ λόγῳ τοῦ κυρίου ἀγόμεθα εἰς τὴν ἐκκλησίαν τοῦ θεοῦ.

3) οὐκ ἀκούετε τῆς φωνῆς τοῦ προφήτου, ἀλλ'[1] ἐξέρχεσθε ἐκ τοῦ οἴκου αὐτοῦ.

4) τῷ λόγῳ αὐτοῦ τοῦ κυρίου γίνεσθε μαθηταὶ αὐτοῦ.

5) ἐκεῖνοι οἱ ἀγαθοὶ διδάσκαλοι οὐκ εἰσέρχονται εἰς τοὺς οἴκους τῶν ἁμαρτωλῶν.

6) οὐ βαπτίζονται οἱ ἁμαρτωλοὶ ὑπὸ τῶν ἀποστόλων, ἀλλ' ἐξέρχονται ἐκ τούτων τῶν οἴκων πρὸς ἄλλους διδασκάλους.

7) λέγετε ἐκείνοις τοῖς ἁμαρτωλοῖς ὅτι σώζεσθε ὑπὸ τοῦ θεοῦ ἀπὸ τῶν ἁμαρτιῶν ὑμῶν.

8) ἄρχει αὐτὸς ὁ θεὸς τῆς βασιλείας αὐτοῦ.

9) εἰρήνην ἔχει ἡ ἐκκλησία, ὅτι σώζεται ὑπὸ τοῦ κυρίου αὐτῆς.

10) οὐκ ἀποκρινόμεθα τῷ ἀποστόλῳ ὅτι οὐ γινώσκομεν αὐτόν.

11) οὐχ ὑπὸ τῶν μαθητῶν σώζῃ ἀπὸ τῶν ἁμαρτιῶν σου, ἀλλ' ὑπ' αὐτοῦ τοῦ θεοῦ.

12) οὐ πορεύῃ ἐν τῇ ὁδῷ τῇ κακῇ, ἀλλὰ σώζῃ ἀπὸ τῶν ἁμαρτιῶν σου καὶ οἱ ἀδελφοί σου ἀκούουσι τῆς φωνῆς τοῦ κυρίου.

13) μετὰ τῶν ἀδελφῶν αὐτοῦ ἄγεται εἰς τὴν βασιλείαν τοῦ θεοῦ τῇ φωνῇ τῶν ἀποστόλων.

14) οὐ γίνῃ μαθητὴς τοῦ κυρίου, ὅτι οὐκ εἰσέρχῃ εἰς τὴν ἐκκλησίαν αὐτοῦ.

주1. ἀλλά의 마지막 α는 그 뒤에 모음이 올 때에 떨어지고 그 대신 ' 가 붙는다.

제11과

미완료 능동태 직설법, 합성동사의 접두모음, ϵἰμί의 미완료 직설법, ἔστι(ν)의 악센트

113. 낱말 모음

αἴρω, **내가 들어 올리다, 치우다**

ἀναβαίνω, **내가 올라가다**(ἀνά는 위를 의미한다.)

ἀποθνήσκω, **내가 죽다**

ἀποκτϵίνω, **내가 죽이다**

ἀποστέλλω, **내가 보내다**(πέμπω는 일반적으로 보내는 것을 의미하고, ἀποστέλλω는 어떤 사명을 주어 보낸다는 말이다.)

ἄρτος, ὁ, **떡, 빵**

βαίνω, **내가 가다**(이대로는 신약에서 사용되지 않으며, 여러가지 전치사와 결합되어 사용된다.)

ἐσθίω, **내가 먹다**

κατά, 전치사, +속격, …**에 대항하여**, …**맞서서**, +대격, …**에 의하여**, …**에 따라서**(본래는 **아래**라는 뜻)

καταβαίνω, **내가 내려가다**

μέν…δέ, **한편에서는 … 또 다른 한편에서는**(이는 대조를 나타내는 것이므로 흔히 μέν은 번역하지 않고 δέ만 번역하여 **그러나**라고 보면 된다.)

οὐκέτι, 부사, **더 이상…않다**

παρά, 전치사, +속격, …**으로부터**, +여격, …**곁에, 앞에, 함께**, +대격, …**과 곁따라, 곁에서**

παραλαμβάνω, **내가 받다, 내가 데리고 가다**

σύν, 전치사, +여격, **함께**(μετά +

속격과 거의 뜻이 같다.)

συνάγω, **내가 모으다, 모이다, 함께 모**

이다

τότε, 부사, **그때에**

114. 헬라어 동사의 현재 시제에는 계속되는 동작을 나타내는 동사형이 따로 없다. 그래서 **내가 풀다**와 **내가 풀고 있다**를 λύω라는 한 동사로 나타낸다. 그러나 과거 시제에서는 확실히 그 둘이 구별되어 있다.

직설법에서 단순한 과거를 나타내는 시제를 단순과거(aorist)라고 하며 제14과에서 공부하게 된다.

단순한 과거가 아니라 과거에 계속된 동작 혹은 반복된 동작을 나타내는 시제를 미완료(imperfect)라고 한다.

따라서 λύω의 단순과거 능동태 직설법은 **내가 풀었다**가 될 것이고, 미완료 능동태 직설법은 **내가 풀고 있었다** 혹은 **내가 풀곤 하였다**가 될 것이다.

115. λύω의 미완료 능동태 직설법 변화는 아래와 같이 구성된다.

1) λύω의 현재 어근 λυ-에(어느 동사든지 현재 어근을 먼저 찾아),

2) 접두모음(接頭母音, augment)을 붙인다.(자음으로 시작하는 어근 앞에는 접두모음 ἐ가 붙는다.)

3) 그 다음에 제2시제의 능동태 인칭 어미(-ν, -ς, 없음, -μεν, -τε, -ν)를 붙이고,

4) 어근과 어미 사이에 연결모음 ο/ε를 둔다.(μ와 ν 앞에는 ο, 그 밖에는 ε이다.)

(5) 그리고 동사 법칙대로 악센트를 붙인다.

	단수		**복수**	
1.	ἔ λυ ο ν	**내가 풀고 있었다**	ἐ λύ ο μεν	**우리가 풀고 있었다**
2.	ἔ λυ ε ς	**네가 풀고 있었다**	ἐ λύ ε τε	**너희가 풀고 있었다**
3.	ἔ λυ ε(ν)	**그가 풀고 있었다**	ἔ λυ ο ν	**그들이 풀고 있었다**

116. 제2시제(§18을 보라.)의 직설법 동사에는 모두 그 동사 어근 앞에 접두모음이 붙는다.

117. 자음으로 시작하는 경우에는 그 동사 어근 앞에 ἐ를 붙인다.

보기 ἔλυον **내가 풀고 있었다,** ἐγίνωσκον **내가 알고 있었다.**

118. 모음으로 시작하는 동사의 경우에는 그 첫 모음을 길게 하여 접두모음을 삼는다. 그러나 α는 길어져서 긴 α가 되지 않고 η가 된다.

보기 ἐγείρω의 미완료는 그 어근의 첫자 ε가 η로 길어져서 ἤγειρον이 되고, ἀκούω는 α가 η로 변하여 ἤκουον이 된다. 또 αἴρω는 α가 η로 변하고 다음에 오는 α가 η 밑에 붙어 ᾖρον이 된다.(§4를 참고하라.)

119. 제2시제 능동태 인칭 어미는 아래와 같다.

	단수	복수
1.	-ν	-μεν
2.	-ς	-τε
3.	없음	-ν(혹은 -σαν)

120. 3인칭 단수 ἔλυε(ν)은 움직이는 ν를 가지고 있다.(§41 참고하라.)

121. 1인칭 단수와 3인칭 복수는 그 모양이 같다. 문맥을 보아서 ἔλυον이 **내가 풀고 있었다**인지 **그들이 풀고 있었다**인지를 가려내게 된다.

122. 합성동사의 접두모음

합성동사의 접두모음은 그 동사의 합성 요소인 전치사와 동사 사이에 붙는다. 모음으로 시작하는 동사 앞에서나 접두모음 앞에서는 전치사의 끝 모음이 떨어져 버리기 마련이다.

보기 ἐκβάλλω의 미완료는 ἐκ라는 전치사와 βάλλω라는 동사의 중간에 접두모음 ε가 오고, 따라서 ἐξέβαλλον이 된다. ἀποκτείνω의 미완료는 ἀπό라는 전치사와 κτείνω라는 동사의 중간에 접두모음 ε가 오고 전치사 ἀπό의 끝 모음 ο는 없어진다. 그래서 ἀπέκτεινον이 된다. ἀπάγω는 본래 ἀπό+ἄγω인데, 모음으로 시작한 동사 앞에서 전치사의 끝 모음 ο가 떨어져 ἀπάγω가 되었다. 그것이 미완료로 변하면 α가 η로 변하여 ἀπῆγον이 된다.

123. 악센트는 접두모음을 지나갈 수 없다는 것이 법칙으로 되어 있다. 따라서 ἀπηγον는 동사 법칙상으로 보아 ἄπηγον도 가능하지만, 접두모음 이상을 지나지 못한다는 법 때문에 ἀπῆγον이 될 수밖에 없다.

124. εἰμί의 미완료 직설법

εἰμί의 미완료 직설법은 아래와 같이 변화한다.

	단수		복수	
1.	ἤμην	내가 …있었다	ἦμεν	우리가 …있었다
2.	ἦς	네가 …있었다	ἦτε	너희가 …있었다
3.	ἦν	그가 …있었다	ἦσαν	그들이 …있었다

125. ἔστι(ν)의 익센트

εἰμί의 3인칭 단수 현재 능동태 직설법, 즉 ἐστίν은 문장의 처음에 나올 때나 존재 또는 가능성을 나타낼 때 ἔστι가 되며, οὐκ(μή, εἰ, ὡς, καί, ἀλλ', ἀλλά, τοῦτ', τοῦτο) 뒤에 올 때에도 ἔστι가 된다. 특히 이 교과서에서는 οὐκ ἔστιν이 사용되고 있으며, 신약성서에도 흔히 나타난다. ἐστιν 이외의 다른 형태, 즉 다른 인칭 변화는 여기에 해당하지 않는다.

126. 익힘 문제

1) ἠκούομεν τῆς φωνῆς αὐτοῦ ἐν ἐκείναις ταῖς ἡμέραις, νῦν δὲ οὐκέτι ἀκούομεν αὐτῆς.

2) ὁ δὲ μαθητὴς τοῦ κυρίου ἔλεγε παραβολὴν τοῖς ἀδελφοῖς αὐτοῦ.

3) ἀπέκτεινον οἱ δοῦλοι τὰ τέκνα σὺν τοῖς μαθηταῖς.

4) τότε μὲν κατέβαινον εἰς τὸν οἶκον, νῦν δὲ οὐκέτι καταβαίνω.

5) παρελαμβάνετε τὸν ἄρτον παρὰ τῶν δούλων καὶ ἠσθίετε αὐτόν.

6) διὰ τὴν ἀλήθειαν ἀπέθνῃσκον οἱ μαθηταὶ ἐν ταῖς ἡμέραις ἐκείναις.

7) συνῆγεν οὗτος ὁ ἀπόστολος εἰς τὴν ἐκκλησίαν τοὺς μαθητὰς τοῦ κυρίου ἡμῶν.

8) νῦν μὲν διδασκόμεθα ὑπὸ τὼν ἀποστόλων, τότε δὲ ἐδιδάσκομεν ἡμεῖς τὴν ἐκκλησίαν.

9) ὁ κύριος ἡμῶν ᾖρε τὰς ἁμαρτίας ἡμῶν.

10) τότε μὲν ἀνέβαινον εἰς τὸ ἱερόν, νῦν δὲ οὐκέτι ἀναβαίνουσιν.

11) πονηροὶ ἦτε, ἀγαθοὶ δὲ ἐστέ.

12) ὑμεῖς μέν ἐστε ἀγαθοί, ἡμεῖς δέ ἐσμεν πονηροί.

13) τότε ἤμην ἐν τῷ ἱερῷ καὶ ἐδίδασκέ με ὁ κύριος.

14) λέγομεν ὑμῖν ὅτι ἐν τῷ οἴκῳ ὑμῶν ἦμεν.

15) ἐξέβαλλες αὐτοὺς ἐκ τοῦ ἱεροῦ.

16) ἀπέστελλον οἱ ἄνθρωποι τοὺς δούλους αὐτῶν πρός με.

17) ὁ κύριος ἀπέστελλεν ἀγγέλους πρὸς ἡμᾶς.

18) ἐν τῷ κόσμῳ ἦν καὶ ὁ κόσμος οὐκ ἔβλεπεν αὐτόν.

19) δοῦλος ἦς τοῦ πονηροῦ, ἀλλὰ νῦν οὐκέτι εἶ δοῦλος.

20) τοῦτό ἐστι τὸ δῶρον τοῦ ἀνθρώπου, καλὸν δὲ οὐκ ἔστιν.

제12과

미완료 중간태 직설법, 수동태 직설법, 중성 복수 주어와 단수 동사, καί와 οὐδέ의 용법

127. 낱말 모음

ἀπέρχομαι, 디포, **내가 가 버리다**
βιβλίον, τό, **책**
δαιμόνιον, τό, **귀신**
δέχομαι, 디포, **내가 받다**
ἐκπορεύομαι, 디포, **내가 나가다**
ἔργον, τό, **일, 행위**
ἔτι, 부사, **아직**
θάλασσα, ἡ, **호수, 바다**
καί, 접속사, **그리고, 역시, 까지도**
καί…καί, …**과…이 모두**…(both…and)
κατέρχομαι, 디포, **내가 내려가다**
οὐδέ, 접속사, **그리고 … 아니…, …도 아니, …까지도 아니**
οὐδέ…οὐδέ…, …**과…이 모두 …아니** (neither…nor)
οὔπω, 부사, **아직도…아니**
περί, 전치사, +속격, …**에 대하여,** +대격, **주위에, 둘레에, …에 두루**
πλοῖον, τό, **배(舟)**
συνέρχομαι, 디포, **내가 같이 가다**(I come togethr)
ὑπέρ, 전치사, +속격, **위하여,** +대격, **위에.**

128. 현재 시제에서와 같이 미완료 시제에서도 역시 중간태와 수동태의 모양은 똑같다.

129. λύω의 미완료 중간태 직설법 변화는 아래와 같이 구성된다.

1) λύω의 현재 어근 λυ-에(어느 동사든지 현재 어근을 제일 먼저 찾아),

2) 접두모음을 붙인다.(자음으로 시작하는 동사의 접두모음은 ε이다.)

3) 제2시제의 중간태 인칭 어미(-μην, -σο, -το, -μεθα, -σθε, -ντο)를 붙인다.

4) 어근과 인칭 어미 사이에 연결모음 ο/ε를 붙인다.(μ과 ν 앞에는 ο, 그 밖에는 ε)

5) 동사 법칙대로 악센트를 붙인다.

		단수
1.	ἐ λυ ό μην	내가 나를 위하여 풀고 있었다
2.	ἐ λύ ου < ἐ λύ ε σο	네가 너를 위하여 풀고 있었다
3.	ἐ λύ ε το	그가 그를 위하여 풀고 있었다
		복수
1.	ἐ λυ ό μεθα	우리가 우리를 위하여 풀고 있었다
2.	ἐ λύ ε σθε	너희가 너희를 위하여 풀고 있었다
3.	ἐ λύ ο ντο	그들이 그들을 위하여 풀고 있었다

130. 2인칭 단수는 본래 ἐλύεσο이던 것이 짧아져서 ἐλύου가 되었다.

131. 1인칭 단수 ἐλυόμην에서 얼티마가 길고, 악센트가 피널트에 붙어 있는 것을 특히 유의하자.

132. λύω의 미완료 수동태 직설법 변화는 아래와 같다.

	단수		복수	
1.	ἐλυόμην	내가 풀리고 있었다	ἐλυόμεθα	우리가 풀리고 있었다
2.	ἐλύου	네가 풀리고 있었다	ἐλύεσθε	너희가 풀리고 있었다
3.	ἐλύετο	그가 풀리고 있었다	ἐλύοντο	그들이 풀리고 있었다

133. 현재 시제에서 디포넌트 동사는 미완료 시제에서도 디포넌트이다.

보기 ἔρχομαι는 모양은 중간태나 수동태이지만 뜻은 능동적이다. 이 디포넌트 동사가 미완료 직설법으로 되면 역시 중간태나 수동태의 모양을 가져 ἠρχόμην이 되고 뜻은 역시 능동적으로 **내가 가고 있었다** 혹은 **내가 가곤 하였다**가 된다.

134. 중성 복수 주어와 단수 동사

중성 복수 주어는 단수 동사를 취할 수 있다.

보기 1) τά δαιμόνια ἐξέρχεται, **그 귀신들이 나간다.**

2) ταῦτά ἐστι τὰ καλὰ δῶρα, **이것들은 그 좋은 선물들이다.**

그러나 신약성서 헬라어에서, 중성 복수 주어라고 해서 반드시 단수 동사를 취해야 한다는 법칙은 없다.

종종 중성 복수 주어가 복수 동사를 취하는 것을 볼 수 있다.

보기 τὰ τέκνα σῴζονται, **그 아이들이 구원을 받는다.**

καί와 οὐδέ의 용법

135. καί는 이미 공부한 바와 같이 **그리고** 혹은 **와(과)**의 뜻으로 사용된다. 그러나 어떤 경우에는 **역시, 까지도**라는 뜻으로 사용된다. 그런 경우에는 반드시 그것이 강조하려는 낱말의 직전에 있어야 한다.

보기 1) τοῦτο δὲ καὶ ἐγὼ λέγω, **그러나 이것을 나도 역시 말한다.**

2) γινώσκουσι καὶ τὰ τέκνα τὸν νόμον, **그 아이들까지도 그 율법을 안다.**

3) ὁ θεὸς γινώσκει καὶ τὴν καρδίαν ἡμῶν, **하나님은 우리의 마음까지도 아신다.**

위의 보기에서 καί는 어떤 같은 종류의 문장이나 절이나 낱말을 연속시키는 역할을 하는 것이 아니라, 그 뒤에 나오는 말을 강조하는 역할을 한다. ἐγώ καὶ σύ나 βλέπω καὶ λέγω의 경우에서 καί는 앞뒤에 같은 종류의 말이 있다. 이를테면 앞에 명사가 왔으면 뒤에도 명사, 앞의 것이 주어이면 뒤의 것도 주어, 또 앞의 것이 동사면 뒤의 것도 동사가 와야 한다. 그런 관계가 아니고 갑자기 καί가 나타나는 경우에는, 그것이 특별한 뜻을 가진 것이라고 보아 …**도 역시** 혹은 …**까지도**라고 번역할 수 있다. καί는 어떤 말 앞에 오든지 그 말을 강조해 주는 역할을 한다. 즉 동사 앞에 오면 동사를, 명사 앞에 오면 명사를, 목적어 앞에 오면 목적어를 강조한다.

136. οὐδέ는 καί와 정반대라고만 생각하면 된다. 보통은 **그리고…아니다, 또…아니다**라는 뜻인데, 어떤 때에는 …**도…아니** 혹은 …**까지도…아니**라는 특별한 의미로 사용된다.

보기 1) τοῦτο δὲ οὐ λέγω ἐγὼ οὐδὲ λέγουσιν αὐτὸ οἱ ἄλλοι, **그러나 이것을 내가 말하지 않으며 또 다른 사람들도 그것을 말하지 않는다.** 이렇게 οὐδέ의 보통 용법에서는 οὐδέ 앞에 반드시 부정(否定)의 말(οὐ)이 한 번 나와야 한다.

2) τὴν δόξαν τοῦ θεοῦ βλέπουσιν οὐδὲ οἱ μαθηταί **하나님의 영광을 제자들도 보지 못한다,** ὁ μαθητὴς οὐδὲ βλέπει τὰ πονηρά **그 제자는 악한 것들도 보지도 않는다.**

137. καί…καί는 …**과…이 모두(양쪽 다)**라는 뜻으로 사용된다. οὐδέ…οὐδέ는…**과…이 모두…아니**(neither…nor)라는 뜻으로 사용된다.

보기 1) τοῦτο λέγουσιν καὶ οἱ ἀπόστολοι καὶ οἱ δοῦλοι **이것을 그 사도들과 종들이 모두 말한다,** ὁ ἀπόστολος βλέπει καὶ τὸν δοῦλον καὶ τὸν κύριον αὐτοῦ **그 사도가 그 종과 그의 주인을 모두 본다(그 사도가 그 종도 보고 그의 주인도 본다),** ὁ ἄνθρωπος καὶ βλέπει καὶ ἀκούει τὸν κύριον, **그 사람은 주님을 보기도 하고 그의 말을 순종하기도 한다.**

2) τοῦτο λέγουσιν οὐδὲ οἱ ἀπόστολοι οὐδὲ οἱ δοῦλοι, **이것을 그 사도들과 종들이 모두 말하지 않는다.(이것을 그 사도들도 말하지 않고 종들**

도 말하지 않는다.)

138. 익힘 문제

1) ἐγράφοντο οὗτοι οἱ λόγοι ἐν βιβλίῳ.

2) ἐδιδασκόμην ὑπ' αὐτοῦ ἐκ τῶν βιβλίων τῶν προφητῶν.

3) ἐν ἐκείναις ταῖς ἡμέραις καὶ ἐδιδασκόμεθα ὑπ' αὐτοῦ καὶ ἐδιδάσκομεν τοὺς ἄλλους, ἀλλὰ νῦν οὐδὲ διδασκόμεθα οὐδὲ διδάσκομεν.

4) ἀπήρχοντο οἱ ἁμαρτωλοὶ πρὸς τὴν θάλασσαν.

5) ἐξεπορεύετο πρὸς αὐτὸν ἡ ἐκκλησία, ἀλλὰ νῦν οὐκέτι ἐκπορεύεται.

6) οὔπω βλέπομεν τὸν κύριον ἐν τῇ δόξῃ αὐτοῦ, ἀλλὰ ἐδιδασκόμεθα ὑπ' αὐτοῦ καὶ ἐν ταῖς ἡμέραις ταῖς κακαῖς.

7) ἐλέγετο ἐν τῷ ἱερῷ καλὸς λόγος περὶ τούτου τοῦ ἀποστόλου.

8) περὶ αὐτὸν ἐβλέπετο ἡ δόξα αὐτοῦ.

9) ἐφέρετο τὰ δῶρα καὶ πρὸς τοὺς πονηρούς.

10) ἐδέχου τὰ βιβλία ἀπὸ τῶν προφητῶν.

11) συνήρχοντο οἱ μαθηταὶ πρὸς τοῦτον.

12) τὰ ἔργα τοῦ πονηροῦ πονηρά ἐστιν.

13) οὐδὲ αὐτὸς πονηρὸς οὐδὲ τὰ ἔργα πονηρά.

14) ὑπὲρ τῆς ἐκκλησίας αὐτοῦ ἀπέθνῃσκεν ὁ κύριος.

15) οὐκ ἔστιν μαθητὴς ὑπὲρ τὸν διδάσκαλον αὐτοῦ οὐδὲ δοῦλος ὑπὲρ τὸν κύριον αὐτοῦ.

16) ἐν τῷ πλοίῳ ἤγου πρὸς τὸν κύριον διὰ τῆς θαλάσσης.

17) ἐξήρχεσθε ἐκ τῶν οἴκων ὑμῶν.

18) ταῦτα τὰ δαιμόνια ἐξήρχετο διὰ τοῦ λόγου αὐτοῦ.

19) ἠκούοντο καὶ ἤκουον· ἀκούονται καὶ ἀκούουσιν.

20) ἠρχόμην πρὸς τὸν κύριον, ἦγον δὲ καὶ τοὺς ἄλλους

제13과

미래 능동태 직설법, 중간태 직설법

139. 낱말 모음

ἀναβλέψω, **내가 쳐다볼 것이다, 시력을 다시 얻을 것이다,** ἀναβλέπω의 미래

βήσομαι, 디포, **내가 갈 것이다,** βαίνω의 미래

γενήσομαι, 디포, **내가 될 것이다,** γίνομαι의 미래

γνώσομαι, 디포, **내가 알 것이다,** γινώσκω의 미래

διδάξω, **내가 가르칠 것이다,** διδάσκω의 미래

διώξω, **내가 뒤쫓을 것이다, 박해할 것이다,** διώκω의 미래

δοξάσω, **내가 영광을 돌릴 것이다,** δοξάζω의 미래

ἐλεύσομαι, 디포, **내가 갈 것이다,** ἔρχομαι의 미래

ἕξω, **내가 가질 것이다,** ἔχω의 미래 (숨표에 주의하라.)

κηρύξω, **내가 선포할 것이다, 전파할 것이다, 설교할 것이다,** κηρύσσω의 미래

λήμψομαι, 디포, **내가 취할 것이다,** λαμβάνω의 미래

προσεύξομαι, 디포, **내가 기도할 것이다,** προσεύχομαι의 미래

τυφλός, ὁ, **맹인, 소경**

140. 현재 시제는 물론 미완료 시제까지도 현재 어근을 원어근으로 삼아 거기에 연결모음 ο/ϵ와 인칭 어미를 붙여서 형성한다.

그런데 미래 능동태와 중간태는 새로운 미래 어근을 가진다. 미래 어근은 동사의 원어근에 시제 접미어(tense suffix) σ를 붙여서 만든다. λύω라는 동사에서 λυ-는 현재 어근일 뿐 아니라 그 동사의 원어근도 된다. 미래 어근은 현재 어근에 σ를 붙여서 만드는 것이 아니라 원어근 λυ-와 σ를 합하여 만든다. 즉 λυσ-가 된다.

141. 미래 시제는 제1시제에 속하며, 현재 시제와 같이 제1시제의 인칭 어미를 가진다. 그리고 연결모음도 현재 시제에서와 같다. 그러므로 미래 능동태와 중간태는 현재 능동태와 중간태와 비교할 때, 현재에는 어근이 λυ-가 되고 미래에는 어근이 λυσ-가 되는 것뿐, 그 밖에는 똑같이 변화한다.

142. λύω의 미래 능동태 직설법 변화는 아래와 같다.

		단수	
1. λύσω	〈	λύ σ ο μι	**내가 풀 것이다**
2. λύσεις	〈	λύ σ ϵ σι	**네가 풀 것이다**
3. λύσει	〈	λύ σ ϵ τι	**그가 풀 것이다**
		복수	
1. λύσομεν	〈	λύ σ ο μεν	**우리가 풀 것이다**
2. λύσετε	〈	λύ σ ϵ τε	**너희가 풀 것이다**
3. λύσουσι(ν)	〈	λύ σ ο ντι	**그들이 풀 것이다**

143. 현재 시제와 미완료 시제에서는 중간태와 수동태가 같은 모양으로 변화하였는데 미래 시제에서는 그 둘이 완전히 다르게 변화한다. 미래 수동태는 제16과에서 설명될 것이다. 그러므로 λύσομαι는 **내가 나를 위하여 풀 것이다**라는 뜻만 되며 **내가 풀릴 것이다**라는 뜻은 되지 않는다.

144. λύω의 미래 중간태 직설법은 아래와 같이 변화한다.

	단수		복수
1. λύσομαι	내가 나를 위하여 풀 것이다	λυσόμεθα	우리가 우리를 위하여 풀 것이다
2. λύσῃ	네가 너를 위하여 풀 것이다	λύσεσθε	너희가 너희를 위하여 풀 것이다
3. λύσεται	그가 그를 위하여 풀 것이다	λύσονται	그들이 그들을 위하여 풀 것이다

145. 자음으로 끝나는 어근을 가진 미래 능동태와 중간태

동사의 어근이 자음으로 끝났을 때 시제 접미어 σ를 붙이면 자음이 두 개 겹쳐서 놓이게 된다. 따라서 아래와 같은 결과가 일어난다.

1) π, β, φ(순음[脣音], labial mutes) 다음에 σ가 오면(πς, βς, φς) ψ(ㅍㅅ)로 변한다.

보기 πέμπω의 미래는 πέμψω, τρίβω의 미래는 τρίψω, γράφω의 미래는 γράψω이다.

2) κ, γ, χ(구개음[口蓋音], palatal mutes) 다음에 σ가 오면(κς, γς, χς) ξ(ㅋㅅ)로 변한다.

보기 διώκω의 미래는 διώξω, ἄγω의 미래는 ἄξω, ἄρχω의 미래는 ἄρξω이다.

3) τ, δ, θ(설음[舌音], lingual mutes) 다음에 σ가 올때에 τ, δ, θ는 각각 소리를 감춘다.

보기 θάπτω의 미래는 θάψω, σπεύδω의 미래는 σπεύσω, πείθω의 미래는 πείσω이다.

각종 동사와 미래 어근과 기타 어근의 형성

146. 동사의 원어근과 현재 어근이 다른 경우는 많이 있다. §140에서도 말한 것같이 λύω라는 동사는 원어근도 λυ-요 현재 어근도 λυ-이지만, 어떤

동사에서는 그것들이 서로 다르다.

보기 1) κηρύσσω의 원어근은 κηρυσσ-가 아니라 κηρυκ-이다. 그러므로 §141에서 말한 대로 이 동사의 미래 어근은 원어근 κηρυκ-에 σ를 붙여서 만들며, §145의 2)에 의해서 κηρυξ-가 된다. 그러므로 κηρύσσω의 미래는 κηρύξω가 된다.

2) βαπτίζω의 현재 어근은 βαπτιζ-이지만, 원어근은 βαπτιδ-이다. 그러므로 §145의 3)에 의해서 βαπτίζω의 미래(βαπτίδσω)는 βαπτίσω가 된다.

147. 헬라어 동사의 미래는 불규칙적으로 형성되는 것이 너무 많기 때문에 모든 동사의 변화를 일정한 법칙으로 규정하기 어렵다. 그러므로 사전을 펴 보고야 각 동사의 미래 변화를 정확하게 알 수 있다.

148. 동사의 기본적인 시제 어근만 알면 거기에서 태(voice), 법(mood), 인칭(person), 수(number)를 나타내는 각각의 형태로 변화하는 것은 매우 규칙적으로 이루어진다. 가령 κηρύσσω라는 동사에서 현재 어근이 κηρυσσ-라는 것을 알기만 하면 그것을 기본으로 하여 현재 능동태, 수동태, 중간태의 모든 변화를 규칙적으로 행할 수 있으며, 직설법뿐 아니라 기타 모든 법(mood)을 만들 수 있고, 모든 인칭과 수로 변화시킬 수 있다. 또 그 동사의 미래 어근이 κηρυξ-라는 것만 알면 거기에 기초하여 여러 가지 태와 법과 인칭과 수로 변화시킬 수 있다. 이렇게 시제마다 그 어근이 다르므로 기본적인 시제 어근을 아는 것이 가장 중요하다.

동사마다 기본적인 시제 어근이 여섯 개 있는데 그 여섯 가지 시제 어근만 알면 그 밖의 모든 변화는 그것에 기초하여 만들 수 있다. 이 여섯 가지는 현재 능동태, 미래 능동태, 단순과거 능동태, 현재완료 능동태, 현재완료 수동태, 단순과거 수동태이다. 이 여섯 가지의 1인칭 단수 직설법을 가리켜 기본형이라고 한다. 지금까지 λύω의 여섯 가지 기본형(principal parts) 가운데 두 가지만 공부했다. λύω라는 첫째 기본형을 기초로 하여 현재와 미완료의 능동태, 중간태, 수동태가 형성되었고, 둘째 기본형 λύσω에 기초하여 미래 능동태와 중간태가 형성되었다.

그러나 문제는 이 기본적 시제 어근이 동사의 원어근이나 현재 어근에서 규칙적으로 파생되지 않는 경우가 많다는 점이다.

149. 어떤 나라의 말에도 모두 있듯이 헬라어에도 불규칙 동사가 꽤 많이 있으므로, 가령 어떤 시제의 변화를 알았다 하더라도 거기서 그 동사의 다른 시제 변화를 미루어 알기 어려운 경우가 많이 있다. 예를 들면, ἔρχομαι라는 현재 동사의 미래는 ἐλεύσομαι가 된다는 것을 누가 추측할 수 있겠는가 말이다. 그러나 일단 사전을 통하여 ἐλεύσομαι가 ἔρχομαι의 미래라는 것을 알면 ἐλευσ-라는 미래 어근을 알게 되어서 거기 따르는 모든 변화는 다 쉽게 알 수 있다.

150. 이 책 뒤에 있는 전체 낱말 모음을 보면 동사마다 그 기본형이 차례로 나열되어 있다. 그러므로 그것을 이용하면 동사의 여러 가지 변화를 찾아낼 수 있다.

1) 예를 들어 **그들이 시작할 것이다**라는 말을 헬라어로 옮기려고 한다면 먼저 한글-헬라어 사전(낱말 모음)을 찾아본다. 거기에 **시작하다**라는 말이 나오고 헬라어로는 ἄρχω의 중간태가 있을 것이다. 그 다음에는 헬라어-한글 사전(낱말 모음)에서 ἄρχω를 찾으면 두 번째 기본형이 ἄρξω로 나와 있는 것을 보게 될 것이다. 그러나 **시작하다**는 말은 ἄρχω의 중간태이기 때문에 **시작할 것이다**라는 미래는 ἄρξω의 중간태이어야 할 것이다. 그리고 **그들이 시작할 것이다**는 3인칭 복수 미래 중간태 직설법이기 때문에 λύω의 변화표에서 3인칭 복수 미래(제2기본형) 중간태 직설법 λύσονται를 찾아 그와 같은 모양으로 ἄρξονται라는 변화를 얻게 된다.

2) 또 예를 들어 σώσει라는 말을 번역하려고 한다면, 우선 자연히 이 낱

말의 두 번째 σ를 미래 시제 접미어로 추측하여 λύσει와 유사한 형태로 단정할 수 있다. 다음에는 σω라는 두 철자로써 시작된 낱말들을 더듬어 본다. 그리하면 어렵지 않게 σώζω라는 낱말을 발견할 것이다. 그리고 그 두 번째 기본형이 σώσω로 나와 있는 것을 찾을 수 있다. 거기서 자연히 σώσει는 σώσω의 3인칭 단수라는 것을 알게 된다.

3) 또 ἄξω라는 말을 보게 되면 먼저 ξ안에 σ가 숨어 있다는 것을 추측하고 어떤 동사의 미래라는 것을 알게 된다. 그러면 ἄξω의 현재는 자연히 ἄκω니 ἄγω나 ἄχω 중의 어느 하나일 것이다. 사전을 찾아보면 ἄγω가 바른 것이라는 것을 쉽게 알 수 있다.

151. 아주 어렵고 불규칙적인 동사들을 각 과 처음에 나오는 낱말 모음에 소개하였다. 또 어떤 동사에서 변화했다는 것을 표시하였다. 이 교과서 맨 끝에 신약성서에 나타나는 불규칙 동사들을 모두 소개했다.

152. 합성동사의 미래형을 찾으려면 먼저 전치사는 떼어 버리고 남은 부분만을 가지고 알아보아야 한다. 가령 ἀπελεύσεσθε라는 낱말이 나왔다면 먼저 ἀπό라는 전치사가 붙은 것을 알고 그것을 떼고 ἐλεύσεσθε만을 가지고 생각해 보아야 한다. 그 다음에 이것의 1인칭 단수는 ἐλεύσομαι일 것을 추측할 수 있다. 불규칙 동사표를 훑어 보면 ἐλεύσομαι가 ἔρχομαι의 미래인 것을 알 수 있다. 따라서 ἐλεύσεσθε가 ἔρχομαι에서 온 것같이 ἀπελεύσεσθε는 ἀπέρχομαι에서 온 것을 알게 된다.

153. 미래 디포넌트

어떤 시제에서는 디포넌트이고 어떤 시제에서는 디포넌트가 아닌 동사들이 있다.

보기 βαίνω의 미래는 중간태형을 취하여 βήσομαι가 된다. 즉 미래에서는 디포넌트이고 현재에서는 그렇지 않다는 말이다.

154. 익힘 문제

1) ἄξει ὁ κύριος τοὺς μαθητὰς αὐτοῦ εἰς τὴν βασιλείαν.

2) γνωσόμεθα καὶ τοὺς ἀγαθοὺς καὶ τούς πονηρούς.

3) λήμψεσθε τὰ πλοῖα ἐκ τῆς θαλάσσης.

4) λύσεις τοὺς δούλους.

5) ἕξουσιν οἱ πονηροὶ οὐδὲ χαρὰν οὐδὲ εἰρήνην.

6) ἐν ἐκείνῃ τῇ ὥρᾳ ἐλεύσεται ὁ υἱὸς τοῦ ἀνθρώπου σὺν τοῖς ἀγγέλοις αὐτοῦ.

7) ἁμαρτωλοὶ ἐστέ, γενήσεσθε δὲ μαθηταὶ τοῦ κυρίου.

8) διώκουσιν οἱ πονηροὶ τοὺς προφήτας, ἀλλ' ἐν ταῖς ἡμέραις τοῦ υἱοῦ τοῦ ἀνθρώπου οὐκέτι διώξουσιν αὐτούς.

9) προσεύξῃ τῷ θεῷ σου καὶ δοξάσεις αὐτόν.

10) τότε γνώσεσθε ὅτι αὐτός ἐστιν ὁ κύριος.

11) ταῦτα γνώσομαι οὐδὲ ἐγώ.

12) ἄλλους διδάξει ὁ δοῦλος, ἀλλ' ἐμὲ διδάξει ὁ διδάσκαλος ὁ πιστός.

13) ἐκεῖνα λήμψονται οἱ ἀπόστολοι, ταῦτα δὲ καὶ οἱ ἀδελφοί.

14) διὰ τοῦ λόγου τοῦ κυρίου ἀναβλέψουσιν οἱ τυφλοὶ οὗτοι.

15) ὁ προφήτης αὐτὸς γράψει ταῦτα ἐν ταῖς γραφαῖς.

16) ἐλεύσονται κακαὶ ἡμέραι.

17) ἀπελεύσῃ καὶ σὺ εἰς τὰς ὁδοὺς τῶν πονηρῶν καὶ διδάξεις οὕτως τοὺς ἀνθρώπους.

18) κηρύξουσιν καὶ αὐτοὶ τὸ εὐαγγέλιον ἐν τούτῳ τῷ κόσμῳ τῷ κακῷ.

19) ἐλεύσεται καὶ αὕτη πρὸς αὐτόν, καὶ αὐτὸς διδάξει αὐτήν.

20) ἐκηρύσσετο τὸ εὐαγγέλιον ἐν ταῖς ἡμέραις ταῖς κακαῖς, κηρύσσεται δὲ καὶ νῦν, ἀλλ' ἐν ἐκείνῃ τῇ ἡμέρᾳ ἐλεύσεται ὁ κύριος αὐτός.

제14과

단순과거 능동태 직설법, 중간태 직설법, πιστεύω에 대하여

155. 낱말 모음

ἀπολύω, ἀπολύσω, ἀπέλυσα, **내가 놓아 주다, 해고하다**

ἐκήρυξα, **내가 설교하였다, 선포하였다,** κηρύσσω의 단순과거

ἐπιστρέφω, ἐπιστρέψω, ἐπέστρεψα, **내가…에게 돌아서다, 돌아가다**

ἑτοιμάζω, ἑτοιμάσω, ἡτοίμασα, **내가 준비하다, 예비하다**

ἤδη, 부사, **벌써, 이미**

θαυμάζω, θαυμάσω, ἐθαύμασα, **내가 이상하게 여기다, 놀라다, 기이하게 여기다**

θεραπεύω, θεραπεύσω, ἐθεράπευσα, **내가 고치다, 낫게 하다**

πείθω, πείσω, ἔπεισα, **내가 설복시키다**

πιστεύω, πιστεύσω, ἐπίστευσα, **내가 믿다, 신앙을 가지다, 신뢰하다**

ὑποστρέφω, ὑποστρέψω, ὑπέστρεψα, **내가(뒤로, 다시) 돌아서다, 돌아가다**

156. 헬라어 동사의 시제는 고대 언어 중의 어떤 것보다도 정확성을 가지고 있다. 동사는 동작을 표현하는 역할을 하는 것인데 헬라어 동사의 시제는 동작의 시간(time of action)과 동작의 종류(kind of action), 이 두 가

지를 나타내는 역할을 한다. 그런데 헬라어 시제가 주로 동작의 종류를 나타내기 때문에 동작의 시간을 나타내는 것은 오히려 제2차적이라 하겠다. 시제(時制)라는 말에 시(時)가 있기 때문에 주로 시간에 관계된 것으로 생각하기 쉬우나 헬라어의 시제는 오히려 동작의 종류를 주로 보여 준다는 것에 유의해야 한다.

동작의 시간에 따라서 분류하면 과거, 현재, 미래로 나눌 수 있으며, 오직 직설법에서만 그런 구분이 가능하다. 다른 법(mood)에서는 시간 개념이 없이 동작의 종류만 논의된다.

동작의 종류에 따라서 분류해도 역시 세 가지로 나뉜다. 첫째는 계속하는 동작이요, 둘째는 마친 동작이요, 셋째는 단순한 발생을 의미하는 동작, 즉 계속이라든가 반복이라든가 하는 동작의 진행을 다루지 않고 어떤 동작이 일어나는 것(생기는 것)만을 나타낸다.

그러므로 동작의 종류를 따라서 본다면 세 가지 시제가 있다고 보아야 한다.

1) 계속적 동작을 나타내는 현재 시제

2) 완료된 동작을 나타내는 완료 시제

3) 정함이 없는 동작을 나타내는 단순과거(단순과거라는 말은 역시 과거라는 말 때문에 시간적인 과거의 개념을 나타낸다는 인상을 강하게 풍긴다. 그러나 본래 ἀ+όριστος, 즉 제한이 없는[without limits] 혹은 정함이 없는[undefined]이라는 뜻이다. 그래서 **아오리스트**[aorist]라는 이름이 생긴 것이다.)

157. 1) 동작의 계속이나 반복을 나타내는 주요 시제는 현재 시제이다. 직설법에서는 현재 시제가 현재적인 시간의 개념과 계속적인 동작의 개념을 함께 나타낸다. 그러나 다른 법(mood)에서는 시간 개념이 없어지고 동작의 계속만을 나타낸다.

과거에서의 계속적 동작은 미완료 시제로 나타낸다.

미래에서의 계속적 동작은 보통 미래 시제를 가지고 나타낸다. 가령 λύσω를 예로 든다면 단순히 **내가 풀 것이다**라는 뜻도 되지만 **내가 풀고 있을 것이다** 혹은 **내가 늘 풀 것이다**라는 계속이나 반복의 뜻으로 볼 수 있다. 그러나 εἰμί의 미래형에다 동사의 현재분사(18-20과에서 배울 것이다.)를 붙여서 만드는 완곡한 미래(periphrastic future)이면 더욱 그것을 명백히 나타낼 수 있다.

2) 완료된 동작을 나타내는 주요 시제는 현재완료 시제다. 직설법에서는 현재완료가 현재 시간의 입장에서 보는 완료 동작을 나타낸다. 과거 입장에서 본 완료 동작은 과거완료 시제로 나타낸다. 미래 입장에서 본 완료 동작은 미래완료 시제로 나타낸다.(§410을 참고하라.)

3) 동작의 단순한 발생(occurring)을 나타내는 주요 시제는 단순과거(aorist)이다. 단순과거는 직설법에서만 과거라는 시간 개념을 포함하고 있다. 시간적으로 현재나 미래에 일어나는 동작의 단순한 발생을 나타내는 동사형은 따로 없다. 현재 시제나 미래 시제가 그런 뜻으로도 사용된다. 즉 λύω는 **내가 풀다**도 되고 **내가 풀고 있다** 혹은 **내가 늘 풀다**라는 뜻도 된다.

158. 단순과거와 다음 과에 나올 제2단순과거의 차이는 그 변화 형식에 있을 뿐, 시제(tense)로서의 작용이나 기능에 있는 것이 아니다. 가령 영어의 work라는 낱말은 과거가 될 때에 -ed를 붙여서 worked가 되며, 이렇게 변하는 것을 규칙적 동사라고 한다. 그 반면에 go라는 낱말은 과거가 되면 went로 변한다. 이런 것을 불규칙 동사라고 한다. 그러나 worked나 went는 과거 동사라는 점에서 똑 같으며 변화하는 양식이 서로 다를 뿐이다.

159. λύω의 단순과거 능동태 직설법은 아래와 같이 변화한다.

1) λύω 동사의 원어근 λυ-에,

2) 제2시제 직설법에 공통적으로 붙이는 접두모음을 붙이고(자음으로 시작되는 어근 앞이기 때문에 ϵ를 붙인다.),

3) 단순과거의 특징인 시제 접미어 -σα-를 어근 다음에 붙이고,

4) 제2시제 능동태 인칭 어미(-ν, -ς, 없음, -μεν, -τε, -ν 혹은 -σαν)를 붙인다.(§119를 보라.)

5) 1인칭 단수 어미에서 ν을 떼고, 3인칭 단수의 σα는 σε로 하고(거기에 움직이는 ν이 붙을 수 있다.),

6) 규칙적으로 악센트를 붙인다.

		단수		
1.	ἔ λυ σα	〈	ἔ λυ σα ν	**내가 풀었다**
2.	ἔ λυ σα ς	〈	ἔ λυ σα ς	**네가 풀었다**
3.	ἔ λυ σε(ν)	〈	ἔ λυ σα	**그가 풀었다**
		복수		
1.	ἐ λύ σα μεν	〈	ἐ λύ σα μεν	**우리가 풀었다**
2.	ἐ λύ σα τε	〈	ἐ λύ σα τε	**너희가 풀었다**
3.	ἔ λυ σα ν	〈	ἔ λυ σα ν	**그들이 풀었다**

160. λύω의 단순과거 중간태 직설법은 아래와 같이 변화한다.

1) λύω의 원어근 λυ-에,

2) 접두모음을 붙이고(여기에는 ϵ),

3) 단순과거의 특징인 시제 접미어 -σα-를 붙이고,

4) 제2시제의 중간태 인칭 어미 -μην, -σο, -το, -μεθα, -σθε, -ντο를 붙이고(§129 참고하라.),

5) 2인칭 단수 -σασο를 -σω로 바꾸고,

6) 규칙적으로 악센트를 붙인다.

		단수		
1.	ἐ λυ σά μην			**내가 나를 위하여 풀었다**
2.	ἐ λύ σω	〈	ἐ λύ σα σο	**네가 너를 위하여 풀었다**
3.	ἐ λύ σα το			**그가 그를 위하여 풀었다**

복수	
1. ἐ λυ σά μεθα	우리가 우리를 위하여 풀었다
2. ἐ λύ σα σθε	너희가 너희를 위하여 풀었다
3. ἐ λύ σα ντο	그들이 그들을 위하여 풀었다

161. 미래 시제에서와 마찬가지로 단순과거 시제에서도 수동태는 완전히 중간태와 다른 형태를 취한다.

162. -σα라는 시제 접미어가 어근에 붙을 때에 일어나는 변화는 미래 시제에서 σο/ε가 붙어서 생기는 변화와 똑같다. 그러나 단순과거 동사가 확실히 어떤 모양으로 나타나리라는 것을 예측하기는 쉽지 않다. 그러므로 각 동사를 만날 때에 사전을 펴 보는 수밖에 없다. 단순과거 능동태와 중간태는 제3기본형에 속한다. 그러므로 낱말 모음에서 세 번째 형태를 찾으면 그것이 단순과거의 능동태 변화이다.

163. πιστεύω에 대하여

πιστεύω는 여격을 목적어로 취한다. 그래서 πιστεύω τῷ ἀνθρώπῳ는 **내가 그 사람을 믿는다**는 뜻이 된다.

또 πιστεύω는 εἰς+대격의 전치사구와 함께 사용되어 **내가 믿는다**는 뜻을 나타낸다. 따라서 πιστεύω εἰς τὸν κύριον은 **내가 주님을 믿는다**는 뜻이 된다.

164. 익힘 문제

1) ἀπέλυσεν ὁ κύριος τὸν δοῦλον αὐτοῦ, ὁ δὲ δοῦλος οὐκ ἀπέλυσε τὸν ἄλλον.
2) ἤδη ἐπέστρεψαν οὗτοι πρὸς τὸν κύριον, ἐκεῖνοι δὲ ἐπιστρέψουσιν ἐν ταῖς ἡμέραις ταῖς κακαῖς.
3) ἐπιστεύσαμεν εἰς τὸν κύριον καὶ σώσει ἡμᾶς.

4) καὶ ἐπίστευσας εἰς αὐτὸν καὶ πιστεύσεις.

5) ὑπέστρεψας πρὸς τὸν κύριον καὶ ἐδέξατό σε εἰς τὴν ἐκκλησίαν αὐτοῦ.

6) ἐν ἐκείναις ταῖς ἡμέραις ἐπορεύεσθε ἐν ταῖς ὁδοῖς ταῖς κακαῖς.

7) ἐπεστρέψατε πρὸς τὸν κύριον καὶ ἐθεράπευσεν ὑμᾶς.

8) ἐκεῖνοι πονηροί, ἀλλ' ἡμεῖς ἐπείσαμεν αὐτούς.

9) ἡτοίμασα ὑμῖν τόπον ἐν τῷ οὐρανῷ.

10) ἐδεξάμην σε εἰς τὸν οἶκόν μου, ἀλλ' οὗτοι οἱ πονηροὶ οὐκ ἐδέξαντο.

11) ἀνέβλεψαν οἱ τυφλοί.

12) ἔσωσα ὑμᾶς ἐγώ, ὑμεῖς δὲ ἐμὲ οὐκ ἐδέξασθε εἰς τοὺς οἴκους ὑμῶν.

13) πονηροὶ ἦσαν αὐτοί, πονηροὺς δὲ ἔπεμψαν εἰς τὴν ἐκκλησίαν.

14) ἐδίδαξάς με ἐν τῷ ἱερῷ.

15) τότε ἠκούσαμεν ταύτας τὰς ἐντολάς, ἄλλας δὲ ἀκούσομεν ἐν τῇ ἐκκλησίᾳ.

16) ἐν ἐκείνῃ τῇ ὥρᾳ ἐξελεύσονται ἐκ τοῦ κόσμου, τότε δὲ ἐδέξαντο ἡμᾶς.

17) ἤκουσαν αὐτοῦ καὶ ἐθαύμασαν.

18) ἐδέξω σὺ τὸ εὐαγγέλιον, οὗτοι δὲ οὐ δέξονται αὐτό.

19) οὐδὲ ἠκούσαμεν τὸν κύριον οὐδὲ ἐπιστεύσαμεν εἰς αὐτόν.

제15과

제2단순과거 능동태 직설법, 중간태 직설법

165. 낱말 모음

γάρ, 접속사, 후치어(後置語, §86을 보라.), **왜냐하면**

ἔβαλον, **내가 던졌다,** βάλλω의 제2단순과거

ἐγενόμην, 디포, **내가 되었다,** γίνομαι의 제2단순과거

εἶδον, 디포, **내가 보았다,** βλέπω의 제2단순과거(ὁράω의 제2단순과거도 된다. 신약성서에서는 εἶδον의 직설법이 대개 제2단순과거의 어미를 가지는 대신 단순과거의 어미를 취한다. 이 밖의 동사에서도 이와 같이 제2단순과거 어근에 단순과거 어미가 붙는 경우가 있다.)

εἶπον, **내가 말하였다,** λέγω의 제2단순과거

ἔλαβον, **내가 취하였다,** λαμβάνω의 제2단순과거

ἔλιπον, **내가 남겨 두었다, 두고 갔다,** λείπω의 제2단순과거

ἔπεσον, **내가 떨어졌다, 넘어졌다,** πίπτω의 제2단순과거

ἤγαγον, **내가 인도하였다,** ἄγω의 제2단순과거

ἦλθον, **내가 왔다, 갔다,** ἔρχομαι의 제2단순과거

ἤνεγκα, **내가 데려왔다, 가져왔다, 참았다,** φέρω의 단순과거(λύω의 단순과거와 같이 변화하나 -σα

대신 -κα를 가진다.)

ὄψομαι, **내가 볼 것이다**, 디포, βλέπω의 미래(ὁράω의 미래로도 간주할 수 있다.)

προσφέρω, **내가…에게 데려가다, 가져가다**(가져감을 당하는 것은 대격, 그것을 받는 이는 여격이다. προσφέρω τὰ τέκνα τῷ κυρίῳ는 **내가 그 아이들을 주님께 데려간다.**)

166. 지난 과에서 말한 것과 같이 제2단순과거는 단순과거와 별개의 시제가 아니라, 똑같은 시제에 속하는 두 가지 다른 형태의 변화일 뿐이다.(§158을 참고하라.)

167. 어떤 동사가 단순과거로 변화하는 것인지 제2단순과거로 변화하는 것인지를 짐작으로 알 도리는 없다. 따라서 각 동사마다 사전을 보아 그것을 밝힐 수밖에 없다.

168. 제2단순과거의 변화가 단순과거 변화와 다른 점은 먼저 어근의 구성에 있다. 단순과거에서는 원어근에 -σα라는 시제 접미어를 붙여서 단순과거 어근을 만들었는데, 제2단순과거 어근은 완전히 불규칙적으로 이루어진다. 즉 -σα나 그 밖의 어떤 일정한 접미어를 밖에서 붙이는 일이 없이 현재 어근 자체가 엉뚱하게 변하여 새로운 어근을 이룬다.

보기 1) λαμβάνω의 어근 λαμβαν-이 제2단순과거에서는 λαβ-이 되어 ἔλαβον으로 변화한다.

2) βάλλω의 어근 βαλλ-이 제2단순과거에서 βαλ-이라는 어근이 되어 ἔβαλον으로 변한다.

169. λείπω의 제2단순과거 능동태 직설법은 아래와 같이 변화한다.

1) λείπω의 제2단순과거의 어근을 찾는다. 즉 λιπ-를 알아낸다.

2) 제2단순과거는 제2시제에 속하기 때문에 과거와 직설법을 표시하는

접두모음을 붙인다.(여기서는 ϵ를 붙인다.)

3) 제2시제 능동태 인칭 어미(-ν, -ς, 없음, -μεν, -τε, -ν)를 붙인다.

4) 어근과 어미 사이에 연결모음 ο/ϵ를 붙인다.

5) 규칙적으로 악센트를 붙인다.

	단수	
1.	ἔ λιπ ο ν	내가 남겨 두었다
2.	ἔ λιπ ε ς	네가 남겨 두었다
3.	ἔ λιπ ε(ν)	그가 남겨 두었다
	복수	
1.	ἐ λίπ ο μεν	우리가 남겨 두었다
2.	ἐ λίπ ε τε	너희가 남겨 두었다
3.	ἔ λιπ ο ν	그들이 남겨 두었다

170. 제2단순과거의 변화와 미완료 변화를 비교하면 그 차이는 다만 그 두 시제의 어근이 다르다는 점뿐이다. λείπω의 미완료는 현재 어근 λειπ-를 어근으로 사용하여 ἔλειπον이 되고, 제2단순과거는 λιπ-라는 고유한 어근을 가지고 ἔλιπον이 된다. βάλλω의 미완료는 ἔβαλλον인데 제2단순과거는 ἔβαλον이다.

171. λείπω의 제2단순과거 중간태 직설법은 아래와 같이 변화한다.

1) 제2단순과거 어근을 찾는다.

2) 접두모음을 붙인다.(자음 앞에는 ϵ이다.)

3) 제2시제 중간태 인칭 어미(-μην, -σο, -το, -μεθα, -σθε, -ντο)를 붙인다.

4) 어근과 어미 사이에 연결모음 ο/ϵ를 붙인다.

5) 2인칭 단수의 -εσο는 -ου로 변한다.

6) 규칙적으로 악센트를 붙인다.

	단수	
1.	ἐ λιπ ό μην	내가 나를 위하여 남겨 두었다
2.	ἐ λίπ ου 〈 ἐ λίπ ε σο	네가 너를 위하여 남겨 두었다
3.	ἐ λίπ ε το	그가 그를 위하여 남겨 두었다
	복수	
1.	ἐ λιπ ό μεθα	우리가 우리를 위하여 남겨 두었다
2.	ἐ λίπ ε σθε	너희가 너희를 위하여 남겨 두었다
3.	ἐ λίπ ο ντο	그들이 그들을 위하여 남겨 두었다

172. 제2단순과거 동사의 어근은 능동태와 중간태에만 사용된다. 과거 동사의 수동태는 그 변화의 모양이 단순과거나 제2단순과거의 중간태의 모양과 다르며, 다음 과에서 따로 설명될 것이다. 그러므로 제2단순과거 수동태가 따로 있지 않다는 것을 주의해야 한다.

173. 익힘 문제

1) καὶ εἴδομεν τὸν κύριον καὶ ἠκούσαμεν τοὺς λόγους αὐτοῦ.
2) οὐδὲ γὰρ εἰσῆλθες εἰς τοὺς οἴκους αὐτῶν οὐδὲ εἶπες αὐτοῖς παραβολήν.
3) ἐν ἐκείνῃ τῇ ὥρᾳ ἐγένοντο μαθηταὶ τοῦ κυρίου.
4) οὗτοι μὲν ἐγένοντο μαθηταὶ ἀγαθοί, ἐκεῖνοι δὲ ἔτι ἦσαν πονηροί.
5) προσέφερον αὐτῷ τοὺς τυφλούς.
6) ἔπεσον ἐκ τοῦ οὐρανοῦ οἱ ἄγγελοι οἱ πονηροί.
7) τὰ μὲν δαιμόνια ἐξεβάλετε, τὰ δὲ τέκνα ἐθεραπεύσατε.
8) τοὺς μὲν πονηροὺς συνηγάγετε ὑμεῖς εἰς τοὺς οἴκους ὑμῶν, τοὺς δὲ ἀγαθοὺς ἡμεῖς.
9) οὐκ ἐκήρυξας τὸ εὐαγγέλιον ἐν τῇ ἐκκλησίᾳ, οὐδὲ γὰρ ἐγένου μαθητής.

10) νῦν μὲν λέγετε λόγους ἀγαθούς, εἶπον δὲ οὗτοι τοὺς αὐτοὺς λόγους καὶ ἐν ταῖς ἡμέραις ἐκείναις.

11) ἐπιστεύσαμεν εἰς τὸν κύριον, οἱ γὰρ μαθηταὶ ἤγαγον ἡμᾶς πρὸς αὐτόν.

12) ταῦτα μὲν εἶπον ὑμῖν ἐν τῷ ἱερῷ, ἐκεῖνα δὲ οὔπω λέγω.

13) τότε μὲν εἰσήλθετε εἰς τὴν ἐκκλησίαν, ἐν ἐκείνῃ δὲ τῇ ἡμέρᾳ εἰσελεύσεσθε εἰς τὸν οὐρανόν.

14) τότε ὀψόμεθα τὸν κύριον ἐν τῇ δόξῃ αὐτοῦ· ἐπιστεύσαμεν γὰρ εἰς αὐτόν.

15) ὁ μὲν κύριος ἐξῆλθε τότε ἐκ τοῦ κόσμου, οἱ δὲ μαθηταὶ αὐτοῦ ἔτι μένουσιν ἐν αὐτῷ.

16) ταύτας τὰς ἐντολὰς ἔλαβον ἀπὸ τοῦ κυρίου, ἤμην γὰρ μαθητὴς αὐτοῦ.

17) τότε μὲν παρελάβετε τὴν ἐπαγγελίαν παρὰ τοῦ κυρίου, νῦν δὲ καὶ κηρύσσετε αὐτὴν ἐν τῷ κόσμῳ.

18) ἤλθετε πρὸς τὸν κύριον καὶ παρελάβετε παρ᾽ αὐτοῦ ταῦτα.

19) συνήγαγεν ἡμᾶς αὐτὸς εἰς τὴν ἐκκλησίαν αὐτοῦ.

20) εἶδον οἱ ἄνθρωποι τὸν υἱὸν τοῦ θεοῦ· ἐγένετο γὰρ αὐτὸς ἄνθρωπος καὶ ἔμενεν ἐν τούτῳ τῷ κόσμῳ.

제16과

단순과거 수동태 직설법, 미래 수동태 직설법

174. 낱말 모음

ἀναλαμβάνω, **내가 들어 올리다**

ἐβλήθην, **내가 던져졌다,** βάλλω의 단순과거 수동태

ἐγενήθην, **내가 되었다,** γίνομαι(디포)의 단순과거 수동태

ἐγνώσθην, **내가 알려졌다,** γινώσκω의 단순과거 수동태

ἐδιδάχθην, **내가 가르침을 받았다,** διδάσκω의 단순과거 수동태

ἐκηρύχθην, **내가 선포되었다, 전파되었다,** κηρύσσω의 단순과거 수동태

ἐλήμφθην, **내가 취해졌다,** λαμβάνω의 단순과거 수동태

ἐπορεύθην, **내가 갔다,** πορεύομαι(디포)의 단순과거 수동태

ἠγέρθην, **내가 일으킴을 받았다,** ἐγείρω의 단순과거 수동태

ἠκούσθην, **내가 들렸다**(聞), ἀκούω의 단순과거 수동태

ἠνέχθην, **내가 데려가졌다,** φέρω의 단순과거 수동태

ἤχθην, **내가 인도함을 받았다,** ἄγω의 단순과거 수동태

ὤφθην, **내가 보였다,** βλέπω의 단순과거 수동태(ὁράω의 단순과거 수동태로 볼 수도 있다.)

175. 단순과거 수동태 직설법과 미래 수동태 직설법은 동사 기본형의 제6형에 해당하는 단순과거 수동태 어근을 기초로 하고 구성한다. 지금까지 기본형의 제1형, 제2형, 제3형을 공부하였고, 여기에 제6형이 먼저 나온다.

176. 단순과거 수동태 어근은 동사의 원어근에 θϵ를 붙여서 만든다. 직설법에서는 어근 θϵ가 θη로 길어진다. 따라서 λύω의 단순과거 수동태 어근은 원칙적으로 λυθϵ-이며 직설법에서는 λυθη-이다.

177. λύω의 단순과거 수동태 직설법은 아래와 같이 변화한다.

1) λύω의 원어근 λυ-에

2) 제2시제 직설법을 나타내는 접두모음을 붙인다.(여기서는 ϵ이다.)

3) 거기에 단순과거 수동태 접미어 θϵ를 붙여 ἐλυθϵ를 만든다. 그러나 직설법을 만드는 것이기 때문에 θϵ를 θη로 길게 하여 ἐλυθη-로 만든다.

4) 거기에 제2시제 인칭 어미를 연결모음 없이 직접 어근에 붙인다. 그 인칭 어미는 중간태나 수동태 어미가 아니라 능동태 어미다.

	단수	복수
1.	-ν	-μϵν
2.	-ς	-τϵ
3.	없음	-σαν

5) 규칙적으로 악센트를 붙인다. 그리하면 아래와 같이 된다.

	단수		복수	
1.	ἐ λύ θη ν	내가 풀리었다	ἐ λύ θη μϵν	우리가 풀리었다
2.	ἐ λύ θη ς	네가 풀리었다	ἐ λύ θη τϵ	너희가 풀리었다
3.	ἐ λύ θη	그가 풀리었다	ἐ λύ θη σαν	그들이 풀리었다

178. λύω의 미래 수동태 직설법은 아래와 같이 변화한다.

1) 단순과거 수동태 어근 λυθη-를 그대로 사용한다.(λυθϵ-에서 길어진 것

이다.)

2) θη가 단순과거 수동태를 나타내는 시제 접미어이므로 미래 수동태에서는 미래를 나타내는 σ를 덧붙여 λυθησ-라는 미래 수동태 어근을 만든다.

3) 미래는 제2시제에 속하지 않기 때문에 과거를 나타내는 데 사용되던 접두모음은 필요하지 않다.

4) 아래와 같은 제1시제 수동태 인칭 어미를 붙인다.

	단수	복수
1.	-μαι	-μεθα
2.	-σαι	-σθε
3.	-ται	-νται

5) 어근과 인칭 어미 사이에 연결모음 ο/ε를 붙인다.

6) 2인칭 단수는 -θήσεσαι 대신 -θήσῃ형을 취한다.

7) 규칙적으로 악센트를 붙인다.

단수		복수	
1. λυ θήσ ο μαι	**내가 풀릴 것이다**	λυ θησ ό μεθα	**우리가 풀릴 것이다**
2. λυ θήσ ῃ	**네가 풀릴 것이다**	λυ θήσ ε σθε	**너희가 풀릴 것이다**
3. λυ θήσ ε ται	**그가 풀릴 것이다**	λυ θήσ ο νται	**그들이 풀릴 것이다**

자음으로 끝나는 어근을 가진 동사의 단순과거 수동태 어근

179. 동사의 원어근 끝에 π나 β가 있을 때 그것들이 단순과거 시제 접미어의 θ 앞에서 φ로 변하고, κ나 γ는 θ 앞에서 χ로 변하고 τ나 δ나 θ는 σ로 변한다.

$$\left.\begin{matrix}-\pi+\theta \\ \\ -\beta+\theta\end{matrix}\right\} = \phi\theta \qquad \left.\begin{matrix}-\kappa+\theta \\ \\ -\gamma+\theta\end{matrix}\right\} = \chi\theta \qquad \left.\begin{matrix}-\tau+\theta \\ -\delta+\theta \\ -\theta+\theta\end{matrix}\right\} = \sigma\theta$$

보기 πέμπω → ἐπέμφθην, τρίβω → ἐτρίφθην

διώκω → ἐδιώχθην, ἄγω → ἤχθην

ἀνύτω → ἠνύσθην, βαπτίζω(βλπτιδ-) → ἐβαπτίσθην

πείθω → ἐπείσθην

180. 단순과거 수동태도 역시 다른 기본형들과 마찬가지로 어떤 일정한 법칙으로 규정지어 놓을 수가 없다. 다시 말하면 과거 수동태 어근이 원어근과 전혀 다른 모양으로 나타나는 경우가 많이 있다는 말이다. 그러므로 사전을 이용하여 각 경우를 따로따로 확인해야 한다.

181. 단순과거 제2수동태

어떤 동사에서는 단순과거 수동태로 변할 때 시제 접미어의 θ가 빠진다. 이런 변화를 단순과거 제2수동태라 부르기로 한다.

보기 γράφω의 단순과거 수동태 직설법은 ἐγράφθην이 아니라 ἐγράφην이다. 그러므로 ἐγράφην, ἐγράφης, ἐγράφη, ἐγράφημεν, ἐγράφητε, ἐγράφησαν 등으로 변한다.

또 σπείρω(제24과에 나오는 동사)는 ἐσπάρην, ἐσπάρης, ἐσπάρη, ἐσπάρημεν, ἐσπάρητε, ἐσπάρησαν 등으로 변화한다.

디포넌트 동사의 단순과거와 미래

182. 어떤 디포넌트 동사는 중간태 형을 가지지 않고 수동태 형만을 가지고 있다.

보기 ἀποκρίνομαι의 단순과거는 ἀπεκρίθην이라는 수동태 형을 가진다. 따라서 미래는 ἀποκριθήσομαι가 된다.

183. 어떤 디포넌트 동사는 중간태 형과 수동태 형을 겸하여 가지고 있다.

보기 γίνομαι의 단순과거는 ἐγενόμην이라는 중간태 형도 있고

ἐγενήθην이라는 수동태 형도 있다. 그 둘의 뜻은 똑같으며, 다 능동적인 뜻을 나타낸다.

184. 익힘 문제

1) ἐπιστεύσαμεν εἰς τὸν κύριον καὶ ἐγνώσθημεν ὑπ' αὐτοῦ.

2) ταῦτα ἐγράφη ἐν τοῖς βιβλίοις.

3) ἐδιδάξατε τὰ τέκνα, ἐδιδάχθητε δὲ καὶ αὐτοὶ ὑπὸ τοῦ κυρίου.

4) ἐλήμφθησαν οἱ πιστοὶ εἰς τὸν οὐρανόν, ἐξεβλήθησαν δὲ ἐξ αὐτοῦ οἱ ἄγγελοι οἱ πονηροί.

5) ἐγερθήσονται οἱ νεκροὶ τῷ λόγῳ τοῦ κυρίου.

6) οὗτοι οἱ τυφλοὶ συνήχθησαν εἰς τὴν ἐκκλησίαν.

7) ἐξεβλήθη τὰ δαιμόνια· ὁ γὰρ κύριος ἐξέβαλεν αὐτά.

8) πέμπονται μὲν καὶ νῦν οἱ μαθηταί, ἐπέμφθησαν δὲ τότε οἱ ἀπόστολοι καὶ πεμφθήσονται ἐν ἐκείνῃ τῇ ἡμέρᾳ καὶ οἱ ἄγγελοι.

9) εἰσῆλθες εἰς τὴν ἐκκλησίαν καὶ ἐβαπτίσθης.

10) ἐπιστεύθη ἐν κόσμῳ, ἀνελήμφθη ἐν δόξῃ.

11) οἱ ἁμαρτωλοὶ ἐσώθησαν ἐν ἐκείνῃ τῇ ὥρᾳ καὶ ἐγενήθησαν μαθηταὶ τοῦ κυρίου.

12) ἐπορεύθημεν εἰς ἕτερον τόπον· οὐ γὰρ δέξονται ἡμᾶς οὗτοι.

13) ἐδοξάσθη ὁ θεὸς ὑπὸ τοῦ υἱοῦ, ἐδόξασε δὲ αὐτόν.

14) τὸ εὐαγγέλιον ἐκηρύχθη ἐν ταῖς ἡμέραις ἐκείναις, κηρυχθήσεται δὲ καὶ νῦν.

15) ἑτοιμασθήσεται ἡμῖν τόπος ἐν οὐρανῷ κατὰ τὴν ἐπαγγελίαν τοῦ κυρίου.

16) τὰ τέκνα προσηνέχθησαν τῷ κυρίῳ.

17) εἶδον οὗτοι τὸ πρόσωπον τοῦ κυρίου καὶ ἤκουσαν τῆς φωνῆς αὐτοῦ.

18) ἐν τῷ μικρῷ οἴκῳ ἀκουσθήσεται ἡ φωνὴ τοῦ ἀποστόλου.

19) πρῶτός εἰμι τῶν ἁμαρτωλῶν, ἐσώθην δὲ καὶ ἐγώ.

20) ὀψόμεθα μὲν τοὺς ἀγγέλους, ὀφθησόμεθα δὲ καὶ ὑπ' αὐτῶν.

제17과

명사 제3변화

185. 낱말 모음

ἅγιος, α, ον, 형용사, **거룩한**

ἅγιοι, οἱ, **성도**

αἷμα, αἵματος, τό, **피(血)**

αἰών, αἰῶνος, ὁ, **시대**, εἰς τὸν αἰῶνα, **영원히, 영원토록**, εἰς τοὺς αἰῶνας τῶν αἰώνων, **영원 무궁토록, 영원 영원히**

ἄρχων, ἄρχοντος, ὁ, **통치자**

γράμμα, γράμματος, τό, **글**

ἐλπίς, ἐλπίδος, ἡ, **희망, 소망**

θέλημα, θελήματος, τό, **뜻**

νύξ, νυκτός, ἡ, **밤**

ὄνομα, ὀνόματος, τό, **이름**

πνεῦμα, πνεύματος, τό, **영, 마음, 성령**

ῥῆμα, ῥήματος, τό, **말, 말씀**

σάρξ, σαρκός, ἡ, **살, 육체**

σῶμα, σώματος, τό, **몸, 신체**

186. (1) ἐλπίς, ἐλπίδος, ἡ, **희망**, (2) νύξ, νυκτός, ἡ, **밤**, (3) ἄρχων, ἄρχοντος, ὁ, **통치자**의 변화는 아래와 같다.

ἐλπίς의 어근은 ἐλπιδ-, νύξ의 어근은 νυκτ-, ἄρχων의 어근은 ἀρχοντ-이다.

	단수		
주.	ἐλπίς	νύξ	ἄρχων

속.	ἐλπίδ ος	νυκτ ός	ἄρχοντ ος
여.	ἐλπίδ ι	νυκτ ί	ἄρχοντ ι
대.	ἐλπίδ α	νύκτ α	ἄρχοντ α
호.	ἐλπί	νύξ	ἄρχων
		복수	
주.	ἐλπίδ ες	νύκτ ες	ἄρχοντ ες
속.	ἐλπίδ ων	νυκτ ῶν	ἀρχόντ ων
여.	ἐλπίδσι(ν)〉ἐλπίσι(ν)	νυκτσί(ν)〉νυξί(ν)	ἄρχοντσι(ν)〉ἄρχουσι(ν)
대.	ἐλπίδ ας	νύκτ ας	ἄρχοντ ας
호.	ἐλπίδ ες	νύκτ ες	ἄρχοντ ες

187. 제3변화의 격 어미(case endings)는 다음과 같다.

	단수	복수
주.	-ς 혹은 없음	-ες
속.	-ος	-ων
여.	-ι	-σι
대.	-α	-ας
호.	주격과 같거나 없음	-ες

188. 제1변화와 제2변화에서는 단수 주격만 알면 그 이하의 변화를 다 알 수 있었다. 즉 단수 주격에서 그 명사의 어근을 알 수 있기 때문에 그 어근에다 일정한 격 어미들을 붙이면 그만이었다. 그러나 제3변화에서는 단수 주격이나 격 어미를 안다 하더라도 다 해결되는 것이 아니다. 즉 단수 주격만 가지고는 명사의 어근을 가려내지 못하며, 반드시 단수 속격까지 알아야만 한다. 단수 속격에서 ος를 떼면 그것이 그 명사의 어근이다.

189. 단수 대격과 복수 대격의 어미에 있는 α가 짧다는 것을 주의하라.

복수 여격의 -σι는 움직이는 ν을 가진다.(§41을 보라.)

190. 단수 주격은 명사에 따라서 여러 가지로 변화한다. 그러므로 거기에 대하여 무엇이라고 일정한 규칙을 만들 수는 없다.

191. 단수 호격도 역시 명사에 따라서 다르게 변한다. 단수 주격과 같은 모양으로 변하는 경우가 많다.

192. 복수 여격 어미 -σι가 자음으로 끝나는 어근과 연결될 때 여러 가지 현상이 나타나는데, 대개는 §145에서 설명한 것과 같이 된다. 그러나 ντ와 같이 두 자음과 σι가 연결될 때 ντ는 떨어져 나가고 σι 앞에 남아 있는 모음이 길어진다. 그 경우에 ο만은 ω로 길어지는 것이 아니라 ου가 된다. 그래서 ἄρχων의 복수 여격은 ἄρχοντσι → ἄρχοσι → ἄρχουσι(ν)이다.

193. 제3변화 명사의 성(性)은 -μα, -ματος 형식으로 된 특수한 종류를 제외하고는 잘 알 도리가 없으며, 따라서 어떤 법칙으로 규정할 수가 없다. 그러므로 각 단어마다 그 성을 따로 기억할 수밖에 없다. 제3변화 명사에 대해서는 적어도 그 성(性)과 단수 주격의 모양과 단수 속격의 모양을 기억해 두어야 한다. 제1변화나 제2변화보다 제3변화가 복잡하고 어렵다는 것은 이런 점에 있으며, 또 한 가지는 복수 여격의 형성이 까다롭다는 점이다.

194. 단음절로 된 제3변화 명사

제3변화 명사 가운데 단음절로 된 것들은 단수와 복수의 속격과 여격이 얼티마에 악센트를 가지며, 복수 속격에는 써컴플렉스를 붙인다.(물론 이 법은 명사의 악센트 법칙을 어기는 것이다. 명사 법칙에 따르면 단수 주격이 가진 악센트 위치를 일반 법칙이 허락하는 한, 할 수 있는 대로 유지하라는 것이다. 즉 단수 주격에서 악센트가 붙었던 음절이 가능한 한도 내에서 그대로 악센트를 가진다는 것이었다.)

	단수	복수
주.	σάρξ	σάρκ ες
속.	σαρκ ός	σαρκ ῶν
여.	σαρκ ί	σαρκ σί(ν) > σαρξί(ν)
대.	σάρκ α	σάρκ ας
호.	σάρξ	σάρκ ες

-μα로 마치는 명사

195. 제3변화의 -μα, -ματος 형식의 명사는 헬라어 명사의 중요한 종류 가운데 하나다. 이런 명사는 모두 중성이다.

	단수	복수
주.	ὄνομα	ὀνόματ α
속.	ὀνόματ ος	ὀνομάτ ων
여.	ὀνόματ ι	ὀνόματ σι(ν) > ὀνόμασι(ν)
대.	ὄνομα	ὀνόματ α
호.	ὄνομα	ὀνόματ α

196. 그 밖의 제3변화 명사들의 변화가 §500-507에 나타나 있으니 필요할 때마다 참고하라.

197. 익힘 문제

1) ἐλπίδα οὐκ ἔχουσιν οὐδὲ τὸ πνεῦμα τὸ ἅγιον.

2) διὰ τὴν ἐλπίδα τὴν καλὴν ἤνεγκαν ταῦτα οἱ μαθηταὶ τοῦ κυρίου.

3) ταῦτά ἐστιν τὰ ῥήματα τοῦ ἁγίου πνεύματος.

4) ἐγράφη τὰ ὀνόματα ὑμῶν ὑπὸ τοῦ θεοῦ ἐν τῷ βιβλίῳ τῆς ζωῆς.

5) τῷ λόγῳ τοῦ κυρίου ἔσωσεν ἡμᾶς ὁ θεός.

6) οἱ ἄρχοντες οἱ πονηροὶ οὐκ ἐπίστευσαν εἰς τὸ ὄνομα τοῦ κυρίου.

7) ταῦτα εἶπον ἐκεῖνοι τοῖς ἄρχουσιν τούτου τοῦ αἰῶνος.

8) ὄψεσθε ὑμεῖς τὸ πρόσωπον τοῦ κυρίου εἰς τὸν αἰῶνα, ἀλλ' οὐκ ὄψονται αὐτὸ οἱ πονηροί, ὅτι οὐκ ἐπίστευσαν εἰς τὸ ὄνομα αὐτοῦ.

9) οὐκέτι κατὰ σάρκα γινώσκομεν τὸν κύριον.

10) ἐν τῇ σαρκὶ ὑμῶν εἴδετε τὸν θάνατον, ἀλλὰ διὰ τοῦ ἁγίου πνεύματος ἔχετε ἐλπίδα καλήν.

11) τὸ μὲν γράμμα ἀποκτείνει, ἐν τῷ δὲ πνεύματι ἔχετε ζωήν.

12) βλέπομεν τὸ πρόσωπον τοῦ κυρίου καὶ ἐν νυκτὶ καὶ ἐν ἡμέρᾳ.

13) ἐδίδαξαν οἱ μαθηταὶ καὶ τοὺς ἄρχοντας καὶ τοὺς δούλους.

14) ἐν ἐκείνῃ τῇ νυκτὶ εἴδετε τὸν ἄρχοντα τὸν πονηρόν.

15) μετὰ τῶν ἀρχόντων ἤμην ἐν ἐκείνῳ τῷ οἴκῳ.

16) μετὰ δὲ ἐκείνην τὴν νύκτα ἦλθεν οὗτος ἐν τῷ πνεύματι εἰς τὴν ἔρημον.

17) ταῦτά ἐστιν ῥήματα ἐλπίδος καὶ ζωῆς.

18) ἤγαγεν αὐτὸν τὸ ἅγιον πνεῦμα εἰς τὸ ἱερόν.

19) ταῦτα τὰ ῥήματα ἐκηρύχθη ἐν ἐκείνῃ τῇ νυκτὶ τοῖς δούλοις τοῦ ἄρχοντος.

20) ἠγέρθησαν τὰ σώματα τῶν ἁγίων.

제18과

현재 분사, 분사의 용법

198. 낱말 모음

προσέρχομαι, 디포, **내가 가다, 오다**(여격을 취한다.)

ὤν, οὖσα, ὄν, εἰμί의 현재 분사(변화에 대하여 §521을 보라.)

199. λύω의 현재 능동태 분사 λύων, λύουσα, λῦον의 변화는 아래와 같다.

		단수	
	남성	여성	중성
주.	λύων	λύουσα	λῦον
속.	λύοντος	λυούσης	λύοντος
여.	λύοντι	λυούσῃ	λύοντι
대.	λύοντα	λύουσαν	λῦον
호.	λύων	λύουσα	λῦον
		복수	
	남성	여성	중성
주.	λύοντες	λύουσαι	λύοντα
속.	λυόντων	λυουσῶν	λυόντων

여.	λύουσι(ν)	λυούσαις	λύουσι(ν)
대.	λύοντας	λυούσας	λύοντα
호.	λύοντες	λύουσαι	λύοντα

200. λύω의 어근 λυ-에 εἰμί의 현재 분사를 어미로 삼아 붙인 것이 λύω의 현재 분사 변화다. 그러므로 어떤 동사든지 현재 분사를 만들려면 그 동사의 현재 어근에다 -ων, -ουσα, -ον을 어미로 붙이면 된다.

201. 남성과 중성은 명사의 제3변화 형식을 따르고(남성은 ἄρχων과 똑같이 변한다.) 여성은 제1변화를 따른다.(δόξα의 변화와 같다.) 복수 여성 속격의 악센트는 형용사 법칙을 따르지 않고(분사는 형용사에 속하기에 하는 말이다.) 명사 제1변화의 법칙을 따른다.(§47, 59를 보라.)

202. 제3변화에서는 단수 대격과 복수 대격의 어미에 있는 α가 짧은데 제1변화에서는 그것들이 길다. 그러나 여기 분사 변화에서는 여성 단수 주격과 대격의 어미에 있는 α가 짧다.(§46과 대조해 보라.)

203. λύω의 현재 중간태 분사와 수동태 분사는 똑같은 모양으로 변화하며, 그 변화는 아래와 같다.

	단수		
	남성	여성	중성
주.	λυόμενος	λυομένη	λυόμενον
속.	λυομένου	λυομένης	λυομένου
여.	λυομένῳ	λυομένῃ	λυομένῳ
대.	λυόμενον	λυομένην	λυόμενον
호.	λυόμενος	λυομένη	λυόμενον

복수			
	남성	여성	중성
주.	λυόμενοι	λυόμεναι	λυόμενα
속.	λυομένων	λυομένων	λυομένων
여.	λυομένοις	λυομέναις	λυομένοις
대.	λυομένους	λυομένας	λυόμενα
호.	λυόμενοι	λυόμεναι	λυόμενα

남성과 중성은 명사 제2변하를 따르고, 여성은 명사 제1변화를 따른다. 어떤 동사든지 그 현재 어근에 -ομενος, -ομενη, -ομενον을 어미로 붙이면 현재 중간태나 현재 수동태 분사가 된다.

204. 디포넌트 동사의 분사는 역시 중간태나 수동태의 분사 어미를 가지면서 능동태의 뜻을 나타낸다.

205. 분사의 용법

헬라어 분사는 동사와 형용사의 역할을 동시에 한다. 우선 분사는 형용사이기 때문에 성(性)과 수(數)와 격(格)을 갖추어야 하며 다른 보통 형용사와 마찬가지로 그것들을 수식하는 명사와 성, 수, 격이 반드시 일치해야 한다. 또 분사는 동사이기 때문에 (1) 시제(tense)와 태(voice)를 가지며 (2) 부사적인 수식어들을 가질 수 있으며, (3) 타동사일 경우에는 직접목적어를 가질 수 있다.

보기 1) ὁ ἀπόστολος λέγων ταῦτα ἐν τῷ ἱερῷ βλέπει τὸν κύριον, **그 사도는 그 성전 안에서 이것들을 말하면서 그 주님을 본다.** 여기에 나타난 분사 λέγων은 λέγω의 남성 단수 주격 현재 분사다. 먼저 이것은 형용사의 자격으로 그것과 성, 수, 격이 같은 명사를 수식하는 것이기 때문에 ἀπόστολος라는 남성 단수 주격 명사를 수식하고 있다는 것을 알 수 있다. 또 이것은 동사의 역할을 하는 것이니 우선 그 시제를 보면, **말하면서…본다**의 **본다**(βλέπει)가 현재이기 때문에 **말하면서**(λέγων)도 자연히 현재일 수밖에 없다. 또 λέγων은 그 변화의 모양으로 보아 능동태인 것이 분명하다. 그리고 **성전 안에서**(ἐν τῷ ἱερῷ)라는 말은 **말**하는 동작(λέγων)의 장소적인 수식어, 곧 부사적인 수식어다. 또 λέγω는 타동사이기 때문에 ταῦτα라는 직접목적어를 가질 수 있었다.

2) βλέπομεν τὸν ἀπόστολον λέγοντα ταῦτα ἐν τῷ ἱερῷ, **우리는 그 성전 안에서 이것들을 말하고 있는 그 사도를 본다.** 여기서 분사 λέγοντα는 λέγω의 남성 단수 대격 현재 분사다. 그것은 성, 수, 격이 같은 명사 τὸν ἀπόστολον을 수식하는 형용사의 역할을 한다. 그것의 동사로서의 역할은 보기 1)에서 설명한 것과 같다.

3) προσερχόμεθα τῷ ἀποστόλῳ λέγοντι ταῦτα ἐν τῷ ἱερῷ, **우리는 그 성전 안에서 이것들을 말하고 있는 그 사도들에게로 간다.** 여기서 분사 λέγοντι는 λέγω의 남성 단수 여격 현재 분사이며, 성, 수, 격이 같은 명사 τῷ ἀποστόλῳ를 수식하고 있다.

4) διδασκομένῳ ὑπὸ τοῦ ἀποστόλου προσέρχονται αὐτῷ οἱ δοῦλοι, **그 종들은 그 사도로 말미암아 가르침을 받고 있는 그에게로 온다.** διδασκομένῳ는 διδάσκω의 남성 단수 여격 현재 수동태 분사이다. 이것은 형용사로서 성, 수, 격이 같은 αὐτῷ라는 대명사(προσέρχονται의 목적어)를 수식한다. 시제로 말하면 προσέρχονται가 현재이기 때문에 그 역시 현재이고, 형식은 수동태이며, ὑπὸ τοῦ ἀποστόλου라는 부사구의 수식을 받고 있다.

206. 분사의 시제

분사의 시제는 문장의 주동사(主動詞)의 시제에 따라 좌우된다. 분사가 나타내는 동작이 주동사가 말하는 동작과 같은 시간에 일어나고 있는 경우에는 분사가 현재 분사이어야 한다. 주동사의 시제가 과거이든지, 현재이든지, 미래이든지 상관이 없다. 즉 주동사가 과거일지라도 그 과거의 같은 시간에 일어나는 일이면 현재 분사를 사용하며, 또 주동사가 미래일지라도 같은 미래의 시간에 함께 일어나는 일이면 역시 현재 분사를 사용한다. 그러므로 현재 분사의 현재라는 말은, 첫째로 그 변화 구성에서 동사의 현재 어근을 분사의 어근으로 삼았기 때문에 생긴 말이며, 둘째는 주동사의 시제가 무엇이든지간에 그 시제의 입장에서 볼 때 현재적인 동작을 나타내기 때문에 생긴 말이라고 본다.

보기 1) διδασκομένῳ ὑπὸ τοῦ ἀποστόλου προσῆλθον αὐτῷ οἱ δοῦλοι, **그 종들이 그 사도로 말미암아 가르침을 받고 있는 그에게 왔다.** 이 문장에서 주동사 προσῆλθον은 과거다. 그런데 διδασκομένῳ라는 분사는 현재 분사다. 이 현재 분사는 과거 동사인 주동사와는 별도로 현재의 어떤 시간에 일어나는 동작을 나타내기 때문에 현재라는 감투를 쓴 것이 아니라, 주동사 …**로 왔다**(προσῆλθον)라는 과거의 입장에서 본 현재 동작을 나타내기 때문이다. 즉 종들이 왔을 때에 가르치는 일이 진행되고 있었다는 말이다.

2) βλέπων τοὺς μαθητὰς εἶπεν ταῦτα, **그는 그 제자들을 보면서 이것들을 말하였다.** 여기 현재 분사 βλέπων은 주동사 εἶπεν(과거)이 나타내는 동작과 같은 시간에 일어난 동작을 나타낸다. βλέπων은 남성 단수 주격 분사인데 그것이 수식하는 명사는 뚜렷이 나타나 있지 않다. 그러나 εἶπεν에 숨어 있는 3인칭 단수 주어를 수식하는 것으로 보아야 한다. 이와 같이 분사는 나타나지 않은 주어를 수식하는 경우가 있다.

3) ὄψομαι τοὺς ἀποστόλους κηρύσσοντας τὸν λόγον, **나는 그 말씀을 선포하고 있는 그 사도들을 볼 것이다.** 주동사 ὄψομαι는 βλέπω의 미래형인데 현재 분사 κηρύσσοντας는 ὄψομαι와 같은 시간에 될 동작을 나타내고 있다.

207. §156-157에서 말한 바와 같이 헬라어 동사의 시제는 동작의 시간을 나타내는 것보다 동작의 종류를 나타내는 역할을 더 많이 한다. 그러므로 현재 분사의 현재라는 감투는 엄밀히 말해서 시간적인 현재를 말하는 것이 아니라 동작의 계속성, 진행성, 반복성을 주로 말하고 있다는 것을 유의해야 한다.

208. 분사의 세 가지 용법

분사는 형용사의 역할을 하기 때문에 다른 보통 형용사와 마찬가지로 한정적 용법, 서술적 용법, 독립적 용법의 세 가지가 있다.

1) 한정적 용법

보기 ὁ ἀγαθὸς ἀπόστολος나 ὁ ἀπόστολος ὁ ἀγαθός(**그 좋은 사도**)에서 ἀγαθός를 한정적 용법의 형용사라고 하는데, 이 ἀγαθός가 있는 위치에 분사 혹은 분사구를 넣을 수 있다. 그런 경우를 분사의 한정적 용법이라고 한다. 가령 ὁ λέγων ταῦτα ἐν τῷ ἱερῷ ἀπόστολος나 ὁ ἀπόσπολος ὁ λέγων ταῦτα ἐν τῷ ἱερῷ는 ἀγαθός 대신 λέγων ταῦτα ἐν τῷ ἱερῷ라는 분사구를 삽입한 것이다. 그 뜻은 **그+좋은+사도** 대신 **(그)+그 성전 안에서 이것들을 말하는+사도**가 된다. 이와 같이 우리말로 해석해 놓고 문법적으로 따져 보면, **말하는**은 그 다음에 나오는 **사도**라는 명사를 꾸며 주는 관형사형(冠形詞形) 동사다. 그러므로 한정적 용법의 분사가 우리말로 옮겨지는 경우에 반드시 **…는**, **…(을)ㄹ**, **…(은)ㄴ**, **…던** 따위의 관형사의 형태를 취하게 된다. 헬라어에서 동사와 형용사의 역할을 동시에 하는 분사가 있듯이, 우리말에는 동사의 자격법(감목법) 중의 관형사형이 있어서 같은 역할을 하고 있다. 분사의 한정적 용법에서는 보통 형용사의 경우와 마찬가지로, 반드시 분사(형용사 역할을 하는 것) 앞에 관사가 있어야 한다는 것을 유의하라. 그것이 한정적 용법의 특징이다.

2) 서술적 용법

보기 이미 §205-206에 나온 보기 가운데는 모두 서술적 용법의 분사가 나타나 있다. 이를테면 ὁ ἀπόστολος ἀγαθός나 ἀγαθός ὁ ἀπόστολος(**그 사도는 착하다.**)의 ἀγαθός 대신 분사구를 삽입한 형식이다. 즉 ὁ ἀπόστολος λέγων ταῦτα ἐν τῷ ἱερῷ나 λέγων ταῦτα ἐν τῷ ἱερῷ ὁ ἀπόστολος라는 형식이다. 이때에는 분사가 ἀπόστολος의 속성을 한정하는 것이 아니라 다만 그 사람에 대하여 무엇이라고 설명하는 것뿐이다. **그+사도는+좋다**라는 형식에서 **좋다**가 형용사로서 서술어가 된 것처럼, **그+사도는+그 성전 안에서 이것들을 말하고 있다**에서는 **말하고 있다**가 동사로서 서술어가 된 것이다. 헬라어 분사의 서술적 용법은 어떤 문장에 나타난 명사들을 좀 더 설명하고 서술해야 할 필요성이 있을 때에 쓸 수 있는 편리한 방법이다. 가령 ὁ ἀπόστολος βλέπει τὸν κύριον, **그 사도가 그 주님을 본다**라는 문장에서 ἀπόστολος에 대한 설명을 보충하려 할 때 다른 문장으로 만들지 않고 한 문장 안에 덧붙여서 그 목적을 달성하는 방법이 있다. 가령 ὁ ἀπόστολος λέγων ταῦτα ἐν τῷ ἱερῷ βλέπει τὸν κύριον과 같이 서술적인 분사를 붙이면 **그 사도가 주님을 본다**는 주 동작과 동시에, **성전 안에서 이것들을 말한다**는 동작이 곁따르는 것을 나타낸다. 또 τὸν κύριον(**그 주님**)을 서술할 필요가 있을 때에는, ὁ ἀπόστολος βλέπει τὸν κύριον λέγοντα ταῦτα ἐν τῷ ἱερῷ와 같이 분사를 붙여서 보충적인 설명을 할 수 있다. **즉 그 사도가 주님을 본다**는 단순한 문장에 설명이 붙어서 **그 사도는 그 성전 안에서 이것들을 말씀하고 계시는 주님을 본다**라는 뜻이 된다.

서술적 용법에 있는 형용사 앞에는 관사가 오지 않는다는 법을 여기서도 명심해야 한다. ὁ ἀπόστολος ὁ λέγων ταῦτα ἐν τῷ ἱερῷ βλέπει τὸν κύριον의 ὁ λέγων은 한정적인 용법으로 사용되어 **그 성전 안에서 이것들을 말하는 사도가 주님을 본다**라는 뜻이고, ὁ ἀπόστολος λέγων ταῦτα ἐν τῷ ἱερῷ βλέπει τὸν κύρον의 λέγων은 서술적 용법에서 **그 사도는 그 성전 안에서 이것들을 말하면서 주님을 본다** 혹은 **그 사도가 그 성전 안에서 이것들을 말하고 있을 때 그는 그 주님을 본다**라는 뜻이 된다. 또 εἶδον τοὺς ἀποστόλους τοὺς λέγοντας ταῦτα는 **나는 이것들을 말하는 그 사도들을 보았다**이고, εἶδον τοὺς ἀποστόλους λέγοντας ταῦτα는 λέγοντας라는 분사 앞에 τούς라는 관사가 없어서 **나는 이것들을 말하고 있는 사도들을 보았다**라는 뜻이 된다.

3) 독립적 용법

보기 ὁ ἀγαθός **그 좋은 남자**, ἡ ἀγαθή **그 좋은 여자**, τὸ ἀγαθόν **그 좋은 것** 등에서처럼 분사는 관사만 가지고 단독으로 사용될 수 있다. 즉 ὁ λέγων ταῦτα ἐν τῷ ἱερῷ는 **그 성전 안에서 이것들을 말하는 남자**가 되고, ἡ λέγουσα ταῦτα는 **이것들을 말하는 여자**가 되며, οἱ λέγοντες ταῦτα는 **이것들을 말하는 남자들**이 된다. 다음 보기를 검토해 보라.

(1) εἶδον τὸν λέγοντα ταῦτα ἐν τῷ ἱερῷ, **나는 그 성전 안에서 이것들을 말하는 남자를 보았다.**

(2) εἶδον τοὺς λέγοντας ταῦτα, **나는 이것들을 말하는 남자들을 보았다.**

(3) ὁ ἀδελφὸς τῆς λεγούσης ταῦτα δοῦλός ἐστιν, **이것들을 말하는 그 여자의 오빠는 종이다.**

(4) ὁ πιστεύων εἰς τὸν ἐγείροντα τοὺς νεκροὺς σώζεται, **죽은 자들을 일으키시는 이를 믿는 남자는 구원을 받는다.**

(5) τὸ σῶζον τοὺς ἀνθρώπους τὸ θέλημα τοῦ θεοῦ ἐστιν, **그 남자들을 구원하는 것은 하나님의 뜻이다.**

(6) τὰ βλεπόμενα οὐ μένει εἰς τὸν αἰῶνα, **그 보이는 것들은 영원히 남아 있지 않는다.**

209. 익힘 문제

1) διωκόμενοι ὑπὸ τοῦ ἄρχοντος προσευχόμεθα τῷ θεῷ.

2) ὁ σὲ δεχόμενος δέχεται καὶ τὸν κύριον.

3) ταῦτα λέγομεν τοῖς πορευομένοις εἰς τὸν οἶκον περὶ τοῦ ἐγείροντος τοὺς νεκρούς.

4) ἐξερχομένοις ἐκ τῆς ἐκκλησίας λέγει ἡμῖν ταῦτα.

5) αἱ ἐκκλησίαι αἱ διωκόμεναι ὑπὸ τῶν ἀρχόντων πιστεύουσιν εἰς τὸν κύριον.

6) οἱ πιστεύοντες εἰς τὸν κύριον σῴζονται.

7) γινώσκει ὁ θεὸς τὰ γραφόμενα ἐν τῷ βιβλίῳ τῆς ζωῆς.

8) ἐξήλθομεν πρὸς αὐτοὺς ἄγοντες τὰ τέκνα.

9) εἴδομεν τοὺς λαμβάνοντας τὰ δῶρα ἀπὸ τῶν τέκνων.

10) οὗτός ἐστιν ὁ ἄρχων ὁ δεχόμενός με εἰς τὸν οἶκον αὐτοῦ.

11) ἅγιοί εἰσιν οἱ πιστεύοντες εἰς τὸν κύριον καὶ σῳζόμενοι ὑπ' αὐτοῦ.

12) τοῦτό ἐστι τὸ πνεῦμα τὸ σῶζον ἡμᾶς.

13) ἦσαν ἐν τῷ οἴκῳ τῷ λυομένῳ ὑπὸ τοῦ ἄρχοντος.

14) ἦσαν ἐν τῷ οἴκῳ λυομένῳ ὑπὸ τοῦ ἄρχοντος.

15) αὕτη ἐστὶν ἡ ἐκκλησία ἡ πιστεύουσα εἰς τὸν κύριον.

16) διδασκόμενοι ὑπὸ τοῦ κυρίου ἐπορεύεσθε ἐν τῇ ὁδῷ τῇ ἀναβαινούσῃ εἰς τὴν ἔρημον.

17) ἐκηρύχθη ὑπ' αὐτῶν τὸ εὐαγγέλιον τὸ σῶζον τοὺς ἁμαρτωλούς.

18) τοῦτό ἐστιν τὸ εὐαγγέλιον τὸ κηρυσσόμενον ἐν τῳ κόσμῳ καὶ σῶζον τοὺς ἀνθρώπους.

19) ἦλθον πρὸς αὐτὸν βαπτίζοντα τοὺς μαθητάς.

20) ἔτι ὄντα ἐν τῷ ἱερῷ εἴδομεν αὐτόν.

제19과

단순과거 분사의 능동태와 중간태, 분사의 용법(계속), 부정어 οὐ 와 μή

210. 낱말 모음

ἀγαγών, ἄγω의 제2단순과거 능동태 분사

ἀπέθανον, **내가 죽었다**, ἀποθνῄσκω의 제2단순과거 직설법

ἀπεκρίθην, **내가 대답하였다,** ἀποκρίνομαι(디포)의 제2단순과거 수동태 직설법

εἰπών, λέγω의 제2단순과거 능동태 분사

ἐλθών, ἔρχομαι의 제2단순과거 분사

ἐνεγκών, φέρω의 제2단순과거 능동태 분사(직설법에서는 단순과거 ἤνεγκα가 더 많이 사용된다.)

ἰδών, βλέπω의 제2단순과거 능동태 분사(혹은 ὁράω의 분사)

211. λύω의 단순과거 능동태 분사 λύσας, λύσασα, λῦσαν의 변화는 아래와 같다.

	단수		
	남성	여성	중성
주.	λύσας	λύσασα	λῦσαν

속.	λύσαντος	λυσάσης	λύσαντος
여.	λύσαντι	λυσάσῃ	λύσαντι
대.	λύσαντα	λύσασαν	λῦσαν
호.	λύσας	λύσασα	λῦσαν
		복수	
	남성	여성	중성
주.	λύσαντες	λύσασαι	λύσαντα
속.	λυσάντων	λυσασῶν	λυσάντων
여.	λύσασι(ν)	λυσάσαις	λύσασι(ν)
대.	λύσαντας	λυσάσας	λύσαντα
호.	λύσαντες	λύσασαι	λύσαντα

212. 현재 능동태 분사와 같이 단순과거 능동태 분사도 남성과 중성은 명사 제3변화 형식으로 변화하고, 여성은 명사 제1변화 형식으로 변화한다.

213. 단순과거의 특징인 σα가 모든 변화에 나타난다. 남성, 여성, 중성의 어근이 각각 λυσαντ-, λυσασ-, λυσαντ-이고, -σα-라는 특징이 모두 들어 있다.

214. 과거 시제를 나타내는 접두모음은 직실법에서만 사용되는 것이므로 여기 분사에는 자연히 나타나지 않는다. λύω의 단순과거 직설법이 ἔλυσα이지만, 그 분사는 ἐλύσας가 아니라 λύσας, λύσασα, λῦσαν이다. 또 ἀκούω의 단순과거 직설법은 ἤκουσα이지만 분사는 ἠκούσας가 아니라 ἀκούσας, ἀκούσασα, ἀκοῦσαν이다.

215. λύω의 단순과거 중간태 분사 λυσάμενος, η, ον은 아래와 같이 변화한다.

		단수	
	남성	여성	중성
주.	λυσάμενος	λυσαμένη	λυσάμενον
속.	λυσαμένου	λυσαμένης	λυσαμένου
여.	λυσαμένῳ	λυσαμένῃ	λυσαμένῳ
대.	λυσάμενον	λυσαμένην	λυσάμενον
호.	λυσάμενος	λυσαμένη	λυσάμενον
		복수	
	남성	여성	중성
주.	λυσάμενοι	λυσάμεναι	λυσάμενα
속.	λυσαμένων	λυσαμένων	λυσαμένων
여.	λυσαμένοις	λυσαμέναις	λυσαμένοις
대.	λυσαμένους	λυσαμένας	λυσάμενα
호.	λυσάμενοι	λυσάμεναι	λυσάμενα

216. λύω의 현재 중간태 분사 혹은 수동태 분사와 단순과거 중간태 분사가 다른 것은 전자가 λυ + ομενος, η, ον인 반면 후자는 λυ + σαμενος, σαμενη, σαμενον이 되는 것이다. 즉 μενος, μενη, μενον이라는 어미 변화는 양쪽이 똑같은데, 차이는 원어근과 이 어미 사이에 전자는 ο라는 모음이 끼어 있고 후자는 단순과거의 특징인 σα가 끼어 있다는 점이다.

217. 단순과거 수동태 분사는 중간태 분사와 모양이 매우 달라서, 다음 과에 따로 다룬다.

218. βλέπω(혹은 ὁράω)의 제2단순과거 능동태 분사의 변화는 아래와 같이 된다.

1) βλέπω(혹은 ὁράω)의 제2단순과거 어근을 찾는다. 즉 εἶδον에서 접두

모음을 떼고 어미를 뗀다.

2) ἰδ라는 어근에 ων, ουσα, ον이라는 εἰμί의 능동태 분사를 붙인다.

	단수		
	남성	여성	중성
주.	ἰδών	ἰδοῦσα	ἰδόν
속.	ἰδόντος	ἰδούσης	ἰδόντος
여.	ἰδόντι	ἰδούσῃ	ἰδόντι
대.	ἰδόντα	ἰδοῦσαν	ἰδόν
호.	ἰδών	ἰδοῦσα	ἰδόν
	복수		
	남성	여성	중성
주.	ἰδόντες	ἰδοῦσαι	ἰδόντα
속.	ἰδόντων	ἰδουσῶν	ἰδόντων
여.	ἰδοῦσι(ν)	ἰδούσαις	ἰδοῦσι(ν)
대.	ἰδόντας	ἰδούσας	ἰδόντα
호.	ἰδόντες	ἰδοῦσαι	ἰδόντα

219. 현재 능동태 분사와 다른 점은 어근과 악센트뿐이다. 현재 분사는 현재 어근에다 -ων, -ουσα, -ον을 붙이고, 제2단순과거 능동태 분사는 제2단순과거 능동태 어근(예를 들어서 동사 제3기본형인 εἶδον)에 -ων, -ουσα, -ον을 붙인다. 악센트는 동사 법칙을 따르지 않고 명사 법칙을 따른다. 주격 단수에서 남성과 중성은 얼티마에 악센트가 있다. 이것은 동사 법칙에 어긋나는 것이다. 단수 속격 이하는 악센트가 모두 같은 음절에 남아 있다. 여성 복수 속격만은 예외로 얼티마에 써컴플렉스가 있다. 현재 능동태 분사는 동사 법칙에 따라 악센트를 붙이는데 제2단순과거 능동태 분사는 명사 법칙을 따르는 것이 차이점이다. 그러므로 초보자들도 악센트의 위치를 보아서 곧 그 분사의 시제를 가려낼 수 있을 것이다.

220. 접두모음은 직설법에만 붙는 것이기 때문에 분사에는 붙지 않는다. 그런데 불규칙적으로 변하는 동사, 예를 들어 βλέπω(ὁράω)와 같은 것은 단순과거 능동태 직설법이 εἶδον인데, 접두모음을 떼면 ἰδ-라는 어근이 생긴다. 그러나 원칙적으로 ἰδ-라는 어근에 접두모음을 붙이자고 하면 §118에서 말한 대로 모음 ι가 길어져야 할 것이다. 그러나 βλέπω(ὁράω)는 불규칙적으로 접두모음이 붙어 ι가 ει로 변한다. 또 λέγω의 경우에는 제2단순과거 능동태 직설법이 εἶπον이고 그 어근은 εἰπ-이다. 접두모음을 붙여도 εἰπ-, 안 붙여도 εἰπ-이다. 이런 예외적인 경우가 많지 않음으로 낱말 모음에 나오는 것들만 기억하면 된다.

221. 합성동사의 경우에는 접두모음이 그 동사를 구성한 전치사와 동사 중간에 있다는 것을 알아야 한다. 예를 들어 ἀποθνῄσκω의 제2단순과거 능동태 직설법은 ἀπό라는 전치사에는 변동이 있을 수 없고, 동사 θνήσκω만이 변하여 εθανον이 된다. 그래서 그 둘이 합하면 ἀπέθανον이 된다. 여기서 분사를 만들려면 접두모음과 어미를 없애고 어근 ἀποθαν-을 얻은 후 거기에 -ων, -ουσα, -ον을 붙여 변화시키면 된다.

222. 제2단순과거 중간태 분사는 제2단순과거 능동태 어근(예를 들어서 제3기본형의 어근인 ἔ**λαβ**ον)에 -ομενος, -ομενη, -ομενον을 붙여서 만든다. 현재 중간태 분사와 다른 점은 어근이 현재 어근이 아니라는 것뿐이다. λαμβάνω의 현재 중간태 분사는 λαμβανόμενος, η, ον인데 제2단순과거 중간태 분사는 λαβόμενος, η, ον이다. 즉 현재에서는 λαμβαν-이 어근이며 제2단순과거에서는 λαβ-가 어근이다. 양쪽의 어미는 모두 같다.

223. 단순과거 분사의 용법

§206에서 말한 바와 같이 분사의 시제는 문장의 주동사(主動詞)의 시제에 따라 좌우되는데, 단순과거 분사는 주동사가 나타내는 동작보다 앞선 동

작을 나타낸다. 즉 주동사가 과거든지, 현재든지, 미래든지, 그것보다 앞서서 된 동작을 나타낸다.

보기 1) ὁ ἀπόστολος εἰπὼν ταῦτα ἐν τῷ ἱερῷ βλέπει τὸν κύριον, **그 사도는 그 성전 안에서 이것들을 말한 후에 그가 그 주님을 본다.** 분사 εἰπών은 βλέπει라는 현재 동작보다 앞서서 된 동작을 표시한다. εἰπών 대신 λέγων을 넣은 경우를 대조하여 생각해 보라.

2) εἰπὼν ταῦτα ἀπῆλθεν, **그는 이것들을 말한 후에 가 버렸다.**

3) προσῆλθον αὐτῷ εἰπόντι ταῦτα, **그가 이것들을 말한 후에 그들이 그에게 왔다.** εἰπόντι는 αὐτῷ라는 대명사를 수식하는 형용사이며 그것을 서술하는 위치에 있다. εἰπόντι 대신에 λέγοντι를 넣고 해석해 보라. 그러면 **그가 이것들을 말하고 있을 때에 그들이 그에게 왔다**가 될 것이다.

4) ἐλθόντες πρὸς τὸν κύριον ὀψόμεθα αὐτόν, **우리가 주님께로 간 후에 그를 볼 것이다.** 다시 말하면 **볼 것이다**라는 미래 동작이 일어나기 전에 **간다**는 동작이 앞서 일어난다는 말이다.

224. 단순과거 분사는 한정적으로도 사용되고 관사와 합하여 독립적으로도 사용된다.(§208을 참고하라.)

1) 한정적 용법

보기 ὁ μαθητὴς ὁ ἀκούσας ταῦτα ἐν τῷ ἱερῷ ἦλθεν εἰς τὸν οἶκον, **성선 안에서 이것들을 들었던 그 제자가 그 집으로 들어갔다.** 한정적 용법에 있는 분사는 반드시 그 앞에 관사를 동반한다는 것을 거듭 말하였거니와 여기 ἀκούσας는 ὁ μαθητής를 한정(限定)하는 역할을 한다. 즉 다른 제자가 아니라 그것들을 들은 제자라는 뜻이다. 이런 경우에 분사 앞에 있는 관사는 관계대명사의 역할을 하고 있다. ἀκούσας라는 분사는 단순과거 분사이기 때문에 주동사 ἦλθεν이 나타내는 동작보다 앞선 동작을 나타낸다. ὁ μαθητὴς ἀκούσας ταῦτα ἐν τῷ ἱερῷ ἦλθεν εἰς τὸν οἶκον은 **그 제자가 성전 안에서 이것들을 들은 후에 그 집으로 들어갔다**이다. ἀκούσας 앞에 관사가 있는 것과 없는 것이 그만큼 뜻에 차이가 있는 것을 잘 식별해야 한다.

2) 독립적 용법

보기 (1) ὁ ἀκούσας ταῦτα ἀπῆλθεν, **이것들을 들었던 사람이 가 버렸다.** ὁ라는 관사 속에는 그 뒤에 오는 분사가 나타내는 동작의 주인공이 들어 있다. 주동사 ἀπῆλθεν보다 앞서서 **듣는** 동작이 먼저 일어났다. ἀκούσας ταῦτα ἀπῆλθεν은 **그가 이것들을 들은 후에 가 버렸다**이고 ἀκούσας는 ἀπῆλθεν이라는 동사의 숨은 주어를 설명해 주는 역할을 한다. 다시 말하면 **그 사람이 갔다. 그런데 그가 가기 전에 벌써 이것들을 들었다**는 뜻이다.

(2) εἶδον τοὺς εἰπόντας ταῦτα, **나는 이것들을 말했던 사람들을 보았다.** εἶδον τοὺς λέγοντας ταῦτα는 **나는 이것들을 말하는 사람들을 보았다**가 된다.

225. 지금까지 분사의 시간적 개념은 주로 하여 생각했으나 분사에서도 동작의 종류가 어떠한가를 더욱 잊지 않아야 한다. 현재 분사는 계속하거나 반복하거나 진행하는 동작을 나타내고, 단순과거 분사는 진행의 개념이 없이 단순한 발생을 의미하는 동작을 나타낸다. 시간을 따지기보다 우선 그 동작의 종류를 먼저 생각하고 또 중요하게 생각해야 한다. 과거 분사는 과거라는 감투가 너무 문자대로만 해석되어서는 안 된다. 과거 분사가 주동사의 동작이 일어나는 시간과 같은 시간에 되는 동작을 나타내는 경우도 있고 (마 22:1) 혹은 그 뒤에 오는 동작을 나타내는 경우도 있다.(히 9:12)

226. 부정어

직설법에서는 οὐ를 부정어(否定語)로사용하고 그 밖의 모든 법(mood), 즉 명령법, 가정법, 희구법, 부정사(infinitive), 분사에는 μή를 부정어로 사용한다.

보기 ὁ μὴ πιστεύων οὐ σώζεται, **믿지 않는 사람은 구원을 얻지 못한다.** 여기서 πιστεύων이라는 분사의 부정어는 μή이고 또 δώζεται라는 직설법 동사의 부정어는 οὐ이다.

227. 익힘 문제

1) λαβόντες ταῦτα παρὰ τῶν πιστευόντων εἰς τὸν κύριον ἐξήλθομεν εἰς τὴν ἔρημον.
2) πισταί εἰσιν αἱ δεξάμεναι τοὺς διωκομένους ὑπὸ τοῦ ἄρχοντος.
3) εἴδομεν αὐτοὺς καὶ μένοντας ἐν τῷ οἴκῳ καὶ ἐξελθόντας ἐξ αὐτοῦ.
4) οἱ ἰδόντες τὸν κύριον ἦλθον πρὸς τοὺς ἀγαγόντας τὸν μαθητὴν ἐκ τοῦ ἱεροῦ.
5) ταῦτα εἴπομεν τερὶ τοῦ σώσαντος ἡμᾶς.
6) οὗτοί εἰσιν οἱ κηρύξαντες τὸ εὐαγγέλιον, ἀλλ' ἐκεῖνοί εἰσιν οἱ διώξαντες τοὺς πιστεύοντας.
7) προσενεγκόντες τῷ κυρίῳ τὸν διωκόμενον ὑπὸ τοῦ ἄρχοντος τοῦ πονηροῦ ἀπήλθετε εἰς ἄλλον τόπον.
8) προσῆλθον τῷ κυρίῳ ἐλθόντι εἰς τὸ ἱερόν.
9) ἐπίστευσας εἰς αὐτὸν εἰπόντα ταῦτα.
10) ταῦτα εἶπον ἐξελθὼν ἐκ τῆς ἐκκλησίας.
11) ὁ μὴ ἰδὼν τὸν κύριον οὐκ ἐπίστευσεν εἰς αὐτόν.
12) ταῦτα εἶπεν ὁ κύριος ἔτι ὢν ἐν τῇ ὁδῷ τοῖς ἐξελθοῦσιν ἐκ τοῦ οἴκου καὶ πορευομένοις μετ' αὐτοῦ.
13) ἀκούσαντες τὰ λεγόμενα ὑπὸ τοῦ κυρίου ἐπίστευσαν εἰς αὐτόν.
14) εἴδομεν τοὺς γενομένους μαθητὰς τοῦ κυρίου καὶ ἔτι μένοντας ἐν τῇ ἐλπίδι αὐτῶν τῇ πρώτῃ.
15) τὰ τέκνα τὰ λαβόντα ταῦτα ἀπὸ τῶν ἀκουσάντων τοῦ κυρίου εἶδον

αὐτὸν ἔτι ὄντα ἐν τῷ οἴκῳ.

16) ἰδοῦσαι αὗται τὸν κηρύξαντα τὸ εὐαγγέλιον ἐκεῖνο ἦλθον πρὸς αὐτὸν ἐρχόμενον εἰς τὸν οἶκον.

17) οἱ ἄγγελοι οἱ πεσόντες ἐκ τοῦ οὐρανοῦ πονηροὶ ἦσαν.

18) ἰδόντες τοὺς ἔτι ὄντας ἐν τῷ ἱερῷ ἐκήρυξαν αὐτοῖς τὴν βασιλείαν τοῦ θεοῦ.

19) ταῦτα ἀπεκρίθη τοῖς προσενεγκοῦσιν αὐτῷ τὰ τέκνα.

20) ἀπήλθομεν μὴ ἰδόντες τὸν διδάξαντα ἡμᾶς.

제20과

단순과거 수동태 분사, 속격 독립 구문, 미래 분사

228. 낱말 모음

γραφείς, γράφω의 단순과거 제2 수동태 분사(변화 형식은 보통 것과 같다.)

ἐκεῖ, 부사, **거기**

εὐθέως 혹은 εὐθύς, 부사, **곧, 즉시, 당장에**

ἱμάτιον, τό, **옷**

οἰκία, ἡ, **집**(οἶκος와 비슷한 말)

παιδίον, τό, **어린아이**

συναγωγή, ἡ, **회당**

στρατιώτης, ου, ὁ, **군인**

φυλακή, ἡ, **파수, 감옥, 경**(更, 밤을 사경 혹은 육경으로 나누어 파수를 보았다.)

229. λύω의 단순과거 수동태 분사의 변화는 아래와 같다.

	단수		
	남성	여성	중성
주.	λυθείς	λυθεῖσα	λυθέν
속.	λυθέντος	λυθείσης	λυθέντος
여.	λυθέντι	λυθείσῃ	λυθέντι
대.	λυθέντα	λυθεῖσαν	λυθέν

호.	λυθείς	λυθεῖσα	λυθέν
		복수	
	남성	여성	중성
주.	λυθέντες	λυθεῖσαι	λυθέντα
속.	λυθέντων	λυθεισῶν	λυθέντων
여.	λυθεῖσι(ν)	μυθείσαις	λυθεῖσι(ν)
대.	λυθέντας	λυθείσας	λυθέντα
호.	λυθέντες	λυθεῖσαι	λυθέντα

230. 현재 능동태 분사나 단순과거 능동태 분사와 같이 단순과거 수동태 분사도 역시 남성과 중성이 명사 제3변화 형식으로 변화하고 여성은 명사 제1변화 형식을 취한다.

231. 단순과거 수동태형(제6기본형)의 특징인 -θε가 분사 변화 전체에 나타난다. 즉 동사 원어근에 -θε가 연결되어 있다.

232. 단순과거 수동태 분사도 역시 접두모음을 가질 수 없다. 접두모음은 직설법에서만 나타나는 것이기 때문이다.

233. 단순과거 수동태 분사는 불규칙적인 악센트를 가진다. 즉 주격 단수에서 남성, 여성, 중성을 막론하고 동사 법칙을 따르지 않고 얼티마 혹은 피널트에 악센트를 붙였다. 그 외에는 모두 명사 법칙대로 악센트를 붙였다. 여성 복수 속격만은 얼티마에 써컴플렉스가 붙는다.

234. 단순과거 능동태 분사나 중간태 분사와 같이 수동태 분사도 주동사의 시제보다 앞선 동작을 나타내며 그 역시 진행적인 동작이 아니라 단순한 일회 발생적(一回發生的) 동작을 나타낸다. 즉 선적(線的)인 동작이 아니라

점적(點的)인 동작을 표시한다. 그리고 서술적 용법, 한정적 용법, 독립적 용법이 있다.

1) 서술적 용법

보기 (1) ἐκβληθέντα τὰ δαιμόνια ὑπὸ τοῦ κυρίου ἀπῆλθεν εἰς τὴν θάλασσαν, **그 귀신들은 주님으로 말미암아 쫓아냄을 당하고(당한 후에) 그 바다로 들어가 버렸다.** 주어 τὰ δαιμόνια를 서술하는 분사는 ἐκβληθέντα이다.

(2) ἐγερθέντι ἐκ νεκρῶν προσῆλθον αὐτῷ, **그가 죽은 자들 가운데서 일으킴을 받은 후에 그들이 그에게로 갔다.** αὐτῷ를 서술하는 분사는 ἐγερθέντι이다.

2) 한정적 용법

보기 (1) ὁ μαθητὴς ὁ διωχθεὶς ὑπὸ τῶν ἀρχόντων ὄψεται τὴν δόξαν τοῦ κυρίου, **그 통치자들에게 박해를 받은 제자가 주님의 영광을 볼 것이다.**

(2) παρέλαβον τὸ δῶρον τὸ πεμφθὲν ἀφ' ὑμῶν, **너희에게서 보내온(보냄을 받은) 선물을 내가 받았다.**

3) 독립적 용법

보기 οἱ διδαχθέντες ὑπὸ τοῦ ἀποστόλου ἦλθον εἰς τὸν οἶκον, **그 사도에게 가르침을 받은 이들이 그 집으로 들어갔다.**

235. 속격 독립 구문

어떤 명사나 대명사가 서술적인 분사를 대동하고 어떤 문장 속에 들어 있으면서 따로 유리(遊離), 독립(獨立)하여 구실을 하는 경우가 있다. 그것은 어떤 접속사로서 연결할 수 있는 두 개의 문장을 아주 하나로 만들어 간단하게 하는 방법이다. 주문장(主文章)은 그대로 두고 부수적인 문장은 그 동사를 분사로 바꾸어 주어와 함께 속격을 가지게 한다.

보기 1) εἰπόντων ταῦτα τῶν ἀποστόλων οἱ μαθηταὶ ἀπῆλθον, **그 사도들**

이 이것들을 말한 후에 그 제자들은 가 버렸다. 이 문장에는 **사도들은 이것들을 말하였다**와 **그 제자들은 가 버렸다**라는 두 문장이 합해졌다. ἀπῆλθον이라는 주동사의 주어는 οἱ μαθηταί이고 분사 εἰπόντων의 주어는 **그 사도들**이다. 이렇게 주동사의 주어와 분사의 주어가 다른 경우, 즉 한 문장 속에 두 개의 다른 동사와 또 거기에 따르는 주어도 다를 때, 그 분사와 그 주어는 속격을 취하여 독립적인 하나의 절을 이룬다. 그러나 εἰπόντες ταῦτα οἱ ἀπόστολοι ἀπῆλθον, **그 사도들은 이것들을 말한 후에 가 버렸다**에서는 ἀπῆλθον이라는 주동사의 주어와 분사 εἰπόντες의 주어가 모두 οἱ ἀπόστολοι이다. 그러므로 분사는 격을 바꿀 필요가 없다.

2) λέγοντος αὐτοῦ ταῦτα οἱ μαθηταὶ ἀπῆλθον, **그가 이것들을 말하는데 그 제자들이 가 버렸다.** ἀπῆλθον의 주어는 οἱ μαθηταί이고 λέγοντος의 주어는 αὐτοῦ이다. 그러나 λέγοντες ταῦτα ἀπῆλθον, **그들은 이것들을 말하며 가 버렸다**에서는 주동사 ἀπῆλθον과 분사 λέγοντες의 주어가 같은 사람들이다.

3) τῶν μαθητῶν διδαχθέντων ὑπὸ τοῦ κυρίου ἐξῆλθον εἰς τὴν ἔρημον οἱ δοῦλοι, **그 제자들이 주님에게 가르침을 받았을 때에 그 종들은 그 광야로 나갔다.** 주동사 ἐξῆλθον의 주어는 οἱ δοῦλοι인데 분사 διδαχθέντων의 주어는 τῶν μαθητῶν이다. οἱ μαθηταὶ διδαχθέντες ὑπὸ τοῦ κυρίου ἐξῆλθον εἰς τὴν ἔρημον, **그 제자들은 주님께 가르침을 받고서 그 광야로 나갔다**에서는 διδαχθέντες의 주어와 주동사 ἐξῆλθον의 주어가 모두 οἱ μαθηταί이다.

236. 미래 분사

미래 분사는 신약에서 몇 번밖에 나오지 않으므로 그 변화를 여기에서 설명하지 않는다. §533의 λύω변화표를 참고하기 바란다. 미래 분사는 주동사가 나타내는 동작보다 뒤에 나오는 동작을 표시하는 데 사용된다.(예. 요

6:64, 고전 15:37, 히 3:5)

237. 익힘 문제

1) πορευθέντος τοῦ ἄρχοντος πρὸς τὸν κύριον οἱ δοῦλοι εἶπον ταῦτα τοῖς μαθηταῖς.
2) πορευθεὶς πρὸς αὐτοὺς ὁ ἄρχων ἐπίστευσεν εἰς τὸν κύριον.
3) πιστευσάντων ὑμῶν εἰς τὸν κύριον εὐθὺς ἐπίστευσε καὶ ὁ ἄρχων.
4) εἰσελθόντος εἰς τὴν οἰκίαν τοῦ ἐγερθέντος ὑπὸ τοῦ κυρίου οἱ μαθηταὶ ἐθαύμασαν.
5) ἐκβληθέντος αὐτοῦ ἐκ τῆς συναγωγῆς συνήχθησαν οἱ ἄρχοντες.
6) ἐκβληθέντα ἐκ τῆς συναγωγῆς ἐδίδαξεν αὐτὸν ὁ κύριος.
7) εἰπόντος ταῦτα τοῦ πνεύματος τοῦ ἁγίου οἱ μαθηταὶ ἐκήρυξαν τὸν λόγον τοῦ θεοῦ.
8) τοῖς θεραπευθεῖσιν ὑπ' αὐτοῦ εἴπετε ῥήματα ἐλπίδος καὶ ζωῆς.
9) ἐλθόντος τούτου εἰς τὴν οἰκίαν αὐτοῦ εὐθέως εἴπομεν τοῖς ἄλλοις τὰ ῥήματα τὰ παραλημφθέντα ἀπὸ τοῦ κυρίου.
10) βληθέντες εἰς φυλακὴν διὰ τὸ εὐαγγέλιον τὸ κηρυχθὲν αὐτοῖς ὑπὸ τοῦ ἀποστόλου ἐδόξασαν ἐκεῖ τὸν σώσαντα αὐτούς.
11) ἀναλημφθέντος αὐτοῦ εἰς οὐρανὸν εἰσῆλθον οἱ μαθηταὶ εἰς τὴν οἰκίαν αὐτῶν.
12) ἐδέξασθε τοὺς ἐκβληθέντας ἐκ τῆς συναγωγῆς καὶ τὰς δεξαμένας αὐτοὺς εἰς τὰς οἰκίας αὐτῶν.
13) αὗταί εἰσιν αἱ διωχθεῖσαι καὶ ἔτι διωκόμεναι ὑπὸ τῶν ἀρχόντων.
14) αὕτη ἐστὶν ἡ ἐλπὶς ἡ κηρυχθεῖσα ἐν τῷ κόσμῳ ὑπὸ τῶν ἰδόντων τὸν κύριον.
15) τῶν στρατιωτῶν διωξάντων ἡμᾶς εἰς τὴν οἰκίαν ἐδέξαντο ἡμᾶς οἱ ὄντες ἐκεῖ.

16) διωχθέντας ἡμᾶς ὑπὸ τῶν στρατιωτῶν ἐδέξαντο οἱ ὄντες ἐν τῇ οἰκίᾳ.

17) εἰσερχομένῳ σοι εἰς τὴν οἰκίαν προσῆλθον οἱ ἄρχοντες, εἰσελθόντα δὲ ἐξέβαλον.

18) ταῦτα μὲν εἶτον αὐτοῖς προσφέρουσι τὰ παιδία τῷ κυρίῳ, ἐκεῖνα δὲ προσενεγκοῦσιν.

19) πορευομένου μὲν τοῦ κυρίου μετὰ τῶν μαθητῶν αὐτοῦ ἔλεγον οἱ ἀπόστολοι ταῦτα, ἐλθόντος δὲ εἰς τὴν οἰκίαν ἐκεῖνα.

20) ταῦτα εἶπον ὑμῖν ἔτι οὖσιν μετ᾽ ἐμοῦ.

제21과

가정법

238. 낱말 모음

ἁμαρτάνω, **내가 죄를 짓다**

δικαιοσύνη, ἡ, **의(義)**

ἐάν, 조건을 나타내는 불변사(不變詞, 가정법 동사와 함께 쓰인다.), **만일**

εἰ, 조건을 나타내는 불변사(직설법 동사와 함께 쓰인다.), **…면, …라면, …다면**

εὐαγγελίζομαι, 디포, **내가 복음을 전하다, …에게 복음을 전하다**(전해지는 목적물은 대격, 전하는 동작의 대상은 여격 혹은 대격을 취한다.)

ἵνα, 접속사(가정법과 함께), **…하기 위하여**

λαός, ὁ, **백성, 민중, 사람들**

λοιπός, ή, όν, 형용사, **남은**, οἱ λοιποί, **남은 사람들**

μακάριος, α, ον, 형용사, **복된, 행복한**

μαρτυρία, ἡ, **증거**

μηδέ, **그리고 …아니, …도 역시 …아니**(직설법 이외의 다른 법과 함께 사용된다.), μηδέ…μηδέ, **…도 아니요 …도 아니**

μηκέτι, **그 이상은 더 …아니**(직설법 이외의 다른 법과 함께 쓰인다.)

ὄχλος, ὁ, **무리, 군중**

239. 가정법은 현재와 단순과거 시제에서 주로 나타나고, 완료 시제에서는 극히 드물다.(§533의 제4기본형 변화를 참고하라.) 가정법은 제1시제에 속하는 현재 가정법과 현재완료 가정법이나 제2시제에 속하는 단순과거 가정법을 막론하고, 제1시제 인칭 어미를 가진다. 가정법에서는 인칭 어미 앞에 오는 연결모음이 현재 직설법에서 나타나는 ο/ε가 아니라 그 대신 ω/η가 된다.

240. λύω의 현재 능동태 가정법은 아래와 같이 변화한다.

	단수	복수
1.	λύω	λύωμεν
2.	λύῃς	λύητε
3.	λύῃ	λύωσι(ν)

3인칭 복수에서 직설법의 λύουσι(ν)이 가정법에서는 λύωσι(ν)로 변하고, 움직이는 ν이 있는 것을 주의하라.

241. λύω의 현재 중간태 가정법과 수동태 가정법은 다음과 같이 변화한다.

	단수	복수
1.	λύωμαι	λυώμεθα
2.	λύῃ	λύησθε
3.	λύηται	λύωνται

242. λύω의 단순과거 능동태 가정법은 아래와 같이 변화한다.

	단수	복수
1.	λύσω	λύσωμεν
2.	λύσῃς	λύσητε
3.	λύσῃ	λύσωσι(ν)

243. λύω의 단순과거 중간태 가정법은 아래와 같이 변화한다.

	단수	복수
1.	λύσωμαι	λυσώμεθα
2.	λύσῃ	λύσησθε
3.	λύσηται	λύσωνται

244. 단순과거 능동태 가정법이나 중간태 가정법이 현재 능동태와 중간태 가정법과 다른 점은 어근에 σ가 붙어 있다는 점이다. 즉 현재 어근은 λυ-인데 단순과거에서는 λυσ-가 되어 있다.

245. 단순과거 가정법은 물론 접두모음을 가지지 않는다.

246. 제2단순과거 능동태와 중간태 가정법은 단순과거 가정법과 비교하면 역시 어근의 차이뿐인데, 전자는 제2단순과거 어근을 사용하고, 후자는 단순과거 어근을 사용한다. §534에 있는 λείπω의 제2단순과거 능동태와 중간태 변화표를 참고하라.

247. λύω의 단순과거 수동태 가정법의 변화는 아래와 같다.

	단수	복수
1.	λυθῶ < λυθέ ω	λυθῶμεν < λυθέ ωμεν
2.	λυθῇς < λυθέ ῃς	λυθῆτε < λυθέ ητε
3.	λυθῇ < λυθέ ῃ	λυθῶσι(ν) < λυθέ ωσι(ν)

248. 단순과거 수동태 가정법 변화는 수동태 직설법에서와 같이 능동태 인칭 어미를 가진다. 인칭 어미는 현재 능동태 가정법 인칭 어미(연결모음과 합한 것)와 똑같다. 악센트는 동사 법칙을 어기는 것같이 보이지만 사실은 §280에 있는 단축법에 따라 규칙적으로 된 것이다.

249. 단순과거 수동태 가정법에도 접두모음을 붙이지 않는다. 직설법 이외에는 접두모음이 붙지 않기 때문이다.

250. εἰμί의 현재 가정법 변화는 아래와 같다.

	단수	복수
1.	ὦ	ὦμεν
2.	ᾖς	ἦτε
3.	ᾖ	ὦσι(ν)

251. 가정법의 시제

가정법의 가정이라는 말이 의미하는 것과 같이 비실재적(非實在的)인 일 혹은 개연성(蓋然性, probability)이나 가능성(可能性, possibility)을 가상하는 것이기 때문에 현재 가정법이나 단순과거 가정법이 시간적으로 차이가 있을 수 없다. 즉 현재 가정법이라고 해서 현재라는 시간적 개념이 들어 있거나 단순과거 가정법이라고 해서 과거라는 시간적 개념이 들어 있지 않다는 말이다. 여기서도 역시 동작의 종류(kind) 혹은 양식(manner)이 다른 것뿐인데 단순과거 가정법은 계속하거나 반복하지 않는 동작, 즉 단순히 일회적으로 혹은 점적(點的)으로 발생하는 동작을 나타내며, 반면에 현재 가정법은 반복하거나 계속하는 동작, 즉 전형적인 선적(線的) 동작을 나타내는 데 사용한다. 그러므로 ἵνα λύσω와 ἵνα λύω는 둘 다 **내가 풀기 위하여**라는 말로 보통 번역되지만, 첫째는 **푸는** 동작이 일회적(一回的)이고, 둘째는 여러 번의 동작 혹은 계속되는 동작을 의미한다. 이런 것이 헬라어의 묘미(妙味) 가운데 하나다.

252. 가정법의 부정

가정법은 부정(否定)하는 데는 μή를 사용한다. οὐ는 직설법에 사용되고 그 이외의 법(mood)에는 μή가 사용된다.

253. 청유의 뜻을 나타내는 가정법

가정법은 1인칭 복수에서 청유(請誘, hortatory) 혹은 권고하여 이끄는 뜻을 나타내는 데 사용될 수 있다.

보기 πιστεύσωμεν εἰς τὸν κύριον, **주님을 믿읍시다.**

254. 목적을 나타내는 절에 사용되는 가정법

가정법이 그 앞에 ἵνα(혹은 ὅπως)를 동반하여 목적을 나타내는 절(clause)을 이룬다.

보기 1) ἐρχόμεθα ἵνα ἴδωμεν αὐτόν, **우리는 그를 보려고(보기 위하여) 간다.**

2) ἤλθομεν ἵνα ἴδωμεν αὐτόν, **우리는 그를 보려고(보기 위하여) 갔다.**

미래적인 조건을 나타내는 가정법

255. 가정법이 그 앞에 ἐάν을 동반하여 미래적인 조건을 나타내는 절을 이룬다. 현재나 과거의 사실을 조건으로 둘 때에는 εἰ+직설법의 형식을 취한다.

보기 1) ἐὰν εἰσέλθωμεν εἰς τὴν οἰκίαν ὀψόμεθα τὸν κύριον, **만일 우리가 그 집에 들어가면 주님을 볼 것이다.** 여기의 ἐὰν εἰσέλθωμεν은 확실히 **주님을 보게** 되는 미래적인 하나의 조건을 말하는 것이다. 반면에 εἰ μαθηταί ἐσμεν τοῦ κυρίου σωθησόμεθα, **우리가 주님의 제자들이라면 구원을 받을 것이다**에서는 εἰ…ἐσμεν은 **구원을 받는** 일에 대한 사실적인 단순한 조건이요 전제이며, 현재적인 사실을 조건으로 말한다.

2) ἐὰν διδάσκητε τοὺς ἀδελφοὺς πιστοί ἐστε διδάσκαλοι, **만일 너희가 그 형제들을 가르친다면 너희는 신실한 교사들이다.** 이것은 **장차 어느 때에든지 너희가 그 형제들을 가르친다면(즉 그러한 조건하에서) 너희는 신실한 교사들이다**라는 뜻이다. 그러나 εἰ διδάσκετε τοὺς ἀδελφοὺς πιστοί ἐστε διδάσκαλοι는 **너희가 그 형제들을 가르치고**

있다면 너희는 신실한 교사들이다. 즉 현재 너희가 그 형제들을 가르치고 있다는 것이 사실이라면 너희는 신실한 교사들이라는 결론이 내려진다는 뜻이다.

사실과 반대되는 조건을 나타내려 할 때, 예를 들어 **내가 사람이 아니었더라면**이라든가 **그가 죽지 않았더라면** 같은 말을 나타내려는 경우에는 εἰ+제2시제 직설법의 형식을 사용한다. 그것에 대하여는 제33과 §491에서 설명하게 될 것이다.

256. §255에서 말한 것은 ἐάν이나 εἰ를 머리로 하는 전제절(protasis) 혹은 조건절(conditional sentence)에 대한 법칙이었다. 귀결절(apodosis)에 나타나는 동사에는 조건절에 있는 동사의 시제나 법(mood)에 구애를 받지 않으며, 아무 시제든지 아무 법(mood)이든지 올 수 있다. 예를 들어 εἰ μαθηταί ἐσμεν τοῦ κυρίου διδάσκωμεν τοὺς ἀδελφούς, **우리는 주님의 제자들이니 그 형제들을 가르칩시다**에서는 조건절에 현재 직설법이 나왔고 귀결절에는 청유적인 가정법이 사용되었다.

사실과 반대되는 조건절에 따르는 귀결절에 대해서는 역시 제33과에 설명이 나온다.

257. 익힘 문제

1) ἐὰν εὐαγγελισώμεθα ὑμᾶς, λήμψεσθε σωτηρίαν καὶ ἐλπίδα.

2) ἐὰν μὴ δέξησθε τὴν μαρτυρίαν ἡμῶν, οὐ σωθήσεσθε.

3) ἐὰν μὴ ἴδῃ οὗτος τὸν κύριον, οὐ πιστεύσει εἰς αὐτόν.

4) εἰ κηρύσσεται ἡμῖν ὅτι ἀγαθός ἐστιν ὁ κύριος, ἀγαθοὶ ὦμεν καὶ ἡμεῖς, ἵνα διδάσκωμεν τοὺς λοιπούς.

5) εὐηγγελισάμην αὐτοὺς ἵνα σωθῶσιν καὶ ἔχωσιν ζωήν.

6) μηκέτι ἁμαρτάνωμεν, ἵνα γενώμεθα μαθηταὶ πιστοί.

7) μακάριοί εἰσιν οἱ ὄχλοι, ἐὰν ἀκούσωσιν τὰ ῥήματά μου.

8) ἐὰν εἰσέλθωσιν εἰς ἐκείνην τὴν οἰκίαν οἱ πιστεύοντες εἰς τὸν κύριον, εὐαγγελισόμεθα αὐτοὺς ἐκεῖ.

9) ἐκηρύξαμεν τούτῳ τῷ λαῷ τὰ ῥήματα τῆς ζωῆς, ἵνα δέξωνται τὴν ἀλήθειαν καὶ σωθῶσιν.

10) προσέλθωμεν τῷ ἰδόντι τὸν κύριον, ἵνα διδάξῃ ἡμᾶς περὶ αὐτοῦ.

11) ταῦτα εἰπόντων αὐτῶν ἐν τῷ ἱερῷ οἱ ἀκούσαντες ἐδέξαντο τὰ λεγόμενα, ἵνα κηρύξωσιν αὐτὰ καὶ τοῖς λοιποῖς.

12) πιστεύσωμεν εἰς τὸν ἀποθανόντα ὑπὲρ ἡμῶν, ἵνα γράψῃ τὰ ὀνόματα ἡμῶν εἰς τὸ βιβλίον τῆς ζωῆς.

13) ἐλεύσομαι πρὸς τὸν σώσαντά με, ἵνα μὴ λύω τὰς ἐντολὰς αὐτοῦ μηδὲ πορεύωμαι ἐν ταῖς ὁδοῖς τοῦ θανάτου.

14) ταῦτα εἶπον ἐν τῷ ἱερῷ, ἵνα οἱ ἀκούσαντες σωθῶσιν ἀπὸ τῶν ἁμαρτιῶν αὐτῶν καὶ ἔχωσιν τὴν δικαιοσύνην τοῦ θεοῦ.

15) εἰ εἴδετε ταῦτα ἐν ταῖς ἡμέραις ταῖς κακαῖς, ὄψεσθε τὰ αὐτὰ καὶ νῦν καὶ εἰς τὸν αἰῶνα.

16) ἐὰν μὴ διδαχθῇς ὑπὸ τοῦ κυρίου, οὐ γνώσῃ αὐτὸν εἰς τὸν αἰῶνα.

17) ὁ λύων τὰς ἐντολὰς τοῦ θεοῦ οὐκ ἔχει ἐλπίδα, ἐὰν μὴ ἐπιστρέψῃ πρὸς τὸν κύριον.

18) ταῦτα παρέλαβεν ἀπὸ τοῦ ἀποθανόντος ὑπὲρ αὐτοῦ, ἵνα παραλαβόντες αὐτὰ οἱ λοιποὶ σωθῶσιν καὶ αὐτοί.

19) συνελθόντες εἰς τὴν οἰκίαν δεξώμεθα τὴν μαρτυρίαν τοῦ εὐαγγελισαμένου ἡμᾶς.

20) διωξάντων τῶν στρατιωτῶν τοὺς ἁγίους ἵνα μὴ πιστεύσωσιν εἰς τὸν σώσαντα αὐτούς, συνῆλθον οὗτοι εἰς τὴν συναγωγήν.

제22과

현재 부정사, 단순과거 부정사,
관사를 가진 부정사, 간접화법, 고유명사

258. 낱말 모음

δεῖ, 비인칭동사(非人稱動詞, impersonal verb), **…은 필요하다, 반드시…해야 한다**(대격과 부정사를 취한다.)

ἔξεστι(ν), 비인칭동사, **…은 옳다, 법에 합당하다**(It is lawful)(여격과 부정사를 취한다.)

θέλω, **내가 바라다, 원하다**

Ἰησοῦς, Ἰησοῦ, ὁ, **예수**

Ἰουδαῖος, ὁ, **유대인**

κελεύω, **내가 명령하다**

κώμη, ἡ, **마을**

μέλλω, **내가 …하려 하다**

ὀφείλω, **내가 빚지다, 마땅히…해야 한다**

πάσχω, **내가 고생하다**

πρό, 전치사, +속격, **…앞에, 전에**

σωτηρία, ἡ, **구원**

Φαρισαῖος, ὁ, **바리새인**

Χριστός, ὁ, **그리스도,** ὁ Χριστός, **그리스도, 메시아**

259. λύω의 현재 부정사(不定詞, infinitive)와 단순과거 부정사는 다음과 같다.

현재		단순과거	
능동태	λύ ειν	능동태	λῦ σαι
중간태	λύ εσθαι	중간태	λύ σασθαι
수동태	λύ εσθαι	수동태	λυ θῆναι

260. 현재 부정사는 현재 어근에, 단순과거 능동태와 중간태의 부정사는 단순과거 어근(-σα가 특징이다.)에, 단순과거 수동태 부정사는 단순과거 수동태 어근(과거 수동태의 특징인 θε가 길어져 -θη로 나타난다.)에 각각 해당하는 부정사 어미를 붙여서 만든다.

261. 어떤 동사를 막론하고 단순과거 능동태 부정사는 피널트에 악센트가 붙는다. 예를 들면 πιστεύω의 단순과거 능동태 부정사는 πίστευσαι가 아니라 πιστεῦσαι가 된다. 즉 동사 법칙을 어기고 있다. 단순과거 수동태 부정사도 역시 악센트에서 동사 법칙을 어기고 있다.

262. λείπω의 제2단순과거 능동태 부정사는 λιπεῖν, 중간태 부정사는 λιπέσθαι이다. 현재 부정사와 비교하면 어근과 악센트가 다를 뿐이다. 악센트의 위치를 보아서도 현재 부정사인지 과거 부정사인지를 알 수 있다.

263. εἰμί의 현재 부정사는 εἶναι이다.

264. 부정사는 동사이면서 동시에 명사다. 부정사는 동사로서의 역할보다 명사로서의 역할이 더 크다. θέλω ἀκούειν τὸν λόγον은 **내가 그 말씀에 순종하기를 원한다**인데, 여기 ἀκούειν은 θέλω의 목적어로서 대격의 역할을 한다.

265. 현재 부정사와 단순과거 부정사는 시간적인 개념의 차이가 없다. 현재 부정사는 계속되거나 반복되는 동작을 나타낼 때 사용되고, 단순과거 부

정사는 그렇지 않은 단순한 사건 발생을 나타내는 데 사용된다.

266. 부정사(不定詞)의 부정(否定)은 μή로써 나타낸다.

관사를 가진 부정사

267. 헬라어 부정사는 동사이면서 명사이기 때문에 다른 명사들과 같이 관사를 가질 수 있다. 그러나 격 변화를 하지 않는 중성 명사로 취급되며, 따라서 중성 관사를 가진다.

268. 관사를 가진 부정사는 다른 일반 명사가 설 수 있는 거의 모든 위치에 올 수 있다. καλόν ἐστι τὸ ἀποθανεῖν ὑπὲρ τῶν ἀδελφῶν, **그 형제들을 위하여 죽는 것이 좋다.** 이때 τὸ ἀποθανεῖν은 주격이며, 문장의 주어 역할을 한다.

269. 특히 중요한 것은 관사를 가진 부정사가 전치사와 함께 사용되는 경우들이다.

보기 μετὰ τὸ λῦσαι **푼 뒤에**, ἐν τῷ λύειν **푸는 때에(동안에)**, διὰ τὸ λυθῆναι **풀리는 것 때문에**, μετὰ τὸ λυθῆναι **풀린 뒤에**, πρὸ τοῦ λῦσαι **풀기 전에**, εἰς τὸ λῦσαι **풀기 위하여**. 흔히 εἰς는 관사를 가진 부정사와 합하여 목적의 뜻을 나타낸다.

270. 부정사는 명사인 동시에 동사이기 때문에 동사로서 부사와 직접목적어를 가질 수 있다. 그것은 분사의 경우와 같다. 그러나 부정사는 주어를 가질 수 있다는 점이 분사의 동사적 자격과 다른 것이다. 부정사는 대격을 주어로 가진다.

보기 1) ἐν τῷ λέγειν αὐτοὺς ταῦτα, **그들이 이것들을 말하는 동안**. 여기에 αὐτούς는 부정사 λέγειν의 주어이고 ταῦτα는 직접목적어다.

2) μετὰ τὸ ἀπολυθῆναι τὸν ὄχλον ἀπῆλθεν ὁ κύριος, **그 군중이 해**

산된 후에 주님이 떠나셨다. 여기에 τὸν ὄχλον은 대격이며 ἀπολυθῆναι의 주어이다. 이와 똑같은 뜻을 분사를 가지고 나타낼 수 있다. 즉 ἀπολυθέντος τοῦ ὄχλου ἀπῆλθεν ὁ κύριος가 그 뜻을 말한다.

3) διὰ δὲ τὸ λέγεσθαι τοῦτο ὑπὸ τῶν ὄχλων ἀπῆλθεν ὁ ἀπόστολος, **그러나 이것이 그 군중들로 말미암아 말해지고 있기 때문에 그 사도가 가 버렸다.**

4) ταῦτα δὲ εἶπον ὑμῖν εἰς τὸ μὴ γενέσθαι ὑμᾶς δούλους τῆς ἁμαρτίας, **그러나 너희가 죄의 종이 되지 않기 위하여 나는 너희에게 이것들을 말하였다.** γενέσθαι라는 부정사는 ὑμᾶς라는 대격을 주어로 가지며 δούλους라는 또 다른 대격은 주격보어(predicative nominative)로 가지고 있다.

간접화법

271. 대격과 부정사를 가지고 간접화법을 나타내는 경우가 있다.

보기 ἔλεγον οἱ ἄνθρωποι αὐτὸν εἶναι τὸν προφήτην, **그 사람들은 그가 그 예언자라고 말하고 있었다.**

272. 그러나 보통은 ὅτι+직설법의 형식으로써 간접화법을 나타낸다.

보기 1) λέγει ὅτι βλέπει τὸν ἀπόστολον, **그는 그 사도를 본다고 말한다.** βλέπω τὸν ἀπόστολον, **내가 그 사도를 본다**라는 말을 간접화법으로 표현한 것이다. ὅτι라는 접속사가 직접화법의 내용을 간접적으로 소개해 준다.

2) εἶπεν ὅτι βλέπει τὸν ἀπόστολον, **그는 그 사도를 본다고 말했다.** 이 문장의 배후에도 βλέπω τὸν ἀπόστολον, **내가 그 사도를 본다**라는 직접적인 말이 있다. 이것이 간접화법으로 변할 때 동사의 인칭만 바뀌고 시제와 법(mood)은 그대로 남아 있다. 이것은 우리말

의 경우와 똑같다.

3) εἶπεν ὁ μαθητὴς ὅτι εἶδεν τὸν ἀπόστολον, **그 제자는 자기가 그 사도를 보았다고 말하였다.** 이 문장의 배후에는 εἶδον τὸν ἀπόστολον, **내가 그 사도를 보았다**라는 직접적인 말이 있다. 그것이 간접화법으로 변할 때 인칭만 바뀌고 시제와 법은 그대로 남았다.

4) εἶπεν ὅτι ὄψεται τὸν ἀπόστολον, **그는 그 사도를 볼 것이라고 말하였다.** 이 문장 배후에는 ὄψομαι τὸν ἀπόστολον, **내가 그 사도를 볼 것이다**라는 직접적인 말이 숨어 있다. 그 시제와 법이 간접화법에 그대로 남아 있다.

고유명사

273. 고유명사가 종종 관사를 가지고 나타난다. 번역할 때에는 물론 관사를 나타낼 필요가 없다.

274. Ἰησοῦς, ὁ, **예수**는 아래와 같이 변화한다.

주.	Ἰησοῦς
속.	Ἰησοῦ
여.	Ἰησοῦ
대.	Ἰησοῦν
호.	Ἰησοῦ

275. 어떤 인격이나 사물을 나타내는 보통명사 가운데 특수하고 유일한 것일 경우에는 고유명사로 취급되며, 따라서 관사를 가질 수도 있고, 가지지 않을 수도 있다. **하나님**을 나타낼 때에 θεός 혹은 ὁ θεός, **성령**을 나타낼 때에 πνεῦμα 혹은 τὸ πνεῦμα, **세계** 혹은 **세상**을 나타낼 때에 κόσμος 혹은 ὁ κόσμος, **율법**을 나타낼 때에 νόμος 혹은 ὁ νόμος라고 한다.

276. 익힘 문제

1) οὐκ ἔξεστίν σοι ἔχειν αὐτήν.

2) κελεύσας δὲ τοὺς ὄχλους ἀπολυθῆναι ἐξῆλθεν εἰς τὴν ἔρημον.

3) οὐκ ἔστιν καλὸν λαβεῖν τὸν ἄρτον τῶν τέκνων καὶ ἐκβαλεῖν αὐτόν.

4) ἤρξατο δὲ ὁ Ἰησοῦς λέγειν τοῖς Ἰουδαίοις ὅτι δεῖ αὐτὸν ἀπελθεῖν.

5) μέλλει γὰρ ὁ υἱὸς τοῦ ἀνθρώπου ἔρχεσθαι ἐν δόξῃ μετὰ τῶν ἀγγέλων αὐτοῦ.

6) εἰ θέλει μετ᾽ ἐμοῦ ἐλθεῖν, δεῖ αὐτὸν ἀποθανεῖν.

7) καλόν σοί ἐστιν εἰς ζωὴν εἰσελθεῖν.

8) ἐν δὲ τῷ λέγειν με τοῦτο ἔπεσε τὸ πνεῦμα τὸ ἅγιον ἐπ᾽ αὐτούς.

9) μετὰ δὲ τὸ ἐγερθῆναι τὸν κύριον ἐδίωξαν οἱ Ἰουδαῖοι τοὺς μαθητὰς αὐτοῦ.

10) πρὸ δὲ τοῦ βληθῆναι εἰς φυλακὴν τὸν προφήτην ἐβάπτιζον οἱ μαθηταὶ τοῦ Ἰησοῦ τοὺς ἐρχομένους πρὸς αὐτούς.

11) διὰ δὲ τὸ εἶναι αὐτὸν ἐκεῖ συνῆλθον οἱ Ἰουδαῖοι.

12) θέλω γὰρ ἰδεῖν ὑμᾶς, ἵνα λάβητε δῶρον ἀγαθόν, εἰς τὸ γενέσθαι ὑμᾶς μαθητὰς πιστούς.

13) ἀπέθανεν ὑπὲρ αὐτῶν ὁ Ἰησοῦς εἰς τὸ σωθῆναι αὐτούς.

14) ἔπεμψεν ὁ θεὸς τὸν Ἰησοῦν, ἵνα ἀποθάνῃ ὑπὲρ ἡμῶν, εἰς τὸ δοξάζειν ἡμᾶς τὸν σώσαντα ἡμᾶς.

15) εἶπεν ὁ τυφλὸς ὅτι βλέπει τοὺς ἀνθρώπους.

16) εἶπεν ὁ Ἰησοῦς ὅτι ἐλεύσεται ἐν τῇ βασιλείᾳ αὐτοῦ.

17) ταῦτα ἔλεγεν ὁ ἀπόστολος ἔτι ὢν ἐν σαρκί, εἰς τὸ πιστεῦσαι εἰς τὸν Ἰησοῦν τοὺς ἀκούοντας.

18) κελεύσας ἡμᾶς ὁ Ἰησοῦς ἐλθεῖν εἰς τὴν κώμην εὐθὺς ἀπέλυσε τὸν ὄχλον.

19) σωθέντες ὑπὸ τοῦ Ἰησοῦ ὀφείλομεν καὶ πάσχειν διὰ τὸ ὄνομα

αὐτοῦ.

20) ἐν τῷ πάσχειν ἡμᾶς ταῦτα ἔλεγον οἱ ἀδελφοὶ ὅτι βλέπουσι τὸν Ἰησοῦν.

제23과

단축동사

277. 낱말 모음

ἀγαπάω, **내가 사랑하다**(신약성서에 있는 **사랑하다**라는 말 중에 제일 흔히 사용되는 제일 고상한 말)

ἀκολουθέω, **내가 따라가다**(여격을 취한다.)

Γαλιλαία, ἡ, **갈릴리**

δηλόω, **내가 드러내다, 보여 주다**

εὐλογέω, **내가 축복하다**

εὐχαριστέω, **내가 감사하다**

ζητέω, **내가 구(求)하다**

θεωρέω, **내가 보다, 관찰하다**

καλέω, καλέσω, ἐκάλεσα, —, —, ἐκλήθην, **내가 부르다(呼)**

λαλέω, **내가 이야기하다, 말하다**

παρακαλέω, **내가 권고하다, 위로하다**

περιπατέω, **내가 걸어가다**

ποιέω, **내가 행하다, 만들다**

προσκυνέω, **내가 예배하다, 절하다**(보통 여격을 취한다.)

σταυρόω, **내가 십자가에 달다**

τηρέω, **내가 지키다**

τιμάω, **내가 존경하다**

φιλέω, **내가 사랑하다**(친애, 우애로 통하는 사랑, 신약성서에서 ἀγαπάω보다 훨씬 적게 사용된다.)

χώρα, ἡ, **시골, 촌**

단축법(모음 변화)

278. 두 개의 모음 혹은 모음 하나와 이중모음이 합해서 한 개의 장모음 혹은 이중모음으로 변하는 수가 있다. 이렇게 합하여 짧아지는 것을 단축이라고 한다.

279. 그러나 두 개의 모음 혹은 모음 하나와 이중모음이 한 낱말 가운데 나란히 있는 경우(비록 다음에 나오는 법대로 결합되어 있다 하더라도) 빠짐없이 반드시 단축되는 것은 아니다. 즉 법대로는 단축이 가능한 경우에도 단축을 하지 않는 경우도 있다는 말이다.

보기 πλέω

280. 단축법은 아래와 같다.

1) 모음과 모음

(1) 개모음(open vowel) 하나와 폐모음(close vowel) 하나는 개모음이 먼저 나오는 경우에 합하여 이중모음을 이룬다.

보기 ε-ι=ει. 그러나 폐모음이 먼저 나오는 경우에는 절대로 단축되지 않고, 따로따로 읽힌다. 예를 들어 ἱερόν의 경우와 같이 ι-ε는 ιε라는 이중모음이 되지 못하고 언제나 ι와 ε의 두 음절로 읽힌다.

(2) 같은 소리가 나는 모음 둘이 함께 있을 때에는 같은 소리의 장음으로 변한다.

보기 α-α=긴 α, ε-η=η, ο-ω=ω

(3) 그러나 ε-ε는 ει, ο-ο는 ου가 된다. 이것들은 (2)의 예외들이다.

(4) ㅗ 소리 나는 모음(ο, ω)이 α나 ε나 η와 합해질 때 그 소리의 모음이 뒤에 있든지 앞에 있든지 그것들을 이기고 ω로 변한다.

보기 α-ο=ω, ε-ω=ω

(5) 그러나 ϵ-ο나 ο-ϵ는 ου가 된다. 이것들은 (4)의 예외들이다.

(6) α가 ϵ나 η와 같이 있을 때는 어느 것이나 앞에 나오는 것이 뒤의 것을 삼켜 버린다. 그리고 앞에 나오는 소리의 장모음으로 변한다.

보기 α-ϵ와 α-η는 긴 α, ϵ-α=η

2) 모음와 이중모음

(1) 한 모음이 그와 같은 모음으로 시작하는 이중모음과 결합될 때 그 처음에 있는 모음과 이중모음이 흡수되고 만다.

보기 ϵ-ϵι=ϵι, ο-ου=ου

(2) 한 모음이 그와 같지 않은 다른 모음으로 시작하는 이중모음과 결합될 때 먼저 그 모음과 그 이중모음의 첫 모음과 결합해 단축되고 남은 것은 없어져 버린다. 그러나 이중모음의 끝 모음이 ι인 경우에는 ι가 그 단축된 모음 밑에 붙는다.

보기 α-ϵι=ᾳ. α-ϵ가 먼저 1)의 (6)에 따라 단축되어 긴 α가 되고 그 밑에 ι를 붙인다.

α-ου=ω. α-ο가 먼저 1)의 (4)에 따라 단축되어 ω가 되고, υ는 없어져 버린다.

ϵ-ου=ου. ϵ-ο가 먼저 1)의 (5)에 따라 단축되어 ου가 되고, 나머지 υ는 없어진다.

(3) 그러나 ο-ϵι와 ο-ῃ는 οι가 된다.

3) 단축된 음절의 악센트

(1) 두 음절이 합하여 한 음절을 이루었을 때 그 두 음절 가운데 본래 어느 하나라도 악센트를 가졌었으면 단축된 음절에도 악센트가 붙는다. 단축된 음절이 피널트나 앤티피널트인 경우에는 악센트 일반 법칙에 따라 그 악센트의 종류가 결정된다. 그것이 얼티마인 경우에는 반드시 써컴플렉스가 된다.

보기 (ㄱ) φιλέομεν은 우선 1)의 (5)에 따라 φιλουμεν이 된다. έ+ο가 ου로 변하였고, 결합된 두 음절 가운데 하나가 악센트를 가지고 있었으므로 ου가 자연히 악센트를 가지게 된다. 악센트의 일반법칙에 따르면 얼티마가 짧고 피널트가 길 때 피널트에 악센트를 붙이려면 반드시 써컴플렉스 악센트이어야 한다. 따라서 φιλοῦμεν이 된다.

(ㄴ) τιμαόμεθα는 우선 1)의 (4)에 따라 τιμωμεθα가 된다. α+ό가 ω가 되었는데, 결합된 두 음절 가운데 하나가 악센트를 가졌으니 ω에 악센트가 붙어야 한다. 악센트의 일반 법칙에 따르면 앤티피널트에는 애큐트밖에 붙지 못한다. 따라서 τιμώμεθα가 옳다.

(ㄷ) δηλόεις는 우선 2)의 (3)에 따라 δηλοις가 된다. ό+ει가 οι로 단축되었다. οι로 단축된 두 음절 가운데 하나가 악센트를 가졌으니 οι에도 악센트가 붙을 수밖에 없다. 그러나 그것이 얼티마에 있기 때문에 본 항(項)의 법에 따라 써컴플렉스를 가진다. 따라서 δηλοῖς가 옳다.

(2) 단축되는 두 음절의 어느 하나도 악센트를 가지지 않은 경우에는 단축된 음절에도 악센트가 붙지 않는다.

보기 ἐφίλεε는 1)의 (3)에 따라 우선 ἐφιλει가 된다. ε-ε가 ει로 변했다. 그 두 음절의 어느 하나도 악센트를 가지지 않았기 때문에 단축된 ει에도 악센트가 붙지 않는다. 따라서 ἐφίλει가 옳다.

단축동사의 현재 변화

281. 어근이 α나 ε나 ο로 끝나는 동사를 단축동사라고 한다. 이 모음들이 그 다음에 나오는 연결모음과 결합하거나 어미와 결합할 때에 단축이 이루어진다. §530-532에 나오는 τιμάω와 φιλέω와 δηλόω의 변화표를 보면서 단축동사의 단축 과정을 검토해 보라.

단축동사에서 단축되는 모든 경우를 다음 쪽의 도표로 나타낼 수 있다.

맨 왼쪽 세로 줄의 모음이 단축동사 어근의 끝 모음이고 맨 위의 가로 줄에 있는 것들이 연결모음이나 어미에 나오는 모음들이다.

	ϵ	η	ο	ω	ϵι	ῃ	ου	οι
α	긴 α	긴 α	ω	ω	ᾳ	ᾳ	ω	ῳ
ϵ	ϵι	η	ου	ω	ϵι	ῃ	ου	οι
ο	ου	ω	ου	ω	οι	οι	ου	οι

282. 단축동사의 현재 변화 가운데 §280의 단축법을 어기는 두 가지 예외가 있다.

1) -αω 동사의 현재 능동태 부정사는 -άϵιν에서 단축되어 -ᾳν이 되는 것이 원칙인데 -ᾶν으로 변한다.

2) -οω 동사의 현재 능동태 부정사는 -όϵιν에서 단축되어 -οῖν이 되는 것이 원칙인데 -οῦν으로 변한다.

283. 분사의 모든 변화에도 단축법이 적용된다.

284. -άω나 -έω나 -όω 동사의 단축되지 않은 형태는 신약성서에 일반적으로 나타나지 않는다. 그러나 사전에는 단축되지 않은 형태의 1인칭 단수 현재 능동태 직설법이 나타난다. 그것은 동사를 바로 활용하려면 그 원형, 즉 단축되지 않은 형태를 알아야 하기 때문이다. 가령 τιμῶ는 τιμάω, τιμέω, τιμόω 등의 단축된 형태일 수 있기 때문에 그 원형을 바로 알기 전에는 정확한 변화를 시행할 수 없다.

-άω, -έω, -όω 동사의 기본형

285. 한 모음을 가지고 어근을 끝마치는 동사는 시제 접미어 앞에서 그 모음이 길어진다. 즉 미래의 -σο/ϵ, 단순과거의 -σα, 단순과거 수동태의 -θϵ 앞에서 어근의 끝 모음이 길어진다는 말이다.(α는 ϵ와 같이 길어져서 η가

된다.) 그러므로 τιμάω의 기본형은 우리가 지금까지 공부한 한도 내에서 τιμάω, τιμήσω, ἐτίμησα, –, –, ἐτιμήθην이 된다. φιλέω의 기본형은 φιλέω, φιλήσω, ἐφίλησα, –, –, ἐφιλήθην이 된다. δηλόω의 기본형은 δηλόω, δηλώσω, ἐδήλωσα, –, –, ἐδηλώθην이 된다. 이런 단축동사 어근의 마지막 모음이 길어진다는 것은 단축법과는 하등의 관계가 없다. 단축은 오직 현재 변화에서만 일어난다.

286. 이 법이 말하는 과정을 거꾸로 이용할 줄을 알아야 한다. 예를 들어 φανερωθείς라는 낱말이 나올 때 -θε를 보면 확실히 단순과거 수동태의 표식인 줄을 알아야 한다. 그리고 그 시제 접미어를 떼면 동사 어근이 φανερω-가 된다는 것을 알게 된다. 그러나 시제 접미어 앞에서 어근의 끝에 있는 모음이 길어지는 것이기 때문에 본래 φανερο-가 어근이었고 그 동사의 원형은 φανερόω라는 것을 알게 된다.

또 ἠρωτήθη라는 낱말의 원형을 찾으려 할 때 먼저 -θη는 ἐλύθη의 경우에서와 같이 3인칭 단수 단순과거 수동태 직설법의 어미인 것을 알아야 한다. 그리고 단순과거 수동태 시제 접미어 -θη 앞에서 모음이 길어지는 법이므로 ἠρωτη-의 끝 η는 짧아져서 α나 ε로 될 것이다. 그리고 단순과거 수동태 직설법은 접두모음을 가지는 법이므로 맨 처음 η는 그 법에 따라 어떤 모음이 길어진 것이라고 볼 수밖에 없다. 즉 α나 ε 중의 어느 하나가 길어졌을 것이다. 그러면 자연히 네 가지의 가능성이 생긴다. 즉 그 네 가지는 ἀρωτέω, ἀρωτάω, ἐρωτέω, ἐρωτάω이다. 정확한 것은 사전을 찾아서 확인해야 한다. 결국 ἐρωτάω가 ἠρωτήθη의 원형인 것을 알게 될 것이다.

287. καλέω만은 §285의 법을 어긴다. 즉 어근 끝에 있는 모음 ε가 미래나 단순과거 시제 접미어(σ, σα) 앞에서 길어지지 않는다. 이 동사의 단순과거 수동태는 더욱 불규칙적으로 변한다.

288. 익힘 문제

1) οὐκ εὐλογήσει ὁ θεὸς τὸν μὴ περιπατοῦντα κατὰ τὰς ἐντολὰς τοῦ Ἰησοῦ.

2) οἱ ἀγαπώμενοι ὑπὸ τοῦ Ἰησοῦ ἀγαπῶσι τὸν ἀγαπῶντα αὐτούς.

3) λαλοῦντος τοῦ Ἰησοῦ τοῖς ἀκολουθοῦσιν ἤρξατο ὁ ἄρχων παρακαλεῖν αὐτὸν ἀπελθεῖν.

4) ἀκολουθήσαντες τῷ λαλήσαντι ταῦτα ζητήσωμεν τὸν οἶκον αὐτοῦ.

5) εἰ ἀγαπῶμεν τὸν θεόν, τηρῶμεν τὰς ἐντολὰς αὐτοῦ καὶ ποιῶμεν τὰ λαλούμενα ἡμῖν ὑπὸ τοῦ Ἰησοῦ.

6) τοῦτο ποιήσαντος τοῦ Ἰησοῦ ἐλάλει περὶ αὐτοῦ ὁ θεραπευθεὶς τῷ ἀκολουθοῦντι ὄχλῳ.

7) ἐθεώρουν οἱ ἀπόστολοι τὰ ἔργα τὰ ποιούμενα ὑπ' Ἰησοῦ ἐν τῷ περιπατεῖν αὐτοὺς σὺν αὐτῷ.

8) μετὰ τὸ βληθῆναι εἰς φυλακὴν τὸν προφήτην οὐκέτι περιεπάτει ὁ Ἰησοῦς ἐν τῇ χώρᾳ ἐκείνῃ.

9) οἱ ἀγαπῶντες τὸν θεὸν ποιοῦσι τὰς ἐντολὰς αὐτοῦ.

10) ταῦτα ἐποίουν τῷ Ἰησοῦ καὶ οἱ θεραπευθέντες ὑπ' αὐτοῦ.

11) ἐζήτουν αὐτὸν οἱ ὄχλοι, ἵνα θεωρῶσι τὰ ποιούμενα ὑπ' αὐτοῦ.

12) οὐ φιλοῦσι τὸν Ἰησοῦν οἱ μὴ ποιοῦντες τὰς ἐντολὰς αὐτοῦ.

13) ἀγαπῶμεν τὸν θεὸν ἐν ταῖς καρδίαις ἡμῶν ἀγαπῶντες καὶ τοὺς ἀδελφούς.

14) ταῦτα ἐλάλησεν ὁ Ἰησοῦς τοῖς ἀκολουθοῦσιν αὐτῷ ἔτι περιπατῶν μετ' αὐτῶν ἐν τῇ χώρᾳ τῶν Ἰουδαίων.

15) ἐὰν μὴ περιπατῶμεν κατὰ τὰς ἐντολὰς τοῦ Ἰησοῦ, οὐ θεωρήσομεν τὸ πρόσωπον αὐτοῦ.

16) μετὰ τὸ καλέσαι αὐτοὺς τὸν Ἰησοῦν οὐκέτι περιεπάτουν ἐν ταῖς ὁδοῖς τοῦ πονηροῦ οὐδὲ ἐποίουν τὰ πονηρά.

17) ταῦτα ἐποιεῖτε ἡμῖν διὰ τὸ ἀγαπᾶν ὑμᾶς τὸν καλέσαντα ὑμᾶς εἰς τὴν βασιλείαν αὐτοῦ.

18) τῷ Ἰησοῦ λαλήσαντι ταῦτα μετὰ τὸ ἐγερθῆναι ἐκ νεκρῶν προσεκύνησαν οἱ κληθέντες ὑπ᾽ αὐτοῦ.

19) ἐθεώρουν τὸν Ἰησοῦν σταυρούμενον ὑπὸ τῶν στρατιωτῶν αἱ ἀκολουθήσασαι αὐτῷ ἐκ τῆς Γαλιλαίας.

20) οὐ θεωρήσομεν αὐτὸν ἐὰν μὴ ἀκολουθῶμεν αὐτῷ περιπατοῦντι ἐν τῇ Γαλιλαίᾳ.

제24과

유음동사의 미래, 단순과거 능동태와 중간태, ἐἰμί의 미래, 재귀대명사

289. 낱말 모음

ἀλλήλων, 상호대명사, **서로의**

ἀποθανοῦμαι, 디포, **내가 죽을 것이다**, ἀποθνήσκω의 미래

ἀποκτενῶ, ἀπέκτεινα, ἀποκτείνω **내가 죽이다**의 미래와 단순과거

ἀποστελῶ, ἀπέστειλα, ἀποστέλλω **내가 보내다**의 미래와 단순과거

ἀρῶ, ἦρα, αἴρω **내가 치워 버리다**의 미래와 단순과거

βαλῶ, **내가 던질 것이다**, βάλλω의 미래

ἑαυτοῦ, 3인칭 재귀대명사, **그 자신의**

ἐγερῶ, ἤγειρα, ἐγείρω **내가 일으키다**의 미래와 단순과거

ἐμαυτοῦ, 1인칭 재귀대명사, **나 자신의**

ἐπί, 전치사, +속격, **위에**(over, on), **때에**(at the time of), +여격, **위에**(on), …**을 기초하고**(on the basis of), **에서**(at), +대격, **위에**(on), **에게**(to), **대하여**(against)

ἔσομαι, **내가 … 일 것이다**, ἐἰμί의 미래

μενῶ, ἔμεινα, μένω **내가 머물다**의 미래와 단순과거

μετανοέω, **내가 회개하다**

σεαυτοῦ, 2인칭 재귀대명사, **너 자신의**

σπείρω, σπερῶ, ἔσπειρα, —, —, ἐσπάρην, **내가 뿌리다**

φοβέομαι, 디포, **내가 두려워하다, 무서워하다**(수동태 형태를 취한다.)

290. 유음동사란 어근이 λ, μ, ν, ρ 같은 유음(流音)으로 끝나는 동사를 말한다.

291. 유음동사의 미래

유음동사의 미래 능동태와 중간태는 다른 동사에서와 같이 동사 어근에 -σο/ε를 더하여 형성하는 것이 아니라 -εο/ε를 더하여 형성한다. 그때에 σ 대신 들어가는 ε는 그 다음에 나오는 모음들과 규칙적으로 단축된다. 그러므로 유음동사의 미래 능동태와 중간태는 -εω 동사의 현재와 똑같이 변화한다.

292. κρίνω, **내가 심판하다**의 미래 능동태 직설법은 아래와 같이 변화한다.

	단수		복수	
1.	κρινῶ	**내가 심판할 것이다**	κρινοῦμεν	**우리가 심판할 것이다**
2.	κρινεῖς	**네가 심판할 것이다**	κρινεῖτε	**너희가 심판할 것이다**
3.	κρινεῖ	**그가 심판할 것이다**	κρινοῦσι(ν)	**그들이 심판할 것이다**

293. κρίνω의 현재 능동태 직설법과 미래 능동태 직설법을 대조할 때에 미래 능동태 직설법의 단수 1, 2, 3인칭과 복수 3인칭은 현재 능동태 직설법의 그것들과 모양이 똑같으며 악센트만 다른 것을 주의하라.

294. κρίνω의 미래 중간태 직설법은 아래와 같이 변화한다.

	단수		복수	
1.	κρινοῦμαι	**내가 나를 위하여 심판할 것이다**	κρινούμεθα	**우리가 우리를 위하여 심판할 것이다**

2.	κρινῇ	네가 너를 위하여 심판할 것이다	κρινεῖσθε	너희가 너희를 위하여 심판할 것이다
3.	κρινεῖται	그가 그를 위하여 심판할 것이다	κρινοῦνται	그들이 그들을 위하여 심판할 것이다

295. §146에서 말한 바와 같이 동사의 원어근이 현재 변화에서 변형되는 경우가 있다. 즉 동사의 원어근과 현재 어근이 다를 경우가 있다는 말이다. 유음동사의 현재와 미래를 비교해 보면 미래에 ι 대신 ε가 붙는 것 외에도 종종 어근 자체에 차이가 있는 것을 볼 수 있다.

보기 βάλλω의 미래는 βαλῶ이다. 즉 원어근이 βαλλ-가 아니라 βαλ-이다. 현재 어근이 오히려 원어근을 변화시켜서 나타난 셈이다.

296. 미래에서만 유음동사이고 다른 시제에서는 그렇지 않은 동사들이 있다.

보기 현재에서는 λέγω인데 미래에서는 ἐρῶ라는 유음동사가 된다.

유음동사의 단순과거

297. 유음동사의 단순과거 능동태와 중간태는 원어근에 -σα라는 시제 접미어를 붙이는 대신 -α만 붙인다. 그리고 어근 자체를 변하게 해서 만든다. 대개는 어근을 길게 한다.(ε는 η가 되지 않고 ει가 된다.) 그 밖이 변화는 모든 법(mood)에서 다른 동사의 단순과거 변화와 같다.

보기 1) μένω, **내가 머물다**의 단순과거 능동태 직설법은 ἔμεινα, 가정법은 μείνω, 부정사는 μεῖναι, 분사는 μείνας이다.

2) ἀποστέλλω, **내가 보내다**의 단순과거 능동태 직설법은 ἀπέστειλα, 가정법은 ἀποστείλω, 부정사는 ἀποστεῖλαι, 분사는 ἀποστείλας이다.

298. 유음동사라고 하여 모두 단순과거를 가지는 것은 아니다. 즉 어떤 유음동사는 제2단순과거를 가지고 있다. βάλλω는 확실히 유음동사인 것이 틀림없으나 단순과거를 가지지 않고 제2단순과거를 가지는 동사이기 때문에 §297의 법에 해당되지 않는다. 그래서 ἔβαλον으로 변한다.

또 어떤 동사는 현재 어근의 끝이 유음으로 되어 있지만 유음동사가 아닌 경우가 있다. 즉 λαμβάνω는 현재 어근이 ν라는 유음으로 끝났으나 원어근은 λαβ-이기 때문에 유음동사가 아니다. 헬라어에서 이렇게 시제에 따라 어근이 여러 가지로 변하므로 어떤 시제에 어떤 어근이 나타날는지를 예측하기 어렵다. 다만 사전을 참고할 수밖에 없다.

299. εἰμί의 미래 직설법

εἰμί의 미래 직설법은 아래와 같이 변한다.

	단수	복수
1.	ἔσομαι	ἐσόμεθα
2.	ἔσῃ	ἔσεσθε
3.	ἔσται	ἔσονται

어미 변화는 λύω의 미래 중간태와 똑같으며 다만 단수 3인칭에 연결모음이 없는 것이 다르다. 즉 ἔσεται 대신 ἔσται로 되어 있다.

재귀대명사의 변화

300. 1인칭 재귀대명사 ἐμαυτοῦ, ῆς, **나 자신의**는 아래와 같이 변화한다.

	단수		복수	
	남성	여성	남성	여성
속.	ἐμαυτοῦ	ἐμαυτῆς	ἑαυτῶν	ἑαυτῶν
여.	ἐμαυτῷ	ἐμαυτῇ	ἑαυτοῖς	ἑαυταῖς
대.	ἐμαυτόν	ἐμαυτήν	ἑαυτούς	ἑαυτάς

301. 2인칭 재귀대명사 σεαυτοῦ, ῆς, **너 자신의**는 아래와 같이 변화한다.

	단수		복수	
	남성	여성	남성	여성
속.	σεαυτοῦ	σεαυτῆς	ἑαυτῶν	ἑαυτῶν
여.	σεαυτῷ	σεαυτῇ	ἑαυτοῖς	ἑαυταῖς
대.	σεαυτόν	σεαυτήν	ἑαυτούς	ἑαυτάς

302. 3인칭 재귀대명사 ἑαυτοῦ, ῆς, οῦ, **그 자신의**는 아래와 같이 변화한다.

		단수	
	남성	여성	중성
속.	ἑαυτοῦ	ἑαυτῆς	ἑαυτοῦ
여.	ἑαυτῷ	ἑαυτῇ	ἑαυτῷ
대.	ἑαυτόν	ἑαυτήν	ἑαυτό
		복수	
	남성	여성	중성
속.	ἑαυτῶν	ἑαυτῶν	ἑαυτῶν
여.	ἑαυτοῖς	ἑαυταῖς	ἑαυτοῖς
대.	ἑαυτούς	ἑαυτάς	ἑαυτά

303. 재귀대명사의 변화는 αὐτός의 변화와 같으나 주격이 아주 없는 것과 1인칭과 2인칭 중성의 변화가 없는 것이 특이하다.

304. 복수의 ἑαυτῶν은 본래 3인칭 재귀대명사에만 속하는 것이었으나 후에 1인칭과 2인칭의 복수 역할도 하게 되었다. 즉 ἑαυτῶν 하나로써 세 가지 인칭의 복수 역할을 하고 있는 것이다.

재귀대명사의 용법

305. 재귀대명사는 그 절(clause)의 주어를 다시 지적하는 대명사다.

보기 1) οὐ λαλῶ περὶ ἐμαυτοῦ, **나는 나 자신에 대하여 말하는 것이 아니다.**

2) οὐ δοξάζεις σεαυτόν, **너는 너 자신을 영화롭게 하지 않는다.**

3) οὐκ ἔχει ζωὴν ἐν ἑαυτῷ, **그는 그 자신 속에 생명을 가지고 있지 않는다.**

4) δοξάζετε ἑαυτούς, **너희는 너희 자신을 영화롭게 한다.**

306. 재귀대명사는 반드시 주어로만 되돌아간다는 것을 주의하자. 우리말로는 강조하는 의미로 … **자신**이라는 말을 붙인다. 즉 주어는 물론 그 밖에 직접목적어나 간접목적어에도 **자신**이라는 말을 붙여서 강조를 나타내는 것이 우리말의 습관이다. **나 자신이 간다, 네가 그 사람 자신을 본다, 내가 그 사람 자신에게 떡을 준다** 등에서 보는 것처럼 강조의 뜻으로 **자신**이라는 말을 쓰는데, 헬라어에서는 §99에서 설명한 대로 αὐτός를 가지고 그런 역할을 하게 한다.

307. 상호대명사

상호대명사 ἀλλήλων은 신약에서 ἀλλήλων **서로의**, ἀλλήλοις **서로에게**, ἀλλήλους **서로를**의 형태로만 나타난다. 즉 여성이나 중성은 나타나지 않는다.

보기 βλέπουσιν ἀλλήλους, **그들이 서로 보고 있다.**

308. 익힘 문제

1) οὐ γὰρ ἑαυτοὺς κηρύσσομεν ἀλλὰ Χριστὸν Ἰησοῦν κύριον, ἑαυτοὺς δὲ δούλους ὑμῶν διὰ Ἰησοῦν.

2) ὁ ἐγείρας τὸν κύριον Ἰησοῦν ἐγερεῖ καὶ ἡμᾶς σὺν Ἰησοῦ.

3) εἶπεν ὁ μαθητὴς ὅτι ἀποθανεῖται ὑπὲρ τοῦ Ἰησοῦ.

4) οὐκ ἐγεροῦμεν αὐτοὶ ἑαυτούς, ὁ δὲ Ἰησοῦς ἐγερεῖ ἡμᾶς ἐν τῇ ἐσχάτῃ ἡμέρᾳ.

5) εὐθὺς ἦρεν ὁ πονηρὸς τὸ παρὰ τὴν ὁδὸν σπαρέν.

6) ἐὰν ἀγαπᾶτε ἀλλήλους, ἔσεσθε μαθηταὶ τοῦ ἀποθανόντος ὑπὲρ ὑμῶν.

7) ἐὰν πιστεύσητε εἰς τὸν Ἰησοῦν, μετ' αὐτοῦ μενεῖτε εἰς τὸν αἰῶνα.

8) ὁ ἀγαπῶν τὸν υἱὸν ἀγαπᾷ καὶ τὸν ἀποστείλαντα αὐτόν.

9) χαρὰ ἔσται ἐπὶ τῷ ἁμαρτωλῷ τῷ ἐπὶ τῷ ῥήματι τοῦ Ἰησοῦ μετανοήσαντι.

10) οἱ ἀποκτείναντες τὸν Ἰησοῦν καὶ διώξαντες τοὺς μαθητὰς αὐτοῦ ἐκβαλοῦσι καὶ ἡμᾶς.

11) ἐπιστρέψαντες οὗτοι ἐπὶ τὸν θεὸν ἔμειναν ἐν τῇ ἐκκλησίᾳ αὐτοῦ.

12) ἐγείραντος τοῦ θεοῦ τοὺς νεκροὺς ἐσόμεθα σὺν τῷ κυρίῳ εἰς τοὺς αἰῶνας τῶν αἰώνων.

13) οὐκ εἰς ἐμαυτὸν ἐπίστευσα, ἀλλ' εἰς τὸν κύριον.

14) ἔξεστιν ἡμῖν λαβεῖν δῶρα ἀπ' ἀλλήλων, ἀλλ' οὐκ ἀποκτεῖναι οὐδὲ διῶξαι ἀλλήλους.

15) οὗτος μέν ἐστιν ὁ ἄρχων ὁ ἀποκτείνας τοὺς προφήτας, ἐκεῖνος δέ ἐστιν ὁ ἁμαρτωλὸς ὁ μετανοήσας ἐπὶ τῷ ῥήματι τοῦ Ἰησοῦ.

16) ἐὰν δὲ τοῦτο εἴπωμεν κατ' αὐτοῦ, φοβούμεθα τοὺς ὄχλους, λέγουσι γὰρ εἶναι αὐτὸν προφήτην.

17) ἀποστελεῖ πρὸς αὐτοὺς διδασκάλους καὶ προφήτας, ἵνα μετανοήσωσιν καὶ φοβῶνται τὸν θεόν.

18) μακάριοί εἰσιν οὐχ οἱ ἑαυτοὺς δοξάζοντες ἀλλ' οἱ δοξάζοντες τὸν ἀποστείλαντα τὸν υἱὸν αὐτοῦ εἰς τὸν κόσμον.

19) ἐρχομένου πρὸς αὐτοὺς τοῦ Ἰησοῦ περιπατοῦντος ἐπὶ τῆς

θαλάσσης ἐφοβοῦντο οἱ ἰδόντες αὐτὸν μαθηταί.

20) ταῦτα ἐροῦμεν τοῖς ἀποσταλεῖσι πρὸς ἡμᾶς προφήταις.

제25과

제3변화 명사, ἀληθής, ἀληθές 형식의 제3변화 형용사

309. 낱말 모음

ἀληθής, ές, 형용사, **참된**

ἀνήρ, ἀνδρός, ὁ, **남자**(ἀνήρ는 여자나 아이들과 구별하여 남자 어른을 의미하며, ἄνθρωπος는 다른 사물과 구별하여 인간을 가리키는 말이다.)

ἀρχιερεύς, ἀρχιερέως, ὁ, **대제사장**

βασιλεύς, βασιλέως, ὁ, **임금, 왕**

γένος, γένους, τό, **민족, 종류**

γραμματεύς, γραμματέως, ὁ, **율법학자, 서기관**

ἔθνος, ἔθνους, τό, **국가, 민족**, 복수인 τὰ ἔθνη, **만국, 이방 사람들**

ἱερεύς, ἱερέως, ὁ, **제사장**

μήτηρ, μητρός, ἡ, **어머니**

ὄρος, ὄρους, τό, **산**(山)

πατήρ, πατρός, ὁ, **아버지**

πίστις, πίστεως, ἡ, **믿음**

πλήρης, ες, 형용사, **가득한, 충만한**

πόλις, πόλεως, ἡ, **도시**

χάρις, χάριτος, ἡ, **은혜**

310. 제3변화 명사 중에서 특수하게 변화하는 유형이 있다. χάρις, χάριτος, 어근 χαριτ-, ἡ, **은혜**의 변화는 아래와 같다.

	단수	복수
주.	χάρις	χάριτες
속.	χάριτος	χαρίτων
여.	χάριτι	χάρισι(ν)
대.	χάριν	χάριτας
호.	χάρις	χάριτες

311. 이 명사는 대격 단수가 §186에 나온 명사 변화와 다르다. 즉 χάριτα가 예상되는 곳에 χάριν이 나타나 있다.

312. πόλις, πολέως, 어근 πολι-, ἡ, **도시**의 변화는 아래와 같다.

	단수	복수
주.	πόλις	πόλεις
속.	πόλεως	πόλεων
여.	πόλει	πόλεσι(ν)
대.	πόλιν	πόλεις
호.	πόλι	πόλεις

313. 어근 끝에 있는 ι는 단수 주격, 대격, 호격에만 그대로 남아 있고 그 밖에서는 ε로 변한다. 단수 여격 πόλει는 πόλε-ι가 단축된 것이요, 복수 주격과 호격 πόλεις는 πόλε-ες의 단축이다.(제23과의 단축법에 따른 것이다.) 복수 대격은 단축법에 따르면 πόλε-ας에서 πόλης로 변할 것이지만 πόλεις가 되었다. 단수 대격은 -α 대신 -ν이 나타나 있다. 단수 속격의 어미는 -ος 대신 -ως로 바뀌어 있다.

이런 종류의 명사는 단수 속격과 복수 속격에서 악센트의 일반 법칙을 어기고 있다. 즉 얼티마가 길면 앤티피널트에 악센트가 붙지 않는 것이 원칙인데 여기에는 그 법칙을 따르지 않고 있다.

314. πόλις와 같이 주격 단수가 -ις로 마치고, 단수 속격이 -εως로 마치는 명사는 신약성서에 있는 명사들 가운데 매우 중요한 종류를 이루고 있으며 그것들은 모두 똑같은 방식으로 어미 변화를 하는 여성 명사들이다.

315. γένος, γένους, 어근 γενεσ-, τό, **민족**, **종류**의 변화는 아래와 같다.

	단수	복수
주.	γένος	γένη
속.	γένους	γενῶν
여.	γένει	γένεσι(ν)
대.	γένος	γένη
호.	γένος	γένη

316. 어근(γενεσ-) 끝에 있는 σ가 주격 단수 이외에는 떨어져 버린다. 그 다음에는 단축법에 따라 단축을 시행하면 된다. 즉 γένε+ος는 γένους, γένε+ι는 γένει, γένε+α는 γένη, γενέ+ων은 γενῶν이 된다.

317. -ος, -ους 형식의 제3변화 명사는 모두 똑같은 형식으로 변화하는 중성 명사다.

318. βασιλεύς, βασιλέως, 어근 βασιλευ-, ὁ, **임금**, **왕**은 아래와 같이 변화한다.

	단수	복수
주.	βασιλεύς	βασιλεῖς
속.	βασιλέως	βασιλέων
여.	βασιλεῖ	βασιλεῦσι(ν)
대.	βασιλέα	βασιλεῖς
호.	βασιλεῦ	βασιλεῖς

319. 어근 끝에 있는 υ는 모음으로 시작한 어미들 앞에 올 때 없어져 버린다. 단수 여격과 복수 주격은 단축을 이룬다. 즉 βασιλέ+ι는 βασιλεῖ가 되고, βασιλέ+ες는 βασιλεῖς가 된다. 단수 속격 어미는 -ος 대신 -ως가 된다.

320. -ευς, -εως 형식으로 변하는 명사는 남성 명사다.

321. πατήρ과 ἀνήρ의 변화를 §506에서, χείρ와 γυνή의 변화를 §507에서 각각 찾아보라.

322. 그 밖에 제3변화 명사에서는 단수 속격과 성(性, gender)만 알게 되면 어미 변화에는 큰 어려움이 없다. 복수 여격만이 약간 복잡할 뿐 다른 것들은 쉽게 분별할 수 있다.

323. ἀληθής, ἀληθές, 어근 ἀληθεσ-, **참된**의 변화는 아래와 같다.

	단수		**복수**	
	남성 · 여성	중성	남성 · 여성	중성
주.	ἀληθής	ἀληθές	ἀληθεῖς	ἀληθῆ
속.	ἀληθοῦς	ἀληθοῦς	ἀληθῶν	ἀληθῶν
여.	ἀληθεῖ	ἀληθεῖ	ἀληθέσι(ν)	ἀληθέσι(ν)
대.	ἀληθῆ	ἀληθές	ἀληθεῖς	ἀληθῆ
호.	ἀληθές	ἀληθές	ἀληθεῖς	ἀληθῆ

324. 어근 끝에 있는 σ는 대개의 경우에 떨어져 나가고 그 뒤에 남은 어근과 어미가 단축된다. πόλις, γένος, βασιλεύς 등과 비교해 보라.

325. 익힘 문제

1) ἀληθῆ ἐστι τὰ λαλούμενα ὑπὸ τοῦ ἱερέως τούτου.

2) συνελθόντων τῶν ἀρχιερέων καὶ γραμματέων ἵνα ἀποκτείνωσι τὸν ἄνδρα τοῦτον, προσηύξαντο οἱ μαθηταὶ ἐν τῷ ἱερῷ.

3) ἀπεκρίθη ὁ βασιλεὺς ὁ ἀγαθὸς λέγων ὅτι οὐ θέλει ἀποκτεῖναι τοῦτον.

4) χάριτι δὲ ἐσώθησαν ἐκεῖνοι οἱ ἁμαρτωλοὶ καὶ ἠγέρθησαν ἐν δόξῃ.

5) τῇ γὰρ χάριτι σῳζόμεθα διὰ πίστεως ἵνα δοξάζωμεν τὸν θεόν.

6) ἰδὼν τὸν πατέρα καὶ τὴν μητέρα αὐτοῦ ἐν τῇ πόλει ἔμεινεν σὺν αὐτοῖς.

7) εἰς τὰ ἔθνη ἀποστελεῖς τοὺς ἀποστόλους σου, ἵνα κηρύσσωσιν αὐτοῖς τὸ εὐαγγέλιον τῆς χάριτός σου.

8) ἀγαθὸς ἦν οὗτος ὁ ἀνὴρ καὶ πλήρης πνεύματος ἁγίου καὶ πίστεως.

9) ἰδόντες δὲ τὴν χάριν τοῦ θεοῦ παρεκάλεσαν τὰ ἔθνη μένειν ἐν τῇ χάριτι σὺν χαρᾷ καὶ ἐλπίδι.

10) καταβαινόντων δὲ αὐτῶν ἐκ τοῦ ὄρους ἐλάλει ταῦτα ὁ Ἰησοῦς.

11) ἀγαπήσωμεν τοὺς πατέρας καὶ τὰς μητέρας ἡμῶν, ἵνα τηρήσωμεν τὴν ἐντολὴν τοῦ θεοῦ.

12) τῶν ἀρχιερέων ἰδόντων τοὺς συνερχομένους εἰς τὸ ἀκούειν τοῦ ἀνδρὸς εἶπον πρὸς ἑαυτοὺς οἱ ἄρχοντες ὅτι δεῖ αὐτὸν ἀποθανεῖν.

13) οἱ βασιλεῖς οἱ πονηροὶ ἀπέκτειναν καὶ τοὺς ἄνδρας καὶ τὰ τέκνα.

14) ὁ δὲ θεὸς ἤγειρεν αὐτούς, ἵνα δοξάζωσιν αὐτὸν εἰς τὸν αἰῶνα.

15) ἐὰν μὴ χάριν ἔχωμεν καὶ πίστιν καὶ ἐλπίδα, οὐ μετανοήσουσι τὰ ἔθνη ἐπὶ τῷ λόγῳ ἡμῶν.

16) τοῖς ἀνδράσι τοῖς πεμφθεῖσιν ὑπὸ τοῦ βασιλέως προσηνέγκαμεν τὸν πατέρα καὶ τὴν μητέρα ἡμῶν.

17) ἐλθὼν πρὸς τὸν βασιλέα ταύτης τῆς χώρας παρεκάλεσας αὐτὸν μὴ ἀποκτεῖναι τὸν ἄνδρα τοῦτον.

18) εἰ ἀληθῆ ἐστι τὰ λεγόμενα ὑπὸ τῶν ἀκολουθησάντων τῷ ἀνδρὶ ἐν

τῇ Γαλιλαίᾳ ἀποκτενοῦσιν αὐτὸν οἱ ἀρχιερεῖς.

19) διὰ πίστεως σώσει τοὺς πιστεύοντας εἰς τὸ ὄνομα αὐτοῦ.

20) ἐδέξαντο δὲ καὶ τὰ ἔθνη τὸ ῥῆμα τοῦ Ἰησοῦ τὸ ἀληθές.

제26과

πᾶς, πολύς, μέγας와 수사(數詞)의 변화, 전치사구와 속격의 한정적 용법과 독립적 용법, 시간과 공간의 한도를 나타내는 대격

326. 낱말 모음

δύο, **둘**

εἷς, μία, ἕν, **하나**

ἕξ, **여섯**(변화하지 않는다.)

ἔτος, ἔτους, τό, **해**(年)

ἤ, 접속사, **혹은, 또는**

ἤθελον, θέλω의 미완료 직설법(접두모음이 불규칙적이다.)

Ἰάκωβος, ὁ, **야고보**

καθαρός, ά, όν, 형용사, **깨끗한, 순결한**

μέγας, μεγάλη, μέγα, 수량형용사, **큰, 위대한**

μηδείς, μηδεμία, μηδέν, **아무도… 아니, 아무것도 …아니**(직설법 외의 모든 법과 함께 쓰인다.)

ὀλίγος, η, ον, 수량형용사, **작은, 적은**

οὐδείς, οὐδεμία, οὐδέν, **아무도… 아니, 아무것도…아니**(직설법과 함께 사용된다.)

πᾶς, πᾶσα, πᾶν, 수량형용사, **모든, 매**(每)

πεντακισχίλιοι, αι, α, **오천**(五千)

πέντε, **다섯**(변화하지 않는다.)

πλῆθος, πλήθους, τό, **다수, 대중**

πολύς, πολλή, πολύ, 수량형용사, **많은**

πούς, ποδός, ὁ, **발**(足)

στάδιον, τό, **스타디온**(약 200미터, 복수 τὰ στάδια, 남성 οἱ στάδιοι도 사용된다.)

τέσσαρες, α, **넷**

τρεῖς, τρία, **셋**

ὡς, 부사, **같이**, (수사와 함께 사용될 경우) **약**(約)

327. πᾶς, πᾶσα, πᾶν, 형용사, **모든**, **매**(每)의 변화는 아래와 같다.

	단수			복수		
	남성	여성	중성	남성	여성	중성
주.	πᾶς	πᾶσα	πᾶν	πάντες	πᾶσαι	πάντα
속.	παντός	πάσης	παντός	πάντων	πασῶν	πάντων
여.	παντί	πάσῃ	παντί	πᾶσι(ν)	πάσαις	πᾶσι(ν)
대.	πάντα	πᾶσαν	πᾶν	πάντας	πάσας	πάντα

328. 마치 λύω의 단순과거 능동태 분사와 같은 모양으로 변화한다. 다만 악센트가 약간 불규칙적으로 붙었다. 남성과 중성의 단수에서는 제3변화 단음절 명사의 악센트 법칙(§194)을 따르며 복수에서는 그렇지 않다.

πᾶς의 용법

329. πᾶς는 관사를 가진 명사를 수식할 때 그 명사에 대하여 서술적인 위치를 취한다.

보기 πᾶσα ἡ πόλις, **그 모든 도시**

330. 그러나 한정적인 위치를 취할 수도 있다.

보기 ἡ πᾶσα πόλις **그 모든 도시**, οἱ πάντες μαθηταί **그 제자들이 모두** 혹은 **그 모든 제자들이**

331. πᾶς가 단수 명사와 함께 사용될 때에는 흔히 **…마다**, **매**(每)의 뜻을 가진다.

보기 πᾶν ὄρος, **산마다**, **매 산**(每山)

πᾶς는 관사를 가진 분사와 더불어 사용되는 경우가 많이 있다.

보기 πᾶς ὁ πιστεύων **믿는 사람마다** 혹은 **믿는 사람은 누구든지**, πάντες οἱ πιστεύοντες **믿는 사람들은 누구든지**, πάντα τὰ ὄντα ἐκεῖ **거기 있는 것은 무엇이든지.**

332. πολύς와 μέγας의 변화

§515-516에 있는 πολύς, πολλή, πολύ, **많은**과 μέγας, μεγάλη, μέγα, **큰, 위대한**의 변화를 공부하라. 남성과 중성의 단수 주격, 호격, 대격이 짧은 형태를 취한다는 것을 주의하라. 그 밖에는 보통 형용사 변화처럼 변화한다.

수사(數詞, numerals)

333. εἷς, μία, ἕν, **하나**의 변화는 아래와 같다.

	남성	여성	중성
주.	εἷς	μία	ἕν
속.	ἑνός	μιᾶς	ἑνός
여.	ἑνί	μιᾷ	ἑνί
대.	ἕνα	μίαν	ἕν

334. οὐδείς, οὐδεμία, οὐδέν과 μηδείς, μηδεμία, μηδέν의 변화는 εἷς의 변화와 같다.

335. δύο, **둘**은 여격에서 δυσί(ν)로 변할 뿐 그 밖에는 모든 격과 모든 성(性)에서 그대로 δύο로 남아 있다.

336. τρεῖς, τρία, **셋**과 τέσσαρες, τέσσαρα, **넷**의 변화는 §529에서 찾아보라.

337. 그 밖에 διακόσιοι, **이백(貳百)**까지의 기수(基數)는 변화하지 않는다.

전치사구와 속격의 한정적 용법과 독립적 용법

338. 전치사구가 관사 뒤에 와서 한정적 형용사의 역할을 하는 경우가 많이 있다.

보기 οἱ ἐν ἐκείνῃ τῇ πόλει μαθηταί 혹은 οἱ μαθηταὶ οἱ ἐν ἐκείνῃ τῇ πόλει, **그 도시 안에 있는 제자들**. ἐν ἐκείνῃ τῇ πόλει라는 전치사구가 한정적 형용사의 위치에 놓여 있다. 즉 οἱ ἀγαθοὶ μαθηταί 혹은 οἱ μαθηταὶ οἱ ἀγαθοί에 있는 ἀγαθοί가 한정적 용법에 있는 형용사이며, 여기서는 그 대신 ἐν ἐκείνῃ τῇ πόλει가 들어 있는 것으로 보면 된다.

339. 전치사구들도 다른 한정적 형용사들과 마찬가지로 독립적으로 사용될 수 있다.

보기 οἱ ἀγαθοί가 **그 좋은 사람들**의 뜻이 되는 것처럼 οἱ ἐν τῇ πόλει는 **그 도시 안에 있는 사람들**이라는 뜻이 된다.

340. 명사의 속격도 역시 이와 똑같은 방법으로 사용될 수 있다. 즉 명사의 속격이 독립적 위치에 있는 형용사와 같은 역할을 한다.

보기 οἱ ἀγαθοί가 **그 좋은 사람들**의 뜻이 되는 것처럼 οἱ τοῦ Ἰησοῦ는 **예수께 속한 사람들** 혹은 **예수와 관련된 사람들**이라는 뜻이다.

341. 이와 같이 사용되는 속격은 여러 가지 관계를 나타낼 수 있다. 때로는 부자(父子) 관계를 말하여 ὁ τοῦ Ζεβεδαίου는 **세베대의 아들**이라는 뜻이 된다. 문맥을 보아 그렇게 결정되는 것뿐이고 문자대로만 본다면 세베대와 어떤 종류의 관계가 있는 사람이라는 뜻이다.

342. 그 도시에 있는 제자들이라는 말을 οἱ μαθηταὶ οἱ ὄντες ἐν τῇ πόλει 라는 말로 나타낼 수 있다. 그러나 ὄντες라는 분사가 없어도 똑같은 뜻이 된다. 또 **그 도시에 있는 사람들**은 οἱ ὄντες ἐν πῇ πόλει라는 말로 표시할 수 있다. 그러나 ὄντες가 없어도 같은 뜻이 된다.

343. 공간과 시간의 한도를 나타내는 대격

얼마나 멀리? 혹은 얼마나 오래?라는 질문에 대한 대답으로 공간과 시간의 한도를 나타내려 할 때 대격을 사용한다.

보기 ἐπορεύθην μετ᾽ αὐτοῦ στάδιον ἕν, **나는 그와 함께 한 스타디온을 갔다.** ἔμεινα μίαν ἡμέραν, **나는 하루를 머물렀다.**

우리말에는 자동사에도 목적어를 가지는 경우가 많이 있다. **십 리를 간다**든가 **하루를 쉬었다**와 같이 공간이나 시간을 동작의 목적으로 두는 경우가 많이 있다.

344. 익힘 문제

1) μείνας σὺν αὐτῷ ἔτη τρία ἦλθεν εἰς ἐκείνην τὴν πόλιν.
2) ἰδὼν δὲ τοὺς ἐν τῇ μεγάλῃ πόλει ἔγραψε καὶ τοῖς ἐν τῇ μικρᾷ.
3) πορευθέντες δὲ οἱ τοῦ Ἰακώβου σταδίους ὡς πέντε εἶδον τὸν Ἰησοῦν καὶ πάντας τοὺς μετ᾽ αὐτοῦ μαθητάς.
4) ἀκούσαντες δὲ ταῦτα πάντα οἱ ἐν τῇ συναγωγῇ εἶπον ὅτι θέλουσιν ἰδεῖν τὸν ταῦτα ποιοῦντα.
5) ἐθαύμασεν πᾶν τὸ πλῆθος ἐν τῷ βλέπειν αὐτοὺς τὰ ποιούμενα ὑπὸ τοῦ Ἰησοῦ.
6) οὐκ ἔμεινε μίαν ἡμέραν ὁ μετὰ δύο ἔτη ἰδὼν τὸν ἀπόστολον τὸν εὐαγγελισάμενον αὐτόν.
7) τῶν ἀρχιερέων ὄντων ἐν ἐκείνῃ τῇ μεγάλῃ πόλει ἔμεινεν ὁ Ἰησοῦς ἐν τῇ κώμῃ ἡμέρας ὡς πέντε ἢ ἕξ.

8) δεῖ τοὺς ἐν ταῖς πόλεσιν ἐξελθεῖν εἰς τὰ ὄρη.

9) θεραπευθέντος ὑπὸ τοῦ Ἰησοῦ τοῦ ὑπὸ τῶν τεσσάρων προσενεχθέντος αὐτῷ ἐδόξασαν πάντες οἱ ἐν τῇ οἰκίᾳ τὸν ποιήσαντα τὰ μεγάλα ταῦτα.

10) πρὸ δὲ τοῦ ἐλθεῖν τοὺς ἐκ τῶν πόλεων ἦν ὁ Ἰησοῦς μετὰ τῶν μαθητῶν αὐτοῦ ἐν τῇ ἐρήμῳ.

11) ἐποιήθη μὲν δι' αὐτοῦ ὁ κόσμας καὶ πάντα τὰ ἐν αὐτῷ, αὐτὸς δὲ ἐγένετο δι' ἡμᾶς ὡς δοῦλος.

12) τοῦτο ἐποίησεν ἵνα σώσῃ πάντας τοὺς πιστεύοντας εἰς αὐτόν.

13) πᾶς ὁ ἀγαπῶν τὸν θεὸν ἀγαπᾷ καὶ τοὺς ἀδελφούς.

14) συνήχθησαν πάντες οἱ ἐν τῇ πόλει ἵνα ἀκούσωσι τὰ λεγόμενα ὑπὸ τῶν ἀποστόλων.

15) ταῦτα ἔλεγον οἱ ἐν τῷ οἴκῳ πᾶσι τοῖς ἀρχιερεῦσι καὶ γραμματεῦσι διὰ τὸ γινώσκειν αὐτοὺς πάντα τὰ περὶ τοῦ Ἰησοῦ.

16) ταῦτα ἐποίει ὁ βασιλεὺς τῶν Ἰουδαίων, ἤθελε γὰρ ἀποκτεῖναι τὰ ἐν τῇ κώμῃ παιδία.

17) οὐδεὶς γινώσκει πάντα τὰ ἐν τῷ κόσμῳ εἰ μὴ[1] ὁ ποιήσας τὰ πάντα.

18) σωθήσεται οὐδεὶς ἐὰν μὴ διὰ πίστεως· ἐτήρησε γὰρ οὐδεὶς πάσας τὰς ἐντολὰς τοῦ θεοῦ.

19) προσευχώμεθα ὑπὲρ τῶν διωκόντων ἡμᾶς, ἵνα γενώμεθα υἱοὶ τοῦ πατρὸς ἡμῶν τοῦ ἐν οὐρανοῖς.

20) μακάριοι οἱ καθαροί, αὐτοὶ γὰρ τὸν θεὸν ὄψονται.

주1. εἰ μή와 ἐὰν μή는 종종 "이외에는, …밖에는"으로 번역된다.

제27과

의문대명사, 부정대명사, 관계대명사, 의도적 질문, 조건적 관계절

345. 낱말 모음

αἰτέω, **내가 요구하다**

εἰ, …**ㄹ는지**(간접 질문에 사용되며 단순한 조건을 나타내는 때에도 사용된다. §238을 보라.)

ἐπερωτάω, **내가 물어보다**

ἐρωτάω, **내가 물어보다, 구하다**

ἐσθίω, φάγομαι(매우 불규칙적인 미래), ἔφαγον(제2단순과거), **내가 먹는다**

καρπός, ὁ, **열매**

κρίσις, κρίσεως, ἡ, **심판**(審判)

ὅπου, 장소를 나타내는 관계부사(where)

ὅς, ἥ, ὅ, 관계대명사(who, which)

ὅταν(ὅτε+ἄν), **언제든지, …때**(whenever, 가정법을 취한다.)

οὖν, 접속사, **그러므로, 그래서, 그때에**(δέ나 γάρ와 같이 후치어[後置語]이다.)

πίνω, πίομαι(매우 불규칙적인 미래), ἔπιον, **내가 마시다.**

ποῦ, 의문부사, **어디?**

πῶς, 의문부사, **어떻게?**

τίς, τί, 의문대명사, **누구?, 어느 것?, 무엇?**

τις, τι, 부정(不定)대명사, **어떤 사람, 어떤 것**

의문대명사와 부정(不定)대명사

346. τίς, τί, 의문대명사, **누가?, 어느 것이?, 무엇이?**의 변화는 아래와 같다.

	단수		복수	
	남성 · 여성	중성	남성 · 여성	중성
주.	τίς	τί	τίνες	τίνα
속.	τίνος	τίνος	τίνων	τίνων
여.	τίνι	τίνι	τίσι(ν)	τίσι(ν)
대.	τίνα	τί	τίνας	τίνα

347. 남성과 여성의 변화는 똑같다. 단음절짜리를 제외하고는 모두 악센트가 피널트에 붙어 있는 것을 주의하라.

348. 의문대명사에 붙은 애큐트 악센트는 어떤 경우에도 그레이브 악센트로 변하는 일이 없다.

보기 τί λέγει; **그가 무엇을 말하는가?**, 즉 τὶ λέγει;가 되어서는 안 된다.

349. τις, τι, 부정대명사, **어떤 사람, 어떤 것**의 변화는 아래와 같다.

	단수		복수	
	남성 · 여성	중성	남성 · 여성	중성
주.	τις	τι	τινές	τινά
속.	τινός	τινός	τινῶν	τινῶν
여.	τινί	τινί	τισί(ν)	τισί(ν)
대.	τινά	τι	τινάς	τινά

350. 부정대명사는 전부 전접어(enclitic)로서 보통은 악센트를 가지지 않

는다. §87에서 설명된 법칙을 따라서 악센트를 붙여야 할 경우에만 붙인다. 악센트가 붙는 경우에는 반드시 얼티마에 붙는 것이 특징이다. 부정대명사의 변화는 이 악센트 문제만 없다면 의문대명사의 변화와 똑같다.

351. 의문대명사와 부정대명사는 명사와 함께 사용되기도 하고 단독으로도 사용된다.

보기 1) τίνα καρπὸν ἔχετε; **당신들은 무슨 열매를 가지고 있습니까?**

2) τί λέγεις; **당신은 무엇을 말합니까?**

3) ἄνθρωπός τις, **어떤 사람이.**

4) εἶπέν τις, **어떤 이가 말했다.**

352. 의문대명사 중성 단수 대격 τί는 **어찌하여, 왜**라는 부사적인 뜻으로 사용될 수 있다.

보기 τί ποιεῖτε ταῦτα; **어찌하여 당신들은 이것들을 하고 있습니까?**

353. 간접 질문법

간접 질문에서도 간접화법에서와 마찬가지로(§272를 보라.) 그 간접 질문 배후에 있는 직접 질문의 시제와 법(mood)을 그대로 채용한다. 그리고 직접 질문에서 사용된 의문사가 그대로 간접 질문에 사용되는 것이 보통이다.

보기 1) ἠρώτησεν αὐτὸν τίς ἐστιν, **그는 그에게 누구냐고 물었다.** 이 간접 질문 배후에는 τίς εἶ; **너는 누구냐?**라는 직접 질문이 있다. 그것을 간접 질문으로 고칠 때 동사의 시제와 법은 그대로 남고 인칭만 변하였다. 그리고 의문사도 그대로 옮아 갔다.

2) εἶπεν αὐτοῖς ποῦ μένει, **그는 그들에게 그가 어디 머무는지를 말하였다.** 이 간접 질문 배후에는 ποῦ μένεις; **당신이 어디 머무십니까?**라는 직접 질문이 있다.

354. 의도적 질문

가정법은 의도적 질문(deliberative questions)을 나타내는 데 사용된다. 의도적 질문이란 명령적인 대답을 기대하는 질문이다.

보기 1) ποιήσωμεν τοῦτο ἢ μὴ ποιήσωμεν; **우리가 이것을 행할까요 행하지 말까요?** 그 대답은 그것을 하라든가 하지 말라는 명령이 될 것이다.

2) τί ποιήσωμεν; **우리가 무엇을 행할까요?** 그 대답은 자연히 이것을 하라든가 저것을 하라는 명령이 될 것이다.

관계대명사

355. 관계대명사 ὅς, ἥ, ὅ의 변화는 아래와 같다.

	단수			복수		
	남성	여성	중성	남성	여성	중성
주.	ὅς	ἥ	ὅ	οἵ	αἵ	ἅ
속.	οὗ	ἧς	οὗ	ὧν	ὧν	ὧν
여.	ᾧ	ᾗ	ᾧ	οἷς	αἷς	οἷς
대.	ὅν	ἥν	ὅ	οὕς	ἅς	ἅ

356. 중성 단수 주격과 대격이 ὅν이 되지 않고 ὅ가 된 것을 제외하고는 αὐτός의 변화와 똑같다. 단수 여성 주격 ἥ와 복수 남성과 여성 주격 οἵ와 αἵ는 악센트를 떼면 각각 그것들에 해당하는 관사가 된다. 또 중성 단수 주격과 대격은 악센트만 떼면 남성 단수 주격 관사가 된다. 이렇게 악센트의 유무에 따라 전혀 다른 뜻을 가진 말이 되는 경우를 주의해야 한다.

357. 다른 대명사와 마찬가지로 관계대명사도 그 선행사와 성과 수가 일치해야 한다.

보기 1) ὁ ἀπόστολος ὃν εἶδες ἀπῆλθεν, **네가 본 (바) 그 사도가 가 버렸다.** ὅν

은 남성 단수 관계대명사이고 그 선행사 ὁ ἀπόστολος도 역시 남성 단수이다.

2) ἀληθῆ ἦν πάντα ἃ εἶπεν ὁ Ἰησοῦς, **예수께서 말씀하신 (바) 모든 것은 참되었다.**

3) ὁ μαθητὴς ὃν ἠγάπησεν ὁ Ἰησοῦς ἦν ἐν τῷ οἴκῳ, **예수께서 사랑하신 (바) 그 제자가 그 집안에 있었다.**

358. 그러나 관계대명사의 선행사가 속격이나 여격이고 그 관계대명사가 그 관계절(relative clause) 안에 있는 동사의 목적어로서 자연히 대격이 되어야 하는 곳에서, 그 관계대명사는 규칙적으로 선행사의 격을 따른다.

보기 1) ἐξῆλθον οἱ μαθηταὶ ἐκ τοῦ οἴκου οὗ ὁ ἄρχων ἔλυε σὺν τοῖς δούλοις αὐτοῦ, **그 제자들은 그 통치자가 그의 종들과 더불어 파괴하고 있는 (바) 그 집에서 나왔다.** 여기 οὗ는 ἔλυε라는 동사의 목적어로서 대격인 ὃν이 되어야 하지만 그 선행사 οἴκου가 속격이기 때문에 그것을 닮아서 οὗ라는 속격 관계대명사가 되었다.

2) πάντων δὲ θαυμαζόντων ἐπὶ πᾶσιν οἷς ἐποίει εἶπεν πρὸς τοὺς μαθητὰς αὐτοῦ, **그러나 모두들 그가 행하고 있는 (바) 모든 것에 놀라고 있을 때에 그는 자기 제자들에게 말하였다.** 여기에 οἷς라는 관계대명사는 원칙적으로 ἐποίει의 목적어이기 때문에 ἃ라는 대격 관계대명사가 되어야 하지만 선행사 πᾶσιν이 여격이기 때문에 그 여격을 닮아서 οἷς가 되었다.

359. 관계대명사만 가지고 선행사까지 포함한 뜻을 나타내는 경우가 많이 있다. 즉 ὅς는 …**하는 남자**, ἥ는 …**하는 여자**, ὅ는 …**하는 것**, οἵ는 …**하는 남자들**, αἵ는 …**하는 여자들**, ἅ는 …**하는 것들**이라는 뜻으로 사용된다.

보기 1) οὐκ ἔξεστίν μοι ὃ θέλω ποιῆσαι, **내가 행하기 원하는 것은 나에게 합당치 않다.** ὃ에는 선행사가 포함되어 있는 것을 알아야 한다.

2) ὃς γὰρ οὐκ ἔστιν καθ' ὑμῶν ὑπὲρ ὑμῶν ἐστιν, **너희를 반대하지 않는 사람은 너희를 위한(위하는) 사람이다.** ὅς에는 선행사가 포함되어 있다. ὃς οὐκ ἔστιν은 ὁ μὴ ὤν, 즉 관사와 분사로써 나타낼 수도 있다.

3) ἔχω ὃ θέλω, **나는 내가 원하는 것을 가지고 있다.** ὅ는 선행사를 내포하고 있다.

360. 조건적 관계절(Conditional Relative Clause)

누구든지 …은, 어느 것이든지 …은, 무엇이든지 …은, 어디든지 …은, 언제든지 …은 등이 나타내는 부정적(不定的) 관계절은 가정법과 불변사 ἄν이나 ἐάν으로 나타내는 것이 보통이다.

보기 1) ὃς ἐὰν θέλῃ τὴν ψυχὴν αὐτοῦ σῶσαι οὐ σώσει αὐτήν, **누구든지 자기 목숨을 구하고자 하는 사람은 그것을 구하지 못할 것이다.** ὃς θέλει τὴν ψυχὴν αὐτοῦ σῶσαι는 **자기 목숨을 구하고자 하는 그 사람이**라는 뜻이 되는데 위의 것은 ἐὰν과 θέλῃ(θέλω의 가정법)가 나타남으로 부정적(不定的)이고 조건적인 뜻이 나타났다. 즉 **아무 사람이든지 자기 목숨을 구하고자 하는 사람이 있다면**이라는 조건적인 말이다. 여기서 주의할 것은 πᾶς ὁ θέλων τὴν ψυχὴν αὐτοῦ σῶσαι도 역시 **자기 목숨을 구하고자 하는 사람은 누구든지**라고 번역될 수 있다는 점이다. 그러나 πᾶς ὁ θέλων은 **원하고 있는** 확실한 사람 하나하나를 가리키는 것이며 부정적(不定的)인 사람이 아니다. 그리고 사실로 원하는 사람이고, '원하면' 이라는 조건은 붙지 않았다.

2) ὃς ἂν πιστεύσῃ σωθήσεται, **누구든지 믿는 사람은 구원을 받을 것이다.**

3) εἰς ἣν ἂν πόλιν εἰσέλθητε ὄψεσθε ἐν αὐτῇ μαθητάς, **너희가 어떤 도시로든지 들어가게 되면 거기서 제자들을 볼 것이다.**

4) ὅπου ἐὰν ᾖ ὁ διδάσκαλος ἐκεῖ ἔσονται καὶ οἱ διδασκόμενοι ὑπ' αὐτοῦ, **그 선생이 있는 곳은 어디든지 그에게 가르침을 받는 사람들도 거기에 있을 것이다.**

361. 익힘 문제

1) ὃς ἐὰν μὴ δέξηται ὑμᾶς τοῦτον οὐ δέξεται ὁ βασιλεύς.
2) ἃ ἐὰν ποιήσωμεν ὑμῖν, ποιήσετε καὶ ὑμεῖς ἡμῖν.
3) ἐρωτήσαντός τινος αὐτοὺς· τί φάγῃ ἀπεκρίθησαν αὐτῷ λέγοντες ὅτι δεῖ αὐτὸν φαγεῖν τὸν ἄρτον τὸν ἐν τῷ οἴκῳ.
4) τίνος ἔσται ταῦτα πάντα ἐν τῇ ἐσχάτῃ ἡμέρᾳ;
5) ὅταν ἔλθῃ ὁ υἱὸς τοῦ ἀνθρώπου τίνες ἔσονται οἱ πιστεύοντες;
6) ὃς ἂν λύσῃ μίαν τῶν ἐντολῶν ποιεῖ ὃ οὐκ ἔξεστιν ποιεῖν.
7) ἃ εἶπεν ὑμῖν ὁ προφήτης ἔτι ὢν μεθ' ὑμῶν ταῦτα ἐροῦσι καὶ οἱ εὐαγγελισάμενοι ἡμᾶς.
8) ἐάν τις ἀπὸ νεκρῶν πορευθῇ πρὸς αὐτούς, μετανοήσουσιν.
9) ὃς ἐὰν μὴ ἀκούσῃ τῶν προφητῶν οὐδὲ μετανοήσει ἐάν τινα ἴδῃ τῶν νεκρῶν.
10) οἳ ἂν εἴπωσιν ἃ οὐκ ἔστιν ἀληθῆ οὐ λήμψονται καρπόν τινα τοῦ ἔργου αὐτῶν.
11) ἔλεγεν ὅτι ἐάν τις ἐγερθῇ ἐκ νεκρῶν μετανοήσουσιν.
12) ἠρώτησαν τὸν προφήτην οἱ ἐν τῇ Γαλιλαίᾳ εἰ οἱ νεκροὶ ἀκούσουσι τῆς φωνῆς τοῦ κυρίου.
13) εἶπεν οὖν αὐτοῖς ὅτι ἐν τῇ κρίσει ἀκούσουσιν πάντες τοῦ κυρίου.
14) ἐλθόντες οἱ Φαρισαῖοι εἴς τινα κώμην ἐπηρώτησαν τοὺς ἐν αὐτῇ λέγοντες· ποῦ εἰσιν οἱ τοῦ προφήτου· ἃ γὰρ λέγουσι περὶ αὐτῶν οἱ ἐν τῇ Γαλιλαίᾳ οὐκ ἔστιν ἀληθῆ.
15) ἔλεγε δὲ ὁ ἐπερωτηθείς· τί ἐπερωτᾷς με; οὐ γὰρ θέλω ἀπο-

κρίνεσθαί σοι οὐδέν.[1)]

16) ἔλεγεν οὖν τῶν μαθητῶν τις τῷ ἀποστόλῳ· τί ποιήσει οὗτος; ὁ δὲ ἀπόστολος εὐθὺς ἀπεκρίθη αὐτῷ λέγων· ποιήσει ὁ θεὸς ἃ θέλει καὶ πάντα ἃ θέλει ἐστὶν ἀγαθά.

17) ἃ ἔβλεπε τὸν κύριον ποιοῦντα ταῦτα ἤθελε καὶ αὐτὸς ποιεῖν.

주1. 헬라어에서는 부정어(否定語)가 이중 삼중으로 나오는 경우가 많이 있다. 부정을 강조하는 뜻 외에 다른 뜻은 없다.

제28과

명령법

362. 낱말 모음

ἁγιάζω, **내가 거룩하게 하다**

ἀγρός, ὁ, **들, 밭**

γῆ, ἡ, **땅, 지구**(모든 변화에 줄곧 써컴플렉스 악센트가 붙는다.)

ἐγγύς, 부사, **가까이**

ἐλεέω, **내가 불쌍히 여기다**

ὅσος, η, ον, 관계형용사, **…만큼 큰(바), …만큼 많은(바)**

ὅστις, ἥτις, ὅτι(복수는 οἵτινες), 부정관계대명사, **누구든지, 어떤 것이든지**(주격 이외에는 별로 사용되지 않는다. 때로는 보통 관계대명사 ὅς와 거의 같은 뜻으로 사용된다.)

οὖς, ὠτός, τό, **귀**

ὀφθαλμός, ὁ, **눈**

σκότος, σκότους, τό, **어두움**

ὕδωρ, ὕδατος, τό, **물**

φῶς, φωτός, τό, **빛**

363. 신약성서에서는 거의 전적으로 현재 명령법과 단순과거 명령법만 사용된다.

364. 현재 명령법 능동태와 수동태는 현재 어근을 그 어근으로 가진다.

단순과거 명령법 능동태와 중간태는 단순과거 어근을 어근으로 가지며, 단순과거 수동태 명령법은 단순과거 수동태 어근을 어근으로 가진다. 단순과거 명령법은 물론 접두모음을 가지지 않는다.

365. 명령법에는 2인칭과 3인칭만 있고 1인칭은 없다.

366. λύω, **내가 풀다**의 현재 능동태 명령법은 아래와 같이 변화한다.

	단수		복수	
2.	λῦε	(네가) 풀어라	λύετε	(너희가) 풀어라
3.	λυέτω	(그에게) 풀게 하라	λυέτωσαν	(그들에게) 풀게 하라

367. λύω의 현재 중간태 명령법은 아래와 같이 변화한다.

	단수		복수	
2.	λύου	(네가 너를 위하여) 풀어라	λύεσθε	(너희가 너희를 위하여) 풀어라
3.	λυέσθω	(그에게 그를 위하여) 풀게 하라	λυέσθωσαν	(그들에게 그들을 위하여) 풀게 하라

368. λύω의 현재 수동태 명령법은 아래와 같이 변화한다.

	단수		복수	
2.	λύου	(네가) 풀리게 하라	λύεσθε	(너희가) 풀리게 하라
3.	λυέσθω	(그에게) 풀리게 하라	λυέσθωσαν	(그들에게) 풀리게 하라

369. 현재 능동태와 중간태와 수동태 명령법에는 연결모음 ο/ε가 어근과 어미 사이에 붙는다.

370. λύω의 단순과거 능동태 명령법의 변화는 아래와 같다.

	단수		복수	
2.	λῦσον	(너는) 풀어라	λύσατε	(너희는) 풀게 하라
3.	λυσάτω	(그에게) 풀게 하라	λυσάτωσαν	(그들에게) 풀게 하라

371. λύω의 단순과거 중간태 명령법 변화는 아래와 같다.

	단수		복수	
2.	λῦσαι	(네가 너를 위하여) 풀어라	λύσασθε	(너희가 너희를 위하여) 풀어라
3.	λυσάσθω	(그에게 그를 위하여) 풀게 하라	λυσάσθωσαν	(그들에게 그들을 위하여) 풀게 하라

372. 단순과거 능동태와 중간태 명령법에는 단순과거 어근의 특징인 -σα가 나타나 있다. 2인칭 단수 단순과거 능동태 명령법만이 -σα가 변하여 λῦσον의 형식이 된다.

373. λύω의 단순과거 수동태 명령법은 아래와 같이 변화한다.

	단수		복수	
2.	λύθητι	(네가) 풀리게 하라	λύθητε	(너희가) 풀리게 하라
3.	λυθήτω	(그에게) 풀리게 하라	λυθήτωσαν	(그들에게) 풀리게 하라

374. 단순과거 수동태 명령법은 단순과거 수동태의 특징인 -θε를 가지고 있으며 -θε가 -θη로 길어져서 사용되고 있다.

375. λείπω, **내가 두고 떠나다**의 제2단순과거 능동태 명령법은 아래와 같이 변화한다.

	단수		복수	
2.	λίπε	(너는) 두고 떠나라	λίπετε	(너희는) 두고 떠나라

3. λιπέτω	(그에게) 두고 떠나게 하라	λιπέτωσαν	(그들에게) 두고 떠나게 하라

376. λείπω의 제2단순과거 중간태 명령법은 아래와 같이 변한다.

	단수		복수
2. λιποῦ	(너는 너를 위하여) 버려두어라	λίπεσθε	(너희는 너희를 위하여) 버려두어라
3. λιπέσθω	(그에게 그를 위하여) 버려두게 하라	λιπέσθωσαν	(그들에게 그들을 위하여) 버려두게 하라

377. 제2단순과거 능동태 명령법과 중간태 명령법은 제2단순과거 어근을 어근으로 사용한다. 어미 변화는 현재 변화와 똑같다.

378. 2인칭 단수 제2단순과거 중간태 명령법(λιποῦ)은 악센트에서 동사 법칙을 따르지 않고 불규칙적인 악센트를 가진다. 즉 얼티마에 써컴플렉스를 붙인다.

λέγω와 ἔρχομαι의 단순과거 명령법으로 εἰπέ, ἐλθέ라는 형태가 나타나는데, 이것들은 모두 불규칙적으로 악센트를 붙인 것이다.

379. 명령법의 시제

명령법은 개연성(蓋然性, probability)이나 가능성을 말하는 것이 아니고 다만 일방적인 의지를 나타내는 것이기 때문에 사실과는 아주 동떨어진 것이다. 즉 현재 사실이 없는 것을 있도록 혹은 하도록 명령하는 것이다. 그러므로 명령법은 시제의 구별이 없고 동작의 종류의 차이와 구별만이 있다. 단순과거 명령법이라고 해서 어떤 과거의 뜻이 포함된 것이 아니고 다만 계속되거나 반복되지 않는 어떤 동작을 명령할 때 사용되는 것이며, 현재 명령법은 현재적인 뜻이 있는 것이 아니고 다만 계속되고 반복되는 어떤 동작을 명령할 때 사용한다. 그래서 λῦσον은 일회적으로 **풀라**는 뜻이고, λῦε는 푸는 일을 계속하거나 반복하는 뜻이다.

380. 명령법의 용법

명령하는 데 사용한다.

보기 1) ἀκούσατε τοὺς λόγους μου, **내 말을 들어라.**

2) ὁ ἔχων ὦτα ἀκουέτω, **귀를 가진 사람은 들어라.**

381. 금지(부정적 명령)

금지, 이를테면 부정적인 명령에는 μή와 현재 명령법을 가지고 나타내는 것과 μή와 단순과거 가정법을 가지고 나타내는 방법이 있다. 전자는 현재 명령법의 부정(否定)이고, 후자는 단순과거 명령법의 부정이다.

보기 1) μὴ λῦε 혹은 μὴ λύσῃς, **(너는) 풀지 말라.**(μή+현재 가정법, 즉 μὴ λύῃς와 μή+단순과거 명령법, 즉 μὴ λῦσον은 잘못이다.)

2) μὴ λυέτω 혹은 μὴ λύσῃ, **(그에게) 풀지 말게 하라.**

3) μὴ λύετε 혹은 μὴ λύσητε, **(너희는) 풀지 말라.**

4) μὴ λυέτωσαν 혹은 μὴ λύσωσι(ν), **(그들에게) 풀지 말게 하라.**

382. εἰμί의 현재 명령법

	단수	복수
2.	ἴσθι	ἔστε
3.	ἔστω	ἔστωσαν

383. 익힘 문제

1) ἐὰν δὲ μὴ ἀκούσῃ, παράλαβε μετὰ σοῦ ἔτι ἕνα ἢ δύο.

2) ὃ ἐὰν ἴδητε τὸν Χριστὸν ποιοῦντα, τοῦτο ποιήσατε καὶ ὑμεῖς.

3) κύριε, ἐλέησον ἡμᾶς, οὐ γὰρ ἐποιήσαμεν ἃ ἐκέλευσας.

4) μὴ εἰσέλθῃ εἰς τὴν πόλιν ὁ ἐν τῷ ὄρει.

5) οὕτως οὖν προσεύχεσθε ὑμεῖς· πάτερ ἡμῶν ὁ ἐν τοῖς οὐρανοῖς· ἁγιασθήτω τὸ ὄνομά σου· ἐλθέτω ἡ βασιλεία σου· γενηθήτω τὸ θέλημά σου, ὡς ἐν οὐρανῷ καὶ ἐπὶ γῆς.

6) ἀπόλυσον οὖν, κύριε, τὰ πλήθη· ἤδη γὰρ ἔρχεται ἡ νύξ.

7) μηδεὶς ἐξέλθῃ εἰς τὰ ὄρη, προσευξάσθωσαν δὲ πάντες τῷ πατρὶ αὐτῶν τῷ ἐν τοῖς οὐρανοῖς.

8) λαβὼν αὐτὸν ἄγε πρὸς ἡμᾶς.

9) μηδενὶ εἴπητε ὃ εἴδετε.

10) ἐγέρθητε καὶ μὴ φοβεῖσθε· ὁ γὰρ κύριος σώσει ὑμᾶς.

11) πάντα οὖν ὅσα ἐὰν εἴπωσιν ὑμῖν ποιήσατε καὶ τηρεῖτε, κατὰ δὲ τὰ ἔργα αὐτῶν μὴ ποιεῖτε· λέγουσιν γὰρ καὶ οὐ ποιοῦσιν.

12) ἔλεγεν αὐτῷ μαθητής τις· κύριε, κέλευσόν με ἐλθεῖν πρὸς σὲ ἐπὶ τὰ ὕδατα. ὁ δὲ Ἰησοῦς εἶπεν· ἐλθέ.

13) ὅσα ἐὰν ἀκούσητε τοῖς ὠσὶν ὑμῶν καὶ ἴδητε τοῖς ὀφθαλμοῖς ὑμῶν εἴπετε καὶ τοῖς ἔθνεσιν.

14) ἃ ἐὰν ἀκούσητε ἐν τῷ σκότει κηρύξατε ἐν τῷ φωτί.

15) μακάριος ὅστις φάγεται ἄρτον ἐν τῇ βασιλείᾳ τοῦ θεοῦ.

16) ἐν ἐκείνῃ τῇ πόλει εἰσὶν ἱερεῖς πονηροί, οἵτινες οὐ ποιοῦσι τὸ θέλημα τοῦ θεοῦ.

17) ἐξελθόντες εἴπετε πᾶσι τοῖς ἔθνεσι τοῖς ἐπὶ πάσης τῆς γῆς ἃ ἐποίησεν ὁ θεὸς τοῖς ἀγαπῶσιν αὐτόν.

18) ὅταν κληθῇς ὑπό τινος, πορεύθητι.

19) ὅταν ἴδητε ταῦτα γινόμενα, γνώσεσθε ὅτι ἐγγύς ἐστιν ἡ κρίσις.

20) ἴδετε πάντες ὑμεῖς τὰς χεῖράς μου· οὐ γὰρ ἐποίησαν αὗται αἱ χεῖρες ὧν λέγουσιν ἐκεῖνοι οὐδέν.

제29과

현재완료

384. 낱말 모음

ἀκήκοα, ἀκούω **내가 듣다**의 현재완료 능동태 직설법

βεβάπτισμαι, βαπτίζω **내가 세례를 주다**의 현재완료 수동태 직설법

γέγονα, γίνομαι **내가 되다**의 현재완료 직설법

γέγραφα, γέγραμμαι, γράφω **내가 쓰다**의 현재완료 능동태 직설법과 수동태 직설법

γεννάω, **내가 낳다**

ἐγγίζω, **내가 가까이 가다**

ἐγήγερται, ἐγείρω **내가 일으키다**의 3인칭 단수 현재완료 수동태 직설법

ἔγνωκα, γινώσκω **내가 알다**의 현재완료 능동태 직설법

ἐλήλυθα, ἔρχομαι **내가 가다, 오다**의 현재완료 직설법

ἐρρέθην, λέγω **내가 말하다**의 단순과거 수동태 직설법(단순과거 수동태 분사는 ῥηθείς이다.)

ἑώρακα, βλέπω(ὁράω) **내가 보다**의 현재완료 능동태 직설법

θνήσκω, **내가 죽다**(현재완료와 과거완료로만 사용된다. 다른 시제에서는 ἀποθνῄσκω를 사용한다. 현재완료 능동태 직설법은 τέθνηκα이다.)

μαρτυρέω, **내가 증거하다**

Πέτρος, ὁ, **베드로**

πληρόω, **내가 이루다**

385. λύω의 현재완료 능동태 직설법은 아래와 같이 변화한다.

	단수		복수	
1.	λέλυκα	**내가 풀어 놓았다**	λελύκαμεν	**우리가 풀어 놓았다**
2.	λέλυκας	**네가 풀어 놓았다**	λελύκατε	**너희가 풀어 놓았다**
3.	λέλυκε(ν)	**그가 풀어 놓았다**	λελύκασι (혹은 λέλυκαν)	**그들이 풀어 놓았다**

386. λύω의 현재완료 능동태 부정사(infinitive)는 λελυκέναι 이다. 악센트가 불규칙적으로 붙는 것을 주의하라.

387. λύω의 현재완료 능동태 분사의 변화는 아래와 같다. 악센트는 불규칙적이다.

	단수		
	남성	여성	중성
주.	λελυκώς	λελυκυῖα	λελυκός
속.	λελυκότος	λελυκυίας	λελυκότος
여.	λελυκότι	λελυκυίᾳ	λελυκότι
대.	λελυκότα	λελυκυῖαν	λελυκός
	복수		
	남성	여성	중성
주.	λελυκότες	λελυκυῖαι	λελυκότα
속.	λελυκότων	λελυκυιῶν	λελυκότων
여.	λελυκόσι(ν)	λελυκυίαις	κελυκόσι(ν)
대.	λελυκότας	λελυκυίας	λελυκότα

388. 위에 나온 모든 현재완료 변화는 동사의 제4기본형 λέλυκα를 기초로 이루어졌다.

389. 현재완료는 동사의 원어근에 κ(직설법에서는 κα)를 시제 접미어로 가지고 중첩두어(重接頭語)를 붙인다. 중첩두어는 동사의 원어근의 첫 자음과 ε를 가지고 구성한다.(λύω의 중첩두어는 λε이다.)

390. 현재완료는 제1시제에 속하므로 제1시제 인칭 어미를 가질 것이라고 기대하게 된다. 그러나 직설법의 인칭 어미는 3인칭 복수 이외에는 단순과거의 어미와 같다. 그러나 3인칭 복수에도 λελύκασι(ν) 대신 λέλυκαν으로 나타나는 때가 있다.

391. 현재완료 능동태 가정법은 신약성서에서 별로 나타나지 않는다. 그 변화는 §533에서 찾아보라.

여러 가지 동사의 현재완료 어근 형성

392. 동사의 원어근이 모음이나 이중모음으로 시작될 때에는 그 모음이나 이중모음의 첫 철자를 길게 하여 중첩두어를 대신한다. 이런 경우에는 그 중첩두어가 접두모음과 똑같은 모양이 된다.

보기 ἐλπίζω의 현재완료 능동태는 ἤλπικα, αἰτέω의 현재완료 능동태는 ᾔτηκα이다.

393. 동사의 원어근이 두 개의 자음으로 시작되었을 때에 어떤 경우에는 그 첫 자음을 중복하고 ε를 더하는 대신 ε만을 가지고 중첩두어를 대신한다.

보기 γινώσκω의 현재완료는 ἔγνωκα이다. 그러나 γράφω의 현재완료는 γέγραφα이다.

394. 동사의 원어근이 φ나 θ나 χ로 시작되는 경우 중첩두어는 각각 πε-, τε-, κε-가 된다.

보기 φιλέω의 현재완료는 πεφίληκα, θνήσκω의 현재완료는 τέθνηκα,

χαριτόω의 현재완료는 κεχαρίτωκα이다.

395. 현재완료 능동태의 시제 접미어 κ 앞에서 동사 어근이 모음으로 끝난 경우에 그 모음은 길어진다. 마치 미래와 단순과거 시제 접미어 σ나 σα 앞에서 모음이 길어지는 것과 같다.

보기 ἀγαπάω의 현재완료는 ἠγάπηκα, φιλέω의 현재완료는 πεφίληκα, πληρόω의 현재완료는 πεπλήρωκα이다.

396. 동사의 원어근이 τ나 δ나 θ로 끝날 때 현재완료의 시제 접미어 κ 앞에서 그것들이 없어져 버린다.

보기 ἐλπίζω(어근 ἐλπίδ-)의 현재완료는 ἤλπικα이다.

397. 어떤 동사는 κ가 없이 변화한다. 이런 것을 제2현재완료라 한다.

보기 γράφω → γέγραφα, ἀκούω → ἀκήκοα.

현재완료 중간태와 수동태

398. λύω의 현재완료 중간태와 수동태 변화는 아래와 같다.

	단수	복수
1.	λέλυμαι	λελύμεθα
2.	λέλυσαι	λέλυσθε
3.	λέλυται	λέλυνται

399. λύω의 현재완료 중간태와 수동태 부정사는 λελύσθαι이다. 악센트는 불규칙적이다.

400. λύω의 현재완료 중간태와 수동태 분사는 λελυμένος, λελυμένη, λελυμένον이고 현재 중간태와 수동태 분사와 같은 형식으로 변화한다. 그

러나 악센트는 동사 법칙을 어기고 줄곧 피널트에 붙는다. 따라서 현재분사와 구별하는 데 크게 도움이 된다.

401. 위에서 말한 변화 형태들은 동사의 제5기본형, 곧 λέλυμαι에 속하는 것들이다.

402. 중첩두어는 능동태의 그것과 같다.

403. 직설법에서(§398) 제1시제의 중간태 인칭 어미(수동태 어미)는 연결모음 없이 직접 어근에 붙는다. 부정사와 분사에서도 연결모음 없이 -σθαι, -μένος 등이 직접 어근에 붙는다.

404. 동사의 원어근이 모음으로 끝나는 경우 현재완료 중간태나 수동태 인칭 어미들 앞에서 그 모음은 길어진다.

보기 μαρτυρέω의 현재완료 중간태와 수동태는 μεμαρτύρημαι이다.

405. 동사의 원어근이 자음으로 끝난 경우 현재완료 중간태나 수동태의 인칭 어미가 붙을 때에 그 자음이 여러 가지로 변한다. 그 변화를 일률적으로 법칙화하기는 어렵다.

보기 γράφω → γέγραμμαι(1인칭 단수), γέγραπται(3인칭 단수).

406. 현재완료 수동태 가정법은 성서에 몇 번밖에 나오지 않는다. 그 변화를 §533의 동사 변화표에서 보기를 바란다.

407. §149에서 말한 것처럼 동사의 기본형을 어떤 법칙에 따라 알아낼 수는 없다. 그러므로 사전을 참고하여 그것들을 정확히 찾아내야 한다.

과거완료 시제

408. λύω의 과거완료 능동태 직설법 변화는 아래와 같다.

	단수	복수
1.	ἐλελύκειν	ἐλελύκειμεν
2.	ἐλελύκεις	ἐλελύκειτε
3.	ἐλελύκει	ἐλελύκεισαν

409. λύω의 과거완료 중간태와 수동태 직설법 변화는 아래와 같다.

	단수	복수
1.	ἐλελύμην	ἐλελύμεθα
2.	ἐλέλυσο	ἐλέλυσθε
3.	ἐλέλυτο	ἐλέλυντο

410. λύω의 미래완료 수동태 직설법 변화는 §533의 λύω 동사 변화표를 참고하라.

411. 과거완료는 직설법으로만 사용된다. 과거완료와 미래완료는 신약성서에 몇 번밖에 나오지 않는다.

412. 완료 시제의 용법

헬라어의 완료 시제는 동작의 완료를 나타내는 시제이다. 완료 시제는 어떤 동작이나 상태가 어떤 결정에까지 진행된 것과 그것이 완료된 결과로서 존재하는 것을 기본적으로 나타낸다. 이를테면 어떤 동작을 하나의 마쳐진 결과로서 관찰하는 것이다. 물론 진행의 뜻도 포함하기는 하지만 그 진행이 절정에 도달하였고 하나의 종결된 상태로 존재하는 진행으로 보는 것이다. 그러므로 현재완료 직설법은 과거의 어떤 시간에 완료된 결과의 현재적인 상태를 말한다. 또 과거완료 직설법은 과거의 어떤 시점(時點)을 기준으로 그보다 더 과거에 완료되고 그 결과가 존속되어 있던 것을 나타낸다. 현재완료나 과거완료가 가진 완료의 개념과 존속하는 결과의 개념 가운데 어느 하나만이 특히 강조되는 경우도 있을 수 있다. 우리말에는 이런 것들에 해당하는 시제들이 없기 때문에 한 절로써 이것들을 정확하게 번역하기는 곤란하다.

보기 1) ἔλυσα, **내가 풀었다**는 현재의 결과가 어떻든지 상관이 없이 과거에 풀었다는 동작을 나타낼 뿐이다. 그러나 λέλυκα, **내가 이미 풀어 놓았다**는 푸는 동작이 어느 때에 완료된 동시에 그 풀어 준 동작의 결과가 현재 존속하는 것을 말한다.

2) ἐλελύκειν, **내가 이미 풀어 놓았었다**는 과거 어떤 시간을 기점으로 하고 보니 그보다 앞선 어떤 과거에 **풀어 주는** 동작이 이미 일어났고 그 결과가 그때까지 있었다는 것이다.

3) γέγραπται, **그것이 기록되어 있다.** 능동태보다는 수동태가 우리말로 번역하기 쉽다.

413. 여기까지에서 λύω의 동사 변화를 모두 끝냈다. §533에서 총괄적으로 그 변화를 볼 수 있다.

414. 익힘 문제

1) οὐδείς ἐστιν δίκαιος κατὰ τὸν νόμον εἰ μὴ ὁ ποιήσας πάντα τὰ γεγραμμένα ἐν τῷ βιβλίῳ τοῦ νόμου.

2) εὐηγγελίσατο πάντα τὸν λαὸν λέγων ὅτι ἤγγικεν ἡ βασιλεία τῶν οὐρανῶν.

3) ὃ ἑωράκαμεν καὶ ἀκηκόαμεν λέγομεν καὶ ὑμῖν, ἵνα καὶ ὑμεῖς πιστεύσητε εἰς τὸν Χριστόν.

4) καὶ ἐν τούτῳ γινώσκομεν ὅτι ἐγνώκαμεν αὐτόν, ἐὰν τὰς ἐντολὰς

αὐτοῦ τηρῶμεν.

5) ὁ ἀγαπῶν τὸν γεννήσαντα ἀγαπᾷ τὸν γεγεννημένον ἐξ αὐτοῦ.

6) πᾶς ὁ γεγεννημένος ἐκ τοῦ θεοῦ οὐχ ἁμαρτάνει, ἀλλ' ὁ γεννηθεὶς ἐκ τοῦ θεοῦ τηρεῖ αὐτόν.

7) τοῦτο γέγονεν, ὅτι οὕτως γέγραπται διὰ τοῦ προφήτου.

8) τὸ γεγεννημένον ἐκ τῆς σαρκὸς σάρξ ἐστιν, καὶ τὸ γεγεννημένον ἐκ τοῦ πνεύματος πνεῦμά ἐστιν.

9) αὕτη δέ ἐστιν ἡ κρίσις, ὅτι τὸ φῶς ἐλήλυθεν εἰς τὸν κόσμον καὶ ἠγάπησαν οἱ ἄνθρωποι τὸ σκότος.

10) ἔλεγον οὖν οἱ Ἰουδαῖοι τῷ τεθεραπευμένῳ· οὐκ ἔξεστιν ποιῆσαι τοῦτο.

11) ἐγὼ ἐλήλυθα ἐν τῷ ὀνόματι τοῦ πατρός μου καὶ οὐ δέχεσθέ με.

12) ἀλλ' εἶπον ὑμῖν ὅτι καὶ ἑωράκατέ με καὶ οὐ πιστεύετε.

13) ἐὰν μὴ φάγητε τὴν σάρκα τοῦ υἱοῦ τοῦ ἀνθρώπου καὶ πίητε αὐτοῦ τὸ αἷμα, οὐκ ἔχετε ζωὴν ἐν ἑαυτοῖς.

14) τὰ ῥήματα ἃ ἐγὼ λελάληκα ὑμῖν πνεῦμά ἐστιν καὶ ζωή ἐστιν.

15) ἀπεκρίθη αὐτῷ Πέτρος· κύριε, πρὸς τίνα ἀπελευσόμεθα; ῥήματα ζωῆς ἔχεις, καὶ ἡμεῖς πεπιστεύκαμεν καὶ ἐγνώκαμεν ὅτι σὺ εἶ ὁ ἅγιος τοῦ θεοῦ.

16) ταῦτα αὐτοῦ λαλοῦντος πολλοὶ ἐπίστευσαν εἰς αὐτόν.

17) γέγραπται ὅτι δύο ἀνθρώπων ἡ μαρτυρία ἀληθής ἐστιν.

18) ταῦτα εἶπεν πρὸς τοὺς πεπιστευκότας εἰς αὐτὸν Ἰουδαίους.

19) νῦν δὲ ζητεῖτέ με ἀποκτεῖναι, ἄνθρωπον ὃς τὴν ἀλήθειαν ὑμῖν λελάληκα, ἣν ἤκουσα παρὰ τοῦ θεοῦ.

20) εὐλογημένος ὁ ἐρχόμενος ἐν ὀνόματι κυρίου.

제30과

형용사의 비교, μείζων의 변화, 부사, 비교의 속격과 ἤ, 장소 부사와 속격, 시간의 속격, 부정사가 목적의 속격을 취하는 경우, 관점의 여격, 내역의 대격, 시간의 여격, 소유형용사, 접속사로 사용되는 μή, ἵνα+가정법의 여러 가지 용법, 부정적 혹은 긍정적 대답을 기대하는 질문에 사용되는 μή+직설법

415. 낱말 모음

ἐμός, ή, όν, 소유형용사, **내게 속한, 나의**

ἔμπροσθεν, 장소 부사, **앞에, 앞에서, 면전에서**(속격을 취한다.)

ἐνώπιον, 장소 부사, **앞에, 앞에서, 면전에서**(속격을 취한다.)

ἔξω, 장소 부사, **밖에, 밖에서**(속격을 취한다.)

ἐχθρός, ὁ, **원수**

ἤ, 접속사, …**보다**(혹은이란 뜻도 있다.)

ἡμέτερος, α, ον, 소유형용사, **우리에게 속한, 우리의**

ἴδιος, α, ον, **자신에게 속한, 자신의**

ἱκανός, ή, όν, **충분한, 넉넉한, 가치 있는, 상당한**

ἰσχυρότερος, α, ον, **보다 강한**, ἰσχυρός, ά, όν, **강한**의 비교급

καλῶς, 부사, **잘, 좋게**

κρείσσων, ον, **보다 나은, 보다 좋은**, ἀγαθός의 비교급

μᾶλλον, 부사, **더욱, 오히려**

μείζων, ον, **보다 큰**, μέγας의 비교급

μή, 접속사, …**할까 보아**(μή의 다른 뜻은 이미 앞에 설명되었다.)

μήποτε, **혹은 …않을까 하여**

ὅπως …**하기 위하여**(가정법을 취하며 ἵνα와 거의 같은 뜻이 된다.)

πάλιν, 부사, **다시**

πλείων, ον, **더**(more), πολύς의 비교급

σάββατον, τό, **안식일**(복수 τὰ σάββατα와 그 불규칙적인 여격 τοῖς σάββασι[ν]이 단수의 뜻으로도 사용된다.)

σός, ή, όν, 소유형용사, **네게 속한, 너의**

ὑμέτερος, α, ον, 소유형용사, **너희에게 속한, 너희의**

416. 어떤 형용사는 비교급이 -τερος, α, ον의 형식으로 변화하며, 어떤 것은 -ιων, -ιων, -ιον(명사 제3변화 형식으로 변화한다.)의 형식으로 변화한다.

417. 형용사의 최상급에는 -τατος, η, ον의 형식을 가지는 것과 -ιστος, η, ον의 형식을 취하는 것이 있다.

418. 형용사가 비교급과 최상급으로 변할 때에 불규칙적으로 되는 것이 많이 있으므로 사전을 참고하여 정확히 알아 두어야 한다.

보기 μικρός **작은**, ἐλάσσων **보다 작은**, ἐλάχιστος **가장 작은**.

419. μέγας의 비교급 μείζων, ον, **보다 큰**의 변화는 아래와 같다.

	단수		**복수**	
	남성 · 여성	중성	남성 · 여성	중성
주.	μείζων	μεῖζον	μείζονες	μείζονα
속.	μείζονος	μείζονος	μειζόνων	μειζόνων
여.	μείζονι	μείζονι	μείζοσι(ν)	μείζοσι(ν)
대.	μείζονα	μεῖζον	μείζονας	μείζονα

420. σώφρων **현명한**, ἄφρων **어리석은**, ἐλάσσων **보다 작은**, πλείων **더**, κρείσσων **보다 좋은** 등은 모두 μείζων의 변화와 같이 변화한다.

421. μείζονα(남성 단수 대격과 중성 복수 주격과 대격) 대신 μείζω라는 짧은 형태를 사용할 수 있으며, μείζονες(남성 · 여성 복수 주격)나 μείζονας(남성 · 여성 복수 대격) 대신 μείζους라는 짧은 형태를 사용할 수 있다.

부사

422. 형용사의 복수 속격 어미 ων을 ως로 바꾸어서 그 형용사에 해당하는 부사를 만드는 경우가 많이 있다.

보기 καλός, **좋은**의 복수 속격 καλῶν에서 부사 καλῶς가 된다.

423. 부사의 비교급은 그것에 해당하는 형용사의 비교급의 중성 단수 대격과 같다. 부사의 최상급은 그것에 해당하는 형용사의 최상급의 복수 중성 대격과 같다.

424. 그러나 불규칙적으로 변하는 부사도 많이 있는 것을 알아야 한다.

425. 비교의 속격과 ἤ의 용법

x보다 y가 더 어떻다는 형식이나 y가 x보다 더 어떠어떠하다는 형식을 헬라어로 나타내려 할 때에 (1) x라는 명사를 속격으로 하고 형용사는 비교급을 취하는 방식과 (2) x는 y와 같은 격을 취하고 **보다**라는 말을 ἤ로 나타내고 형용사나 부사의 비교급을 사용해서 나타내는 방식이 있다.

보기 1) μείζονα τούτων ποιήσει, **그는 이것들보다 더 큰 것을 행할 것이다.** 여기 τούτων은 속격으로서 **이것들보다**라는 뜻을 나타낸다.

2) ἠγάπησαν οἱ ἄνθρωποι μᾶλλον τὸ σκότος ἢ τὸ φῶς, **그 사람들은 빛보다 어두움을 더 사랑하였다.** 여기서 비교하는 두 명사 τὸ σκότος와 τὸ φῶς는 같은 대격이다. 그리고 ἤ라는 접속사로 **보다**라는 말을 나타내었고 μᾶλλον이라는 비교 부사로써 비교하였다.

426. 장소 부사와 속격

장소를 나타내는 부사는 속격을 취한다.

보기 1) ἔξω **밖에,** ἔξω τῆς πόλεως **그 도시 밖에.**

2) ἐγγύς **가까이,** ἐγγὺς τῆς πόλεως **그 도시 가까이.**

427. 시간의 속격

속격은 때때로 시간의 사이를 나타내는 데 사용된다.

보기 παρέλαβε τὸ παιδίον καὶ τὴν μητέρα αὐτοῦ νυκτός, **그는 밤 사이에 그 아기와 그의 어머니를 데리고 갔다.**

428. 부정사가 목적의 속격을 취하는 경우

관사를 가진 부정사(不定詞)의 속격이 그 앞에 아무 전치사도 가지지 않고 목적을 나타내는 경우가 있다.

보기 ἦλθεν πρὸς τὸν προφήτην τοῦ βαπτισθῆναι ὑπ' αὐτοῦ, **그는 그로 말미암아 세례를 받기 위하여 그 예언자에게로 갔다.**

429. 관점(觀點)의 여격

여격은 어떤 것의 존재나 사실의 국면(局面)을 나타낸다. 즉 어떤 점에서 이렇다든가 어떤 점으로 보아 이렇다 혹은 저렇다고 할 때, 그 어떤 점에서를 여격으로 표시한다.

보기 1) γινωσκόμενος τῷ προσώπῳ, **(다른 것으로는 몰라도) 얼굴로 알려진.**

2) καθαρὸς τῇ καρδίᾳ, **마음이 깨끗한.(마음을 볼 것 같으면 깨끗하다.)**

3) ἀνὴρ ὀνόματι Ἰάκωβος, **야고보라는 사람.(이름에서는 야고보라고 하는 사람, 이름으로 말하면 야고보라고 하는 사람)**

430. 내역의 대격

내역(specification)의 대격은 관점의 여격과 거의 같은 뜻을 나타낸다.

그러나 사용되는 빈도수가 매우 적다.

보기 τὸν ἀριθμὸν ὡς πεντακισχίλιοι, **수효가 약 오천.(다른 점에서가 아니라 수효에서 약 오천**이라는 뜻이다.)

시간의 여격

431. 여격은 때를 나타내는 데 사용된다. 즉 어떤 동작이 일어나는 때를 여격으로 나타낸다.

보기 ἐθεράπευσε τῷ σαββάτῳ, **그가 그 안식일에 병을 고쳤다.**

432. 그러나 보통은 전치사구를 가지고 때를 표시한다. 가령 **안식일에**라는 말은 ἐν τῷ σαββάτῳ라는 전치사구로써 표시한다는 말이다.

433. 소유형용사

소유의 뜻을 강조하려 할 때 인칭대명사의 속격을 쓰는 대신 ἐμός **나의**, σός **너의**, ἡμέτερος **우리의**, ὑμέτερος **너희의** 등 소유형용사를 사용한다. 이 소유형용사도 보통 형용사들과 같이 명사 제2변화와 제1변화의 형식으로 변화하며, 관사와 함께 한정적 용법을 취한다.

보기 ὁ ἐμὸς λόγος **나의 말**, ἡ χαρὰ ἡ ἐμή **나의 기쁨**, τὸ θέλημα τὸ ἐμόν **나의 뜻**, τὰ ἐμὰ πάντα σά ἐστιν **나의 것들은 모두 당신의 것이다**, ὁ ἡμέτερος λόγος **우리의 말**, ἡ ὑμέτερα χαρά **너희의 기쁨**.

접속사로 사용되는 μή

434. 두려움을 나타내는 말 다음에 μή와 가정법이 나온다. 이런 경우에는 μή가 **아니**라는 부사가 아니라 접속사의 역할을 한다.

보기 φοβοῦμαι μὴ ἔλθῃ, **나는 그가 올까봐 무섭다.(나는 그가 오지나 않을까 하고 두려워한다.)** 즉 내가 두려워한다는 말과 그가 온다는 말을 접속해 준다.

435. ἵνα μή 대신 μή만 가지고 부정적인 목적절을 시작하는 경우가 있다.

보기 τοῦτο ποιεῖτε μὴ εἰσέλθητε εἰς κρίσιν, **심판에 이르지 않기 위하여 너희는 이것을 행하라.**

436. ἵνα+가정법의 여러 가지 용법

ἵνα+가정법은 목적(purpose)을 나타내는 것 이외에도 여러 가지 뜻으로 사용된다.

1) 신약성서에서 수십 번이나 단순히 ὅτι와 같은 역할을 하며 목적절(objective clause)을 인도하는 경우가 있다. 즉 권고, 분투, 소원, 간구 등을 나타내는 말 다음에 나타나 그 동사의 목적절을 인도하고 있다. 그런 경우에 ἵνα+가정법은 단순히 부정사(不定詞)와 같은 작용을 한다.

보기 (1) εἰπὲ τῷ λίθῳ τούτῳ ἵνα γένηται ἄρτος, **이 돌더러 떡이 되라고 말하시오.**

(2) ἠρώτησε αὐτὸν ἵνα τὸ δαιμόνιον ἐκβάλῃ ἐκ τοῦ δοῦλου αὐτῆς, **그 여인은 그에게 자기 종에게서 그 귀신을 쫓아내어 주기를 구하였다.**

2) ἵνα+가정법은 동격(同格)을 나타내는 경우가 있다.

보기 αὕτη ἐστὶν ἡ ἐντολὴ ἡ ἐμὴ ἵνα ἀγαπᾶτε ἀλλήλους, **이것이 내 계명인데, 즉 너희가 서로 사랑하라는 것이다.(이것이 내 계명이니 너희가 서로 사랑하라.)**

3) ἵνα+가정법은 결과를 나타내는 경우가 있다.

보기 τίς ἥμαρτεν, οὗτος ἢ οἱ γονεῖς αὐτοῦ, ἵνα τυφλὸς γεννηθῇ; **누가 죄를 지었는가? 그인가 그의 부모인가? 그 결과 맹인이 태어났는가?**(요 9:2)

437. 부정적 혹은 긍정적 대답을 기대하는 질문

부정적인 대답을 기대하는 질문은 μή+직설법을 가지고 나타낸다. 긍정적인 대답을 기대하는 질문은 οὐ+직설법을 가지고 나타낸다.

보기 μὴ ἰσχυρότεροι αὐτοῦ ἐσμεν; **우리가 그보다 더 힘이 세다는 말이요?** 아니라는 대답이 자연히 기대되는 질문이다. οὐκ ἰσχυρότεροί ἐσμεν αὐτοῦ; **우리가 그보다 더 힘이 세지 않소?** 그렇다는 긍정적인 대답이 자연히 기대된다.

438. 익힘 문제

1) παρακαλῶ δὲ ὑμᾶς ἵνα τὸ αὐτὸ λέγητε πάντες.
2) ὅσα ἐὰν θέλητε ἵνα ποιῶσιν ὑμῖν οἱ ἄνθρωποι, οὕτως καὶ ὑμεῖς ποιεῖτε· οὗτος γάρ ἐστιν ὁ νόμος καὶ οἱ προφῆται.
3) κέλευσον οὖν τηρηθῆναι τὸ σῶμα ὑπὸ τῶν στρατιωτῶν, μήποτε ἐλθόντες οἱ μαθηταὶ λάβωσιν αὐτὸ καὶ εἴπωσιν τῷ λαῷ ὅτι ἠγέρθη ἐκ τῶν νεκρῶν.
4) οὐκ ἔστι δοῦλος μείζων τοῦ πέμψαντος αὐτόν.
5) μείζονα ταύτης ἀγάπην οὐδεὶς ἔχει, ἵνα τις ἀποθάνῃ ὑπὲρ τῶν ἄλλων.
6) πάλιν ἀπέστειλεν ἄλλους δούλους πλείονας τῶν πρώτων.
7) εἰ δίκαιόν ἐστιν ἐνώπιον τοῦ θεοῦ ὑμῶν ἀκούειν μᾶλλον ἢ τοῦ θεοῦ, κρίνατε.
8) ἐγὼ δὲ λέγω ὑμῖν· ἀγαπᾶτε τοὺς ἐχθροὺς ὑμῶν καὶ προσεύχεσθε ὑπὲρ τῶν διωκόντων ὑμᾶς, ὅπως γένησθε υἱοὶ τοῦ πατρὸς ὑμῶν τοῦ ἐν οὐρανοῖς.
9) εἶπεν αὐτοῖς ὁ Ἰησοῦς ὅτι ἔξεστι τοῖς σάββασι καλῶς ποιεῖν.
10) ἔμεινεν δὲ ὁ Ἰησοῦς ἐκεῖ διὰ τὸ εἶναι τὸν τόπον ἐγγὺς τῆς πόλεως.
11) τότε συναχθήσονται ἔμπροσθεν αὐτοῦ πάντα τὰ ἔθνη.
12) μὴ ποίει τοῦτο· οὐ γὰρ ἱκανός εἰμι ἵνα εἰς τὴν οἰκίαν μου

εἰσέλθῃς.

13) ἐλθόντες οἱ στρατιῶται νυκτὸς ἔλαβον τὸν ἄνδρα καὶ ἀγαγόντες αὐτὸν ἔξω ἀπέκτειναν.

14) τῇ μὲν σαρκὶ οὔκ ἐστε μεθ' ἡμῶν, τῇ δὲ καρδίᾳ ἐστὲ ἐγγύς.

15) μὴ περιπατοῦμεν κατὰ σάρκα; οὐκ ἔχομεν τὸ πνεῦμα τοῦ θεοῦ;

16) εἰσῆλθεν εἰς τὴν οἰκίαν τοῦ ἀρχιερέως τοῦ εἶναι ἐγγὺς τοῦ τόπου ὅπου ἦν ὁ Ἰησοῦς.

17) εἰς τὰ ἴδια ἦλθεν καὶ οἱ ἴδιοι αὐτὸν οὐ παρέλαβον.

18) ἐγὼ ἐλήλυθα ἐν τῷ ὀνόματι τοῦ πατρός μου, καὶ οὐ λαμβάνετέ με· ἐὰν ἄλλος ἔλθῃ ἐν τῷ ὀνόματι τῷ ἰδίῳ, ἐκεῖνον λήμψεσθε.

19) μὴ ἐποίησα τὸ ἴδιον θέλημα; οὐ μᾶλλον ἐποίησα τὸ σόν;

20) εἰ ἐμὲ ἐδίωξαν, καὶ ὑμᾶς διώξουσιν· εἰ τὸν λόγον μου ἐτήρησαν, καὶ τὸν ὑμέτερον τηρήσουσιν.

제31과

δίδωμι (μι 동사)의 변화, γινώσκω (ω동사)의 제2단순과거, μέν과 δέ 앞에 있는 관사, 주동사와 같은 동작을 나타내는 단순과거 분사, 제2단순과거 어근에 단순과거 어미

439. 낱말 모음

αἰώνιος, ον, 형용사, **영원한**(남성과 여성이 변화가 같다.)

ἀντί, 전치사, +속격, **…대신**

ἀποδίδωμι, **내가 돌려주다, 빚진 것(약속한 것)을 갚아 주다**

γυνή, γυναικός, ἡ, **여인**(§507)

δίδωμι, **내가 주다**

ἔγνων, γινώσκω **내가 알다**의 제2단순과거

ἐξουσία, ἡ, **권위, 권세, 권한**

ἔσχον, ἔχω **내가 가지다**의 제2단순과거

ζάω, **내가 살다**(현재 변화에는 α 대신 η, 즉 ζᾷς, ζᾷ 대신 ζῇς, ζῇ)

ἰδού, 지시불변사, **보라**

μόνος, η, ον, 형용사, **홀로인, 유일한**

μυστήριον, τό, **신비, 비밀**

ὁράω, **내가 보다**(현재 변화는 βλέπω 보다 매우 적게 사용된다. 신약성서에서 흔히 사용되는 **보다**라는 동사는 βλέπω, ὄψομαι, εἶδον, ἑώρακα, (ὦμμαι), ὤφθην 이다. 그러나 βλέπω는 미래 βλέψω, 단순과거 ἔβλεψα를 가지고 있으므로 ὄψομαι 등은 오히려 ὁράω에서 오는 기본형으로 보아야 한다.)

παραδίδωμι, **내가 넘겨주다, 배신하다**

πειράζω, **내가 시험하다** Σίμων, Σίμωνος, ὁ, **시몬**
ποῖος, α, ον, 의문대명사, **어떤 종류의** χείρ, χειρός, ἡ, **손**

440. 지금까지 공부한 모든 동사 변화는 1인칭 단수 현재 능동태 직설법이 ω로 끝나는 것이기 때문에 ω변화라고 한다면 이제 끝으로 한 가지 남은 동사 변화는 μι 변화다. 즉 1인칭 단수 현재 능동태 직설법이 μι로 끝나는 동사가 있다.

441. μι 동사와 ω동사가 다른 것은 현재와 제2단순과거 변화뿐이다.

442. δίδωμι, **내가 주다**의 원어근은 δο-이고 기본형들은 δίδωμι, δώσω, ἔδωκα, δέδωκα, δέδομαι, ἐδόθην이다.

δίδωμι의 현재 변화

443. δίδωμι의 현재 변화의 특징은 δι라는 중첩두어를 가지고 있는 것이다.

444. δίδωμι의 현재 능동태 직설법 변화는 아래와 같다.

	단수		복수	
1.	δίδωμι	**내가 주다**	δίδομεν	**우리가 주다**
2.	δίδως	**네가 주다**	δίδοτε	**너희가 주다**
3.	δίδωσι(ν)	**그가 주다**	διδόασι(ν)	**그들이 주다**

445. 어근 끝의 모음 ο는 단수에서만 길어지고 복수에서는 그대로 남아 있다.

446. 인칭 어미 -μι, -ς, -τι(σι), -μεν, -τε, -ασι가 연결모음 없이 직접 어

근에 붙는다.

447. δίδωμι의 현재 능동태 가정법은 아래와 같이 변화한다.

	단수	복수
1.	διδῶ	διδῶμεν
2.	διδῷς	διδῶτε
3.	διδῷ	διδῶσι(ν)

448. διδόω → διδῶ, διδόῃς → διδῷς 등으로 단축되었다. 가정법 인칭 어미는 ω동사의 것과 똑같다.

449. δίδωμι의 현재 능동태 명령법은 아래와 같이 변화한다.

	단수		복수	
2.	δίδου	(너는) 주어라	δίδοτε	(너희는) 주어라
3.	διδότω	(그에게) 주게 하라	διδότωσαν	(그들에게) 주게 하라

450. 현재 능동태 부정사(不定詞)는 διδόναι이다. 악센트가 불규칙적이다.

451. 현재 능동태 분사는 διδούς, διδόντος(남성), διδοῦσα, διδούσης(여성), διδόν, διδόντος(중성)의 형식으로 변화한다. §537의 변화표를 보라.

452. δίδωμι의 미완료 능동태 직설법은 아래와 같이 변화한다.

	단수		복수	
1.	ἐδίδουν	내가 주고 있었다	ἐδίδομεν	우리가 주고 있었다
2.	ἐδίδους	네가 주고 있었다	ἐδίδοτε	너희가 주고 있었다
3.	ἐδίδου	그가 주고 있었다	ἐδίδοσαν	그들이 주고 있었다

453. 미완료는 현재 어근을 그대로 가지는 것이므로 διδο-가 그 어근이 되며, 제2시제에 속하기 때문에 접두모음 ε를 가졌다. 어근 끝의 ο는 단수에서만 ου로 변한다. 인칭 어미는 ω동사의 것과 같고 3인칭 복수만이 -ν 대신 -σαν이 되었다.

454. δίδωμι의 현재와 미완료 중간태와 수동태의 변화를 §537에서 찾아보라.

455. δίδωμι의 미래는 원어근 δο-의 ο를 미래 시제 접미어 σ 앞에서 길게 하고 ω 동사와 똑같은 모양으로 변화한다. §538을 보라.

δίδωμι의 단순과거 능동태

456. δίδωμι의 단순과거 능동태는 직설법에서는 단순과거 형식으로 변화하고, 다른 법(mood)에서는 제2단순과거 변화를 한다는 점이 특이하다.

457. δίδωμι의 단순과거 능동태 직설법 변화는 아래와 같다.

	단수		복수	
1.	ἔδωκα	내가 주었다	ἐδώκαμεν	우리가 주었다
2.	ἔδωκας	네가 주었다	ἐδώκατε	너희가 주었다
3.	ἔδωκε	그가 주었다	ἔδωκαν	그들이 주었다

458. λύω의 단순과거 ἔλυσα 변화와 똑같이 변화한다. 다만 시제 접미어로 σ 대신 κ가 붙는 것이 다르다.

459. 단순과거 능동태 가정법 변화는 아래와 같다.

	단수	복수
1.	δῶ	δῶμεν

2.	δῷς	δῶτε
3.	δῷ	δῶσι(ν)

460. 어미의 변화는 현재 능동태 가정법과 똑같다. 다만 원어근을 어근으로 삼고 있는 점이 다르다.

461. δίδωμι의 단순과거 능동태 명령법의 변화는 아래와 같다.

	단수		복수	
2.	δός	(네가) 주어라	δότε	(너희가) 주어라
3.	δότω	(그에게) 주게 하라	δότωσαν	(그들에게) 주게 하라

462. 단순과거 능동태 부정사(不定詞)는 δοῦναι이다.

463. 단순과거 능동태 분사는 δούς, δοῦσα, δόν이다. 현재분사에서 δί가 없어진 것뿐이다.

464. δίδωμι의 단순과거 중간태 변화는 신약성서에 몇 번밖에 나타나지 않는다. §539에서 그 변화를 찾아보라.

465. δίδωμι의 현재완료 능동태, 중간태, 수동태, 단순과거 수동태의 변화를 §538, 539에서 찾아보라.

466. γινώσκω의 제2단순과거

γινώσκω, **내가 알다**라는 ω동사다. 그러나 이 동사는 μι동사의 형식으로 제2단순과거 능동태의 변화를 한다. 어근 γνο-가 대개는 길어져서 γνω-로 되고 어미는 -ν, -ς, …, -μεν, -τε, -σαν이다. §544를 보라.

467. μέν과 δέ 앞에 오는 관사

μέν 혹은 δέ 앞에 오는 관사는 때때로 **그이, 그 여자, 그것, 그들** 등의 인칭대명사 역할을 한다.

보기 1) τοῦτο ἠρώτησαν αὐτόν, ὁ δὲ ἀπεκρίθη αὐτοῖς, **그들이 그에게 이것을 물었더니 그가 그들에게 대답하였다.**

2) ἦλθον πρὸς αὐτοὺς αἰτῶν τι παρ' αὐτῶν· οἱ δὲ ἐποίησαν οὐδέν, **내가 그들에게서 무엇인가를 구하러 왔으나 그들은 아무것도 하지 않았다.**

3) οἱ μὲν ἔλεγον ὅτι ἀγαθός ἐστιν, **그런데 어떤 사람들은 그가 선하시다고 말하였다.**(요 7:12)

468. 주동사의 동작과 같은 동작을 나타내는 단순과거 분사

단순과거 분사이면서도 주동사가 나타내는 동작과 동일한 동작을 나타내는 역할을 할 때가 있다.

보기 1) ἀποκριθεὶς εἶπεν ὁ Ἰησοῦς, **예수께서 대답하여 말씀하셨다.** 단순과거 분사는 원칙적으로 주동사보다 앞선 동작을 나타내는 것이지만, 이런 경우에는 주동사 εἶπεν과 같은 동작을 ἀποκριθείς라는 분사로써 다시 나타내며 그 동작의 형태를 보여 주는 역할을 하고 있다. 즉 **대답하는** 것도 **말씀하는** 것의 한가지라는 말이다. 즉 연설을 하거나 기도를 하거나 싸움을 하는 말이 아니라 대답하는 말이라는 것을 밝혀 준다. 그렇기 때문에 원칙대로 **대답하고서 말하였다**가 아니라 **대답하여 말하였다** 혹은 단순히 **대답하였다**라고 번역할 수 있다.

2) ὁ δὲ ἀποκριθεὶς εἶπεν, **그리고 그는 대답하여 말하였다.** 여기서 물론 ὁ ἀποκριθείς를 분사의 독립적 용법으로 보아 **대답한 사람**이라는 뜻으로도 볼 수 있다. 그러나 이런 형식을 복음서에서 많이 발견할 수 있는데 관사를 대명사로 취급하여 **그리고 그는 대답하**

여 **말하였다**라고 해석하는 것이 보통이다.

469. 제2단순과거 어근과 단순과거 인칭 어미

§165의 낱말 모음에서 설명한 것처럼 신약성서에서 제2단순과거 어근에 단순과거 인칭 어미가 붙은 경우가 많이 있다.

보기 εἶπον 대신 εἶπαν(3인칭 복수), εἰπέ 대신 εἰπόν(명령법)

470. 익힘 문제

1) παρέδωκα γὰρ ὑμῖν ἐν πρώτοις ὃ καὶ παρέλαβον, ὅτι Χριστὸς ἀπέθανεν ὑπὲρ τῶν ἁμαρτιῶν ἡμῶν κατὰ τὰς γραφάς.
2) μὴ ἔχοντος δὲ αὐτοῦ ἀποδοῦναι ἀπέλυσεν αὐτὸν ὁ κύριος αὐτοῦ.
3) καὶ ἀποκριθεὶς πᾶς ὁ λαὸς εἶπεν· τὸ αἷμα αὐτοῦ ἐφ' ἡμᾶς καὶ ἐπὶ τὰ τέκνα ἡμῶν.
4) θέλω δὲ τούτῳ τῷ ἐσχάτῳ δοῦναι ὡς καὶ σοί.
5) ἐσθιόντων δὲ αὐτῶν λαβὼν ὁ Ἰησοῦς ἄρτον καὶ εὐλογήσας ἔκλασεν καὶ δοὺς τοῖς μαθηταῖς εἶπεν· λάβετε φάγετε, τοῦτό ἐστιν τὸ σῶμά μου. καὶ λαβὼν ποτήριον καὶ εὐχαριστήσας ἔδωκεν αὐτοῖς λέγων· πίετε ἐξ αὐτοῦ πάντες.
6) καὶ εἶπαν λέγοντες πρὸς αὐτόν· εἰπὸν ἡμῖν ἐν ποίᾳ ἐξουσίᾳ ταῦτα ποιεῖς, ἢ τίς ἐστιν ὁ δούς σοι τὴν ἐξουσίαν ταύτην. ἀποκριθεὶς δὲ εἶπεν πρὸς αὐτούς· ἐρωτήσω κἀγὼ[1] λόγον, καὶ εἴπατέ μοι.
7) ὁ γὰρ ἄρτος τοῦ θεοῦ ἐστιν ὁ καταβαίνων ἐκ τοῦ οὐρανοῦ καὶ ζωὴν διδοὺς τῷ κόσμῳ.
8) λέγει αὐτοῖς· ὑμεῖς δὲ τίνα με λέγετε εἶναι; ἀποκριθεὶς δὲ Σίμων Πέτρος εἶπεν· σὺ εἶ ὁ Χριστὸς ὁ υἱὸς τοῦ θεοῦ τοῦ ζῶντος.
9) λέγει αὐτῷ ὁ Ἰησοῦς· πορεύου· ὁ υἱός σου ζῇ. ἐπίστευσεν ὁ

주1. κἀγώ는 καὶ ἐγώ를 가리킨다.

ἄνθρωπος τῷ λόγῳ ὃν εἶπεν αὐτῷ ὁ Ἰησοῦς καὶ ἐπορεύετο.

10) ὁρᾶτε μή τις κακὸν ἀντὶ κακοῦ τινι ἀποδῷ.

11) ἦλθεν ἡ ὥρα, ἰδοὺ παραδίδοται ὁ υἱὸς τοῦ ἀνθρώπου εἰς τὰς χεῖρας τῶν ἁμαρτωλῶν. ἐγείρεσθε, ἄγωμεν· ἰδοὺ ὁ παραδιδούς με ἤγγικεν.

12) καὶ ἰδοὺ εἷς προσελθὼν αὐτῷ εἶπεν· διδάσκαλε, τί ἀγαθὸν ποιήσω ἵνα σχῶ ζωὴν αἰώνιον; ὁ δὲ εἶπεν αὐτῷ· τί με ἐρωτᾷς περὶ τοῦ ἀγαθοῦ; εἷς ἐστιν ὁ ἀγαθος· εἰ δὲ θέλεις εἰς τὴν ζωὴν εἰσελθεῖν τήρει τὰς ἐντολάς.

13) καὶ προσελθὼν ὁ πειράζων εἶπεν αὐτῷ· εἰ υἱὸς εἶ τοῦ θεοῦ, εἰπὲ ἵνα οἱ λίθοι οὗτοι ἄρτοι γένωνται. ὁ δὲ ἀποκριθεὶς εἶπεν· γέγραπται· οὐκ ἐπ' ἄρτῳ μόνῳ ζήσεται ὁ ἄνθρωπος.

14) καὶ προσελθόντες οἱ μαθηταὶ εἶπαν αὐτῷ· διὰ τί ἐν παραβολαῖς λαλεῖς αὐτοῖς; ὁ δὲ ἀποκριθεὶς εἶπεν ὅτι ὑμῖν δέδοται γνῶναι τὰ μυστήρια τῆς βασιλείας τῶν οὐρανῶν, ἐκείνοις δὲ οὐ δέδοται.

15) ἔλεγον αὐτῷ οἱ μαθηταί· ἀπόλυσον αὐτούς. ὁ δὲ ἀποκριθεὶς εἶπεν αὐτοῖς· δότε αὐτοῖς ὑμεῖς φαγεῖν.

제32과

τίθημι, ἀφίημι, δείκνυμι, ἀπόλλυμι의 변화, 결과를 나타내는 절에 있는 대격과 부정사, ἕως 뒤에 오는 가정법

471. 낱말 모음

ἀνοίγω, **내가 열다**(開)

ἀπόλλυμι 혹은 ἀπολλύω, **내가 파괴하다**, 중간태, **내가 멸망하다**

ἀρχή, ἡ, **처음, 시초**

ἀφίημι, **내가 버려두다, 허락하다, 용서하다**(**내가 용서하다**는 뜻으로 사용될 때에는 용서받는 물건은 대격을 취하고, 용서받는 사람은 여격을 취한다.)

δείκνυμι와 δεικνύω, **내가 보이다**

εὑρίσκω, **내가 찾다, 발견하다**

ἐπιτίθημι, **내가…위에 두다**(놓이는 물건은 대격으로, 그것을 두는 사람이나 물건은 여격으로 한다.)

ἕως, 부사, +속격, …**까지**, 접속사, …**때에**, …**까지**.

καθώς, 부사, …**와 같이**, **처럼**(just as, **함께**라는 뜻이 아니다.)

καιρός, ὁ, (작정한) **때**

μνημεῖον, τό, **무덤**

μόνον, 부사, **다만, 유독, 오직**

πῦρ, πυρός, τό, **불**

σημεῖον, τό, **표징, 기적, 표적, 표**

στόμα, στόματος, τό, **입**

τίθημι, **내가 두다, 놓다**

(τιθημι τὴν ψυχήν, **내가 목숨을 내어놓다.**)

ὑπάγω, **내가 가 버리다**

χαίρω, **내가 기뻐하다**(ἐχάρην, 제2

단순과거 수동태, **내가 기뻐하였다.**)

χρόνος, ὁ, **때**(καιρός로써 나타내는 일정하고 작정된 **때**가 아니라 일반적인 **시간**을 의미한다.)

ὧδε, 부사, **이리로, 여기에**

ὥσπερ, 부사, …**과 똑같이**

ὥστε, 접속사, **그래서**(결과절에 사용된다.)

472. τίθημι, **내가 두다**의 기본형은 τίθημι, θήσω, ἔθηκα, τέθεικα, τέθειμαι, ἐτέθην이다.

473. 어근은 θε-이다. 현재 변화는 δίδωμι와 같이 τι-라는 접두어가 붙는다. 미래는 완전히 규칙적으로 변한다. 단순과거는 σ 대신 κ가 붙는 것 외에는 규칙적이다. 현재완료 능동태와 중간태는 θε가 길어져서 θη가 되지 않고 θει로 변하는 것 외에는 규칙적으로 변한다. 단순과거 수동태는 어근인 θε가 τε로 변하고 모음 ε가 시제 접미어 θε 앞에서도 길어지지 않는다. 그 밖에는 규칙적이다.

474. τίθημι의 변화표(§540–541)에서 모든 변화를 찾아보라.

475. τίθημι도 δίδωμι와 마찬가지로 직설법에서는 단순과거 형태를 가지고 그 밖의 법(mood)에서는 제2단순과거 변화를 따른다.

476. ἀφίημι의 변화

ἀφίημι, **내가 버려두다, 허락하다, 용서하다**는 ἀπό와 ἵημι가 합해진 것이다. ἵημι의 어근은 ἑ-이다. ἑ- 앞에 ἱ가 붙으면 현재 어근이고 ἑ-만 있으면 제2단순과거 어근인 것을 알면 편리하다. ἀφίημι의 변화표(§542)를 참고하라. 신약성서에서 나오는 모든 변화 형태를 거기에 열거하였다.

477. δείκνυμι와 ἀπόλλυμι의 변화

이 두 동사는 현재 변화에서 μι형식을 따른다. 그리고 현재 어근이 υ로 끝난다. 그러나 이 두 동사가 현재에서도 ω동사와 같이 변화하는 경우가 종종 있다.

ὥστε 뒤에 오는 대격과 부정사

478. ὥστε 다음에 대격과 부정사(infinitive)가 와서 결과를 나타내는 절을 형성하는 경우가 있다.

보기 ἐθεράπευσεν αὐτοὺς· ὥστε τὸν ὄχλον θαυμάσαι, **그가 그들을 고쳐 주셨다. 그래서 그 무리가 놀랐다.**

479. ὥστε는 ὥσπερ, οὔτε 등과 같이 불규칙적인 악센트를 가지고 있다. 원래 τε는 전접어이고 ὡς와 τε가 합해져서 ὥστε가 된 것을 기억하면 이해된다.

480. ἕως ἄν과 가정법

ἕως+ἄν+가정법 혹은 ἕως+가정법의 형식을 가지고 아직 실제로 일어나지 않은 동작을 가상하며 그것이 일어날 **때까지**라는 뜻을 나타내는 데 사용한다.

보기 μείνατε ἕως ἂν ἔλθω, **너희는 내가 오기까지 머물러 있어라.** 즉 **내가 온다는** 동작은 아직 일어나지 않은 가상적인 것이다.

그러나 ἕως+직설법 혹은 ἕως+οὗ+직설법의 형식은 과거에 실제적인 동작이 일어나는 **시간까지**를 나타내는 데 사용된다.

보기 ἔμεινεν ἕως οὗ ἦλθον, **그는 내가 올 때까지 머물러 있었다.**

481. 익힘 문제

1) διὰ τοῦτό με ὁ πατὴρ ἀγαπᾷ ὅτι ἐγὼ τίθημι τὴν ψυχήν μου, ἵνα

πάλιν λάβω αὐτήν. οὐδεὶς ἦρεν αὐτὴν ἀπ' ἐμοῦ, ἀλλ' ἐγὼ τίθημι αὐτὴν ἀπ' ἐμαυτοῦ. ἐξουσίαν ἔχω θεῖναι αὐτήν, καὶ ἐξουσίαν ἔχω πάλιν λαβεῖν αὐτήν· ταύτην τὴν ἐντολὴν ἔλαβον παρὰ τοῦ πατρός μου.

2) αὕτη ἐστὶν ἡ ἐντολὴ ἡ ἐμή, ἵνα ἀγαπᾶτε ἀλλήλους καθὼς ἠγάπησα ὑμᾶς. μείζονα ταύτης ἀγάπην οὐδεὶς ἔχει, ἵνα τις τὴν ψυχὴν αὐτοῦ θῇ ὑπὲρ τῶν φίλων αὐτοῦ.

3) ἀλλὰ ἐλθὼν ἐπίθες τὴν χεῖρά σου ἐπ' αὐτὴν καὶ ζήσεται.

4) ὁ δὲ Ἰησοῦς εἶπεν· ἄφετε τὰ παιδία καὶ μὴ κωλύετε αὐτὰ ἐλθεῖν πρός με· τῶν γὰρ τοιούτων ἐστὶν ἡ βασιλεία τῶν οὐρανῶν. καὶ ἐπιθεὶς τὰς χεῖρας αὐτοῖς ἐπορεύθη ἐκεῖθεν.

5) καὶ προσευξάμενοι ἐπέθηκαν αὐτοῖς τὰς χεῖρας.

6) τότε ἐπετίθεσαν τὰς χεῖρας ἐπ' αὐτούς, καὶ ἐλάμβανον πνεῦμα ἅγιον.

7) ἀκούσαντες δὲ ἐβαπτίσθησαν εἰς τὸ ὄνομα τοῦ κυρίου Ἰησοῦ· καὶ ἐπιθέντος αὐτοῖς τοῦ Παύλου χεῖρας ἦλθε τὸ πνεῦμα τὸ ἅγιον ἐπ' αὐτούς.

8) ζωοποιεῖ ὁ υἱὸς τοῦ θεοῦ ὃν θέλει.

9) ὑμεῖς ὃ ἠκούσατε ἀπ' ἀρχῆς, ἐν ὑμῖν μενέτω. ἐὰν ἐν ὑμῖν μείνῃ ὃ ἀπ' ἀρχῆς ἠκούσατε, καὶ ὑμεῖς ἐν τῷ υἱῷ καὶ ἐν τῷ πατρὶ μενεῖτε.

10) καὶ ἐγένετο ὡσεί νεκρός, ὥστε τοὺς πολλοὺς λέγειν ὅτι ἀπέθανεν.

11) ἴσθι ἐκεῖ ἕως ἂν εἴπω σοι· μέλλει γὰρ Ἡρῴδης ζητεῖν τὸ παιδίον τοῦ ἀπολέσαι αὐτό.

12) Κύριε, σῶσον, ἀπολλύμεθα.

13) καὶ ἀνοίξας τὸ βιβλίον εὗρεν τὸν τόπον.

14) τὰ δὲ ἐκπορευόμενα ἐκ τοῦ στόματος ἐκ τῆς καρδίας ἐξέρχεται.

15) οὐ περὶ τούτων δὲ ἐρωτῶ μόνον, ἀλλὰ καὶ περὶ τῶν πιστευόντων

διὰ τοῦ λόγου αὐτῶν εἰς ἐμέ, ἵνα πάντες ἓν ὦσιν, καθὼς σύ, πατήρ, ἐν ἐμοὶ κἀγὼ ἐν σοί, ἵνα καὶ αὐτοὶ ἐν ἡμῖν ὦσιν, ἵνα ὁ κόσμος πιστεύῃ ὅτι σύ με ἀπέστειλας.

16) εἶπεν οὖν ὁ Ἰησοῦς· ἔτι χρόνον μικρὸν μεθ' ὑμῶν εἰμι καὶ ὑπάγω πρὸς τὸν πέμψαντά με.

17) ὅτε δὲ ἤγγισεν ὁ καιρὸς τῶν καρπῶν, ἀπέστειλεν τοὺς δούλους αὐτοῦ.

18) αὐτὸς δὲ σωθήσεται, οὕτως δὲ ὡς διὰ πυρός.

제33과

ἵστημι와 οἶδα의 변화, 희구법, 사실과 반대되는 조건문, γίνομαι의 용법, οὐ μή+가정법

482. 낱말 모음

ἀνίστημι, 현재 · 미래 · 단순과거 능동태는 타동사, **내가 일으키다**, 제2단순과거 · 현재완료 능동태와 중간태는 자동사, **내가 서다, 일어서다**

δοκέω, **내가 생각하다, …라고 보다**

δύναμαι, 디포, **나는…할 수 있다**(현재 변화는 ἵστημι의 중간태와 같이 변화한다.)

δύναμις, δυνάμεως, ἡ, **힘, 능력, 기적, 권능**

ἔβην, βαίνω **내가 가다**의 제2단순과거(μι 형식의 과거, ἵστημι의 제2단순과거와 같이 변화한다.)

ἕτερος, α, ον, **다른**(항상 그런 것은 아니지만 때때로 종류의 다름을 의미한다. ἄλλος는 단순히 같은 종류 중에서 다른 것을 의미한다.)

ἵστημι, 현재 · 미래 · 단순과거 능동태는 타동사, **내가 서게 하다**, 현재완료(현재의 뜻을 가지고 있다.) · 제2단순과거는 자동사, **내가 서다**

κάθημαι, **내가 앉다**(μι 형식의 디포넌트 동사다. 현재 분사 καθήμενος, **앉아 있는**)

οἶδα, 제2현재완료, **내가 알다**(현재의 뜻을 가지고 있다.)

ὅλος, η, ον, 형용사, **모든, 전부의**

ὅμοιος, α, ον, 형용사, **같은, 비슷한** (비교의 대상되는 것을 여격으로 나타낸다.)

οὔτε, **그리고…아니**(οὔτε…οὔτε, …**도 아니요 …도 아니**)

παραγίνομαι, **내가 가까이 이르다, 도착하다, 오다**(παραγίνομαι εἰς τὴν πόλιν, **내가 그 도시에 이르다.**)

φανερόω, **내가 나타내다**

φημί, **내가 말하다**(어근 φα를 가진 μι동사다. λέγω보다 훨씬 적게 사용된다.)

ὡς, 부사와 접속사, …**때에**(다른 용법은 이미 배웠다.)

483. ἵστημι, **내가 일으키다**라는 μι동사의 기본형은 ἵστημι, στήσω, ἔστησα, ἕστηκα, ἕσταμαι, ἐστάθην이다.

484. ἵστημι의 어근은 στα-이다. 현재 변화에는 ἱ가 접두어로 붙는다. 미래와 단순과거는 완전히 규칙적으로 변화한다. 시제 접미어 σ나 σα 앞에서 어근의 끝 모음 α가 η로 길어졌다. 현재완료 능동태는 ἑ를 접두어로 가지는 것 이외에 모두 규칙적이다. 현재완료 중간태와 수동태는 어근 στα-를 그대로 가지고 α가 길어지지 않는다. 단순과거 수동태에도 어근 στα-가 그대로 남아 있고 그 밖에는 규칙적이다.

485. §543-544에서 ἵστημι의 모든 변화를 찾아보라.

486. ἵστημι가 δίδωμι나 τίθημι와 다른 점은 제2단순과거의 변화와 단순과거의 변화가 완전히 갈라져 있는 것이다. 단순과거는 타동사이고 제2단순과거는 자동사다.

487. ἵστημι의 제2단순과거 중간태는 나타나지 않는다.

488. 현재완료 분사 ἑστηκώς, ἑστηκυῖα, ἑστηκός 외에 ἑστώς, ἑστῶσα, ἑστός와 같은 변형을 사용하는 수가 있다. 그 뜻은 마찬가지다.

489. οἶδα의 변화를 §546에서 찾아보라. οἶδα는 제2현재완료의 형식을 가지고 있으나 뜻은 현재적이다. 과거완료 ᾔδειν은 미완료의 뜻을 가지고 있다.

490. 희구법

희구법(希求法, optative mood)이란 강한 우연성 혹은 가능성을 나타내는 법(mood)이며, 확정적인 실현성을 조금도 예상하지 못하고 다만 어떤 동작을 상상해 볼 뿐이다. 따라서 희구법은 가정법보다도 더 실제에서 먼 뜻을 나타낸다. 희구법도 본래 다른 법(mood)들과 마찬가지로 흔하게 사용되던 것인데, 신약성서 헬라어에서는 67회밖에 사용되지 않으며, 그것도 주로 누가의 글에만 많이 나타나고 있다. 희구법은 보통 소원을 표시하는 데 사용된다.(신약에 나타난 67회 중에서 38회가 소원을 나타낸다.) 그 밖에도 한두 가지 용법이 있는데 그것은 부록을 참고하기 바란다. μὴ γένοιτο(γένοιτο는 γίνομαι의 3인칭 단수 제2단순과거 희구법)는 신약에 15회나 나타나며, **그런 일이 제발 없기를 바란다**는 뜻이다. 희구법은 대개 가정법보다도 더 가상적인 것을 나타내는 데 사용된다. 실례들은 누가복음 1:29, 62, 6:11, 22:23, 사도행전 8:31, 17:11, 18에서 찾아보라. 희구법의 변화를 §533의 λύω동사 변화표에서 찾아보라.

491. 사실과 반대되는 조건문

사실과 반대되는 것을 조건으로 나타내는 문장은 조건절과 귀결절에 모두 제2시제 직설법 동사를 취한다. 조건절에는 εἰ가 선두에 있고, 귀결절에는 보통 ἄν이 들어 있다.

1) 현재의 어떤 사실과 반대되는 것을 조건으로 삼은 문장에는 조건절과 귀결절이 모두 미완료를 취한다.

보기 οὗτος εἰ ἦν προφήτης ἐγίνωσκεν ἂν τίς καὶ ποταπὴ ἡ γυνή, **만일 이 사람이 예언자였더라면 그 여자가 누구이며 어떤 사람인지를 알았을 것이다.** 현재 이 사람이 예언자가 아닌데 예언자가 되는 것을 조건으로 삼아 보는 것이다.

2) 과거의 어떤 사실과 반대되는 것을 조건으로 삼는 문장에서는 조건절과 귀결절에 모두 단순과거나 과거완료가 나타나는 것이 상례다.

보기 κύριε, εἰ ἦς ὧδε, οὐκ ἂν ἀπέθανεν ὁ ἀδελφός μου, **주여, 만일 당신이 여기 계셨더라면 내 동생이 죽지 않았을 것입니다.** 과거에 주님이 여기에 안 계셨는데 그 사실과는 반대는 것, 즉 그가 계셨다는 것을 조건으로 삼아 보는 것이다.

γίνομαι의 용법

492. 지금까지 γίνομαι를 **내가 되다**는 뜻으로만 해석했으나 사실은 그 밖에도 여러 가지로 사용되며, 여러 가지 뜻이 있다. 즉 …**이 일어나다, 생기다, 나타나다, 있다, 되다, 오다** 등으로 해석된다.

보기 1) ἐν ἐκείναις ταῖς ἡμέραις ἐγένετο ἱερεύς τις, **그때에 어떤 제사장이 있었다**(역사상에 나타났다.).

2) πάντα δι' αὐτοῦ ἐγένετο, **모든 것이 그를 통하여 생겼다, 존재하게 되었다.**

3) εἶδεν τὰ γενόμενα, **나는 그 일어난 일들을 보았다.**

4) φωνὴ ἐγένετο ἐκ τῶν οὐρανῶν, **하늘로부터 소리가 났다.**

그러나 γίνομαι를 어떤 동작을 하는 동사라고 보아서는 안 된다.

493. καὶ ἐγένετο와 ἐγένετο δέ는 특별한 관용구(idiom)로서, 역사적인 서술의 초두에 와서 그 아래 나오는 역사적인 사실들의 발생을 소개한다. 우리말로는 그것을 그대로 번역하기가 어렵다. 그것은 세 가지 형식으로 사용되고 있다.

1) καὶ ἐγένετο αὐτὸν ἐλθεῖν, **그리고 그가 온 것이었다.** 이와 같이 대격과 부정사가 ἐγένετο 다음에 따라 나오는 경우다. 즉 **그가 온 일이 일어났다**는 뜻이다. 이런 형식은 적어도 헬라어의 보통 어법(語法)을 따르고 있는 것을 볼 수 있다.

2) καὶ ἐγένετο καὶ ἦλθεν은 히브리어식 표현을 닮은 것이며 헬라어의 보통 어법을 완전히 어기고 있다. 그러나 그 뜻은 1)과 같은 것이다. 즉 **그리고 그가 온 것이었다**라는 뜻이다.

3) καὶ ἐγένετο ἦλθεν. 이것도 역시 헬라어의 일반 어법을 어기고 있다. 그러나 역시 뜻은 1)이나 2)와 같다.

494. οὐ μή+가정법

οὐ와 μή가 나란히 같이 나오는 경우는 신약성서에 90여 회나 된다. 이것은 과거 가정법을 취하여 미래적인 강한 부정(否定)의 뜻을 나타낸다.

보기 οὐ μὴ εἰσέλθητε εἰς τὴν βασιλείαν τῶν οὐρανῶν, **너희는 결단코 하늘 나라에 들어가지 못할 것이다.**(마 5:20)

495. 익힘 문제

1) διὰ τοῦτο ὁ κόσμος οὐ γινώσκει ἡμᾶς ὅτι οὐκ ἔγνω αὐτόν. ἀγαπητοί, νῦν τέκνα θεοῦ ἐσμεν, καὶ οὔπω ἐφανερώθη τί ἐσόμεθα. οἴδαμεν ὅτι ἐὰν φανερωθῇ ὅμοιοι αὐτῷ ἐσόμεθα, ὅτι ὀψόμεθα αὐτὸν καθώς ἐστιν.

2) ἔλεγον οὖν αὐτῷ· ποῦ ἐστιν ὁ πατήρ σου; ἀπεκρίθη Ἰησοῦς· οὔτε ἐμὲ οἴδατε οὔτε τὸν πατέρα μου· εἰ ἐμὲ ᾔδειτε, καὶ τὸν πατέρα μου ἂν ᾔδειτε.

3) ζητήσετέ με καὶ οὐχ εὑρήσετε, καὶ ὅπου εἰμὶ ἐγὼ ὑμεῖς οὐ δύνασθε ἐλθεῖν.

4) καὶ συνέρχεται πάλιν ὁ ὄχλος, ὥστε μή δύνασθαι αὐτοὺς μηδὲ

ἄρτον φαγεῖν.

5) ἠκούσατε ὅτι ἐγὼ εἶπον ὑμῖν· ὑπάγω καὶ ἔρχομαι πρὸς ὑμᾶς. εἰ ἠγαπᾶτέ με, ἐχάρητε ἂν ὅτι πορεύομαι πρὸς τὸν πατέρα, ὅτι ὁ πατὴρ μείζων μού ἐστιν.

6) εὗρεν ἄλλους ἑστῶτας καὶ λέγει αὐτοῖς· τί ὧδε ἑστήκατε ὅλην τὴν ἡμέραν;

7) προφήτην ὑμῖν ἀναστήσει κύριος ὁ θεὸς ἐκ τῶν ἀδελφῶν ὑμῶν ὡς ἐμέ· αὐτοῦ ἀκούσεσθε κατὰ πάντα ὅσα ἂν λαλήσῃ ὑμῖν.

8) καὶ ἀναστὰς ὁ ἀρχιερεὺς εἶπεν αὐτῷ· οὐδὲν ἀποκρίνῃ;

9) τότε οὖν εἰσῆλθεν καὶ ὁ ἄλλος μαθητὴς ὁ ἐλθὼν πρῶτος εἰς τὸ μνημεῖον, καὶ εἶδεν καὶ ἐπίστευσεν· οὐδέπω γὰρ ᾔδεισαν τὴν γραφήν, ὅτι δεῖ αὐτὸν ἐκ νεκρῶν ἀναστῆναι.

10) εἰ ἐν Σοδόμοις ἐγενήθησαν αἱ δυνάμεις αἱ γενόμεναι ἐν σοί, ἔμεινεν ἂν μέχρι τῆς σήμερον.

11) ἔδωκεν αὐτοῖς δύναμιν καὶ ἐξουσίαν ἐπὶ πάντα τὰ δαιμόνια.

12) ἐγένετο δὲ ἐν τῷ βαπτισθῆναι ἅπαντα τὸν λαὸν καὶ Ἰησοῦ βαπτισθέντος καὶ προσευχομένου ἀνεῳχθῆναι τὸν οὐρανόν, καὶ καταβῆναι τὸ πνεῦμα τὸ ἅγιον.

13) ἐγένετο δὲ ἐν ταῖς ἡμέραις ἐκείναις ἐξελθεῖν αὐτὸν εἰς τὰ ὄρη προσεύξασθαι.

14) ἐξῆλθον δὲ ἰδεῖν τὸ γεγονός, καὶ ἦλθον πρὸς τὸν Ἰησοῦν, καὶ εὗρον καθήμενον τὸν ἄνθρωπον ἀφ᾽ οὗ τὰ δαιμόνια ἐξῆλθον.

15) καὶ ἐγένετο ἐν τῷ εἶναι αὐτὸν ἐν τόπῳ τινὶ προσευχόμενον, ὡς ἐπαύσατο, εἶπέν τις τῶν μαθητῶν αὐτοῦ πρὸς αὐτόν· κύριε δίδαξον ἡμᾶς προσεύχεσθαι, καθὼς καὶ Ἰωάννης ἐδίδαξεν τοὺς μαθητὰς αὐτοῦ.

16) ὁ δὲ ἔφη αὐτῷ· ἀγαπήσεις κύριον τὸν θεόν σου ἐν ὅλῃ τῇ καρδίᾳ

σου.

17) δοκεῖτε ὅτι εἰρήνην παρεγενόμην δοῦναι ἐν τῇ γῇ;

18) περὶ τίνος ὁ προφήτης λέγει τοῦτο; περὶ ἑαυτοῦ ἢ περὶ ἑτέρου τινός;

19) αὐτὸς ὑμᾶς βαπτίσει ἐν πνεύματι ἁγίῳ καὶ πυρί.

어형 변화표

명사 제1변화

496. ὥρα, ἡ, 어근 ὡρα-, **시간.** ἀλήθεια, ἡ, 어근 ἀληθεια-, **진리.** δόξα, ἡ, 어근 δοξα-, **영광.** γραφή, ἡ, 어근 γραφα-, **문서, 성경, 기록.**

단수

주.	ὥρα	ἀλήθεια	δόξα	γραφή
속.	ὥρας	ἀληθείας	δόξης	γραφῆς
여.	ὥρᾳ	ἀληθείᾳ	δόξῃ	γραφῇ
대.	ὥραν	ἀλήθειαν	δόξαν	γραφήν
호.	ὥρα	ἀλήθεια	δόξα	γραφή

복수

주.	ὧραι	ἀλήθειαι	δόξαι	γραφαί
속.	ὡρῶν	ἀληθειῶν	δοξῶν	γραφῶν
여.	ὥραις	ἀληθείαις	δόξαις	γραφαῖς
대.	ὥρας	ἀληθείας	δόξας	γραφάς
호.	ὧραι	ἀλήθειαι	δόξαι	γραφαί

497. προφήτης, ὁ, 어근 προφητα-, **예언자.** μαθητής, ὁ, 어근 μαθητα-, **제자.**

단수

주.	προφήτης	μαθητής
속.	προφήτου	μαθητοῦ
여.	προφήτῃ	μαθητῇ
대.	προφήτην	μαθητήν
호.	προφῆτα	μαθητά

복수

주.	προφῆται	μαθηταί
속.	προφητῶν	μαθητῶν
여.	προφήταις	μαθηταῖς
대.	προφήτας	μαθητάς
호.	προφῆται	μαθηταί

명사 제2변화

498. λόγος, ὁ, 어근 λογο-, **말씀.** ἄνθρωπος, ὁ, 어근 ἀνθρωπο-, **사람.** υἱός, ὁ, 어근 υἱο-, **아들.** δοῦλος, ὁ, 어근 δουλο-, **종.**

단수

주.	λόγος	ἄνθρωπος	υἱός	δοῦλος
속.	λόγου	ἀνθρώπου	υἱοῦ	δούλου
여.	λόγῳ	ἀνθρώπῳ	υἱῷ	δούλῳ
대.	λόγον	ἄνθρωπον	υἱόν	δοῦλον
호.	λόγε	ἄνθρωπε	υἱέ	δοῦλε

복수

주.	λόγοι	ἄνθρωποι	υἱοί	δοῦλοι
속.	λόγων	ἀνθρώπων	υἱῶν	δούλων
여.	λόγοις	ἀνθρώποις	υἱοῖς	δούλοις
대.	λόγους	ἀνθρώπους	υἱούς	δούλους
호.	λόγοι	ἄνθρωποι	υἱοί	δοῦλοι

499. δῶρον, τό, 어근 δωρο-, **선물.**

	단수	**복수**
주.	δῶρον	δῶρα
속.	δώρου	δώρων
여.	δώρῳ	δώροις
대.	δῶρον	δῶρα
호.	δῶρον	δῶρα

명사 제3변화

500. νύξ, ἡ, 어근 νυκτ-, **밤**. σάρξ, ἡ, 어근 σαρκ-, **살**(肉). ἄρχων, ὁ, 어근 ἀρχοντ-, **통치자**.

단수

주.	νύξ	σάρξ	ἄρχων
속.	νυκτός	σαρκός	ἄρχοντος
여.	νυκτί	σαρκί	ἄρχοντι
대.	νύκτα	σάρκα	ἄρχοντα
호.	νύξ	σάρξ	ἄρχων

복수

주.	νύκτες	σάρκες	ἄρχοντες
속.	νυκτῶν	σαρκῶν	ἀρχόντων
여.	νυξί(ν)	σαρξί(ν)	ἄρχουσι(ν)
대.	νύκτας	σάρκας	ἄρχοντας
호.	νύκτες	σάρκες	ἄρχοντες

501. ἐλπίς, ἡ, 어근 ἐλπιδ-, **희망**. χάρις, ἡ, 어근 χαριτ-, **은혜**.

단수

주.	ἐλπίς	χάρις
속.	ἐλπίδος	χάριτος
여.	ἐλπίδι	χάριτι
대.	ἐλπίδα	χάριν
호.	ἐλπί	χάρις

복수

주.	ἐλπίδες	χάριτες
속.	ἐλπίδων	χαρίτων
여.	ἐλπίσι(ν)	χάρισι(ν)
대.	ἐλπίδας	χάριτας
호.	ἐλπίδες	χάριτες

502. ὄνομα, τό, 어근 ὀνοματ-, **이름.**

	단수	복수
주.대.호.	ὄνομα	ὀνόματα
속.	ὀνόματος	ὀνομάτων
여.	ὀνόματι	ὀνόμασι(ν)

503. γένος, τό, 어근 γενεσ-, **민족, 종류.**

	단수	복수
주.대.호.	γένος	γένη
속.	γένους	γενῶν
여.	γένει	γένεσι(ν)

504. πόλις, ἡ, 어근 πολι-, **도시.**

	단수	복수
주.	πόλις	πόλεις
속.	πόλεως	πόλεων
여.	πόλει	πόλεσι(ν)
대.	πόλιν	πόλεις
호.	πόλι	πόλεις

505. βαιλεύς, ὁ, 어근 βασιλευ-, **임금, 왕.**

	단수	복수
주.	βασιλεύς	βασιλεῖς
속.	βασιλέως	βασιλέων
여.	βασιλεῖ	βασιλεῦσι(ν)
대.	βασιλέα	βασιλεῖς
호.	βασιλεῦ	βασιλεῖς

506. πατήρ, ὁ, 어근 πατερ-, **아버지**. ἀνήρ, ὁ, 어근 ἀνερ-, **남자**.

단수

주.	πατήρ	ἀνήρ
속.	πατρός	ἀνδρός
여.	πατρί	ἀνδρί
대.	πατέρα	ἄνδρα
호.	πάτερ	ἄνερ

복수

주.	πατέρες	ἄνδρες
속.	πατέρων	ἀνδρῶν
여.	πατράσι(ν)	ἀνδράσι(ν)
대.	πατέρας	ἄνδρας
호.	πατέρες	ἄνδρες

μήτηρ, μητρός, ἡ, **어머니**는 πατήρ와 같이 변화한다.

507. χείρ, ἡ, 어근 χειρ-, **손**. γυνή, ἡ, 어근 γυναικ-, **여인**.

단수

주.	χείρ	γυνή
속.	χειρός	γυναικός
여.	χειρί	γυναικί
대.	χεῖρα	γυναῖκα
호.	χείρ	γύναι

복수

주.	χεῖρες	γυναῖκες
속.	χειρῶν	γυναικῶν
여.	χερσί(ν)	γυναιξί(ν)
대.	χεῖρας	γυναῖκας
호.	χεῖρες	γυναῖκες

508. 관사

	단수			복수		
	남성	여성	중성	남성	여성	중성
주.	ὁ	ἡ	τό	οἱ	αἱ	τά
속.	τοῦ	τῆς	τοῦ	τῶν	τῶν	τῶν
여.	τῷ	τῇ	τῷ	τοῖς	ταῖς	τοῖς
대.	τόν	τήν	τό	τούς	τάς	τά

형용사

509. ἀγαθός, ή, όν, 좋은, 선한.

	단수			복수		
	남성	여성	중성	남성	여성	중성
주.	ἀγαθός	ἀγαθή	ἀγαθόν	ἀγαθοί	ἀγαθαί	ἀγαθά
속.	ἀγαθοῦ	ἀγαθῆς	ἀγαθοῦ	ἀγαθῶν	ἀγαθῶν	ἀγαθῶν
여.	ἀγαθῷ	ἀγαθῇ	ἀγαθῷ	ἀγαθοῖς	ἀγαθαῖς	ἀγαθοῖς
대.	ἀγαθόν	ἀγαθήν	ἀγαθόν	ἀγαθούς	ἀγαθάς	ἀγαθά
호.	ἀγαθέ	ἀγαθή	ἀγαθόν	ἀγαθοί	ἀγαθαί	ἀγαθά

510. μικρός, ά, όν, 작은.

	단수			복수		
	남성	여성	중성	남성	여성	중성
주.	μικρός	μικρά	μικρόν	μικροί	μικραί	μικρά
속.	μικροῦ	μικρᾶς	μικροῦ	μικρῶν	μικρῶν	μικρῶν
여.	μικρῷ	μικρᾷ	μικρῷ	μικροῖς	μικραῖς	μικροῖς
대.	μικρόν	μικράν	μικρόν	μικρούς	μικράς	μικρά
호.	μικρέ	μικρά	μικρόν	μικροί	μικραί	μικρά

511. δίκαιος, α, ον, 의로운.

	단수			복수		
	남성	여성	중성	남성	여성	중성
주.	δίκαιος	δικαία	δίκαιον	δίκαιοι	δίκαιαι	δίκαια
속.	δικαίου	δικαίας	δικαίου	δικαίων	δικαίων	δικαίων
여.	δικαίῳ	δικαίᾳ	δικαίῳ	δικαίοις	δικαίαις	δικαίοις
대.	δίκαιον	δικαίαν	δίκαιον	δικαίους	δικαίας	δίκαια
호.	δίκαιε	δικαία	δίκαιον	δίκαιοι	δίκαιαι	δίκαια

512. μείζων, μεῖζον, 보다 큰.

	단수		복수	
	남성 · 여성	중성	남성 · 여성	중성
주.	μείζων	μεῖζον	μείζονες(μείζους)	μείζονα(μείζω)
속.	μείζονος	μείζονος	μειζόνων	μειζόνων
여.	μείζονι	μείζονι	μείζοσι(ν)	μείζοσι(ν)
대.	μείζονα(μείζω)	μεῖζον	μείζονας(μείζους)	μείζονα(μείζω)

513. ἀληθής, ές, 참된.

	단수		복수	
	남성 · 여성	중성	남성 · 여성	중성
주.	ἀληθής	ἀληθές	ἀληθεῖς	ἀληθῆ
속.	ἀληθοῦς	ἀληθοῦς	ἀληθῶν	ἀληθῶν
여.	ἀληθεῖ	ἀληθεῖ	ἀληθέσι(ν)	ἀληθέσι(ν)
대.	ἀληθῆ	ἀληθές	ἀληθεῖς	ἀληθῆ
호.	ἀληθές	ἀληθές	ἀληθεῖς	ἀληθῆ

514. πᾶς, πᾶσα, πᾶν, 모든.

	단수			복수		
	남성	여성	중성	남성	여성	중성
주.	πᾶς	πᾶσα	πᾶν	πάντες	πᾶσαι	πάντα
속.	παντός	πάσης	παντός	πάντων	πασῶν	πάντων
여.	παντί	πάσῃ	παντί	πᾶσι(ν)	πάσαις	πᾶσι(ν)
대.	πάντα	πᾶσαν	πᾶν	πάντας	πάσας	πάντα

515. πολύς, πολλή, πολύ, **많은.**

	단수			복수		
	남성	여성	중성	남성	여성	중성
주.	πολύς	πολλή	πολύ	πολλοί	πολλαί	πολλά
속.	παλλοῦ	πολλῆς	πολλοῦ	πολλῶν	πολλῶν	πολλῶν
여.	πολλῷ	πολλῇ	πολλῷ	πολλοῖς	πολλαῖς	πολλοῖς
대.	πολύν	πολλήν	πολύ	πολλούς	πολλάς	πολλά

516. μέγας, μεγάλη, μέγα, **큰, 위대한.**

	단수			복수		
	남성	여성	중성	남성	여성	중성
주.	μέγας	μεγάλη	μέγα	μεγάλοι	μεγάλαι	μεγάλα
속.	μεγάλου	μεγάλης	μεγάλου	μεγάλων	μεγάλων	μεγάλων
여.	μεγάλῳ	μεγάλῃ	μεγάλῳ	μεγάλοις	μεγάλαις	μεγάλοις
대.	μέγαν	μεγάλην	μέγα	μεγάλους	μεγάλας	μεγάλα
호.	μεγάλε	μεγάλη	μέγα	μεγάλοι	μεγάλαι	μεγάλα

분사

517. λύω의 현재 능동태 분사 λύων, λύουσα, λῦον의 변화

	단수			복수		
	남성	여성	중성	남성	여성	중성
주.	λύων	λύουσα	λῦον	λύοντες	λύουσαι	λύοντα
속.	λύοντος	λυούσης	λύοντος	λυόντων	λυουσῶν	λυόντων
여.	λύοντι	λυούσῃ	λύοντι	λύουσι(ν)	λυούσαις	λύουσι(ν)
대.	λύοντα	λύουσαν	λῦον	λύοντας	λυούσας	λύοντα

518. λύω의 단순과거 능동태 분사 λύσας, λύσασα, λῦσαν의 변화

단수

	남성	여성	중성
주.	λύσας	λύσασα	λῦσαν
속.	λύσαντος	λυσάσης	λύσαντος
여.	λύσαντι	λυσάσῃ	λύσαντι
대.	λύσαντα	λύσασαν	λῦσαν

복수

	남성	여성	중성
주.	λύσαντες	λύσασαι	λύσαντα
속.	λυσάντων	λυσασῶν	λυσάντων
여.	λύσασι(ν)	λυσάσαις	λύσασι(ν)
대.	λύσαντας	λυσάσας	λύσαντα

519. λύω의 현재완료 능동태 분사 λελυκώς, λελυκυῖα, λελυκός의 변화

단수

	남성	여성	중성
주.	λελυκώς	λελυκυῖα	λελυκός
속.	λελυκότος	λελυκυίας	λελυκότος
여.	λελυκότι	λελυκυίᾳ	λελυκότι
대.	λελυκότα	λελυκυῖαν	λελυκός

복수

	남성	여성	중성
주.	λελυκότες	λελυκυῖαι	λελυκότα
속.	λελυκότων	λελυκυιῶν	λελυκότων
여.	λελυκόσι(ν)	λελυκυίαις	λελυκόσι(ν)
대.	λελυκότας	λελυκυίας	λελυκότα

520. λύω의 단순과거 수동태 분사 λυθείς, λυθεῖσα, λυθέν의 변화

단수

	남성	여성	중성
주.	λυθείς	λυθεῖσα	λυθέν
속.	λυθέντος	λυθείσης	λυθέντος
여.	λυθέντι	λυθείσῃ	λυθέντι
대.	λυθέντα	λυθεῖσαν	λυθέν

복수

	남성	여성	중성
주.	λυθέντες	λυθεῖσαι	λυθέντα
속.	λυθέντων	λυθεισῶν	λυθέντων
여.	λυθεῖσι (ν)	λυθείσαις	λυθεῖσι (ν)
대.	λυθέντας	λυθείσας	λυθέντα

521. εἰμί의 현재 분사 ὤν, οὖσα, ὄν의 변화

복수

	남성	여성	중성
주.	ὤν	οὖσα	ὄν
속.	ὄντος	οὔσης	ὄντος
여.	ὄντι	οὔσῃ	ὄντι
대.	ὄντα	οὖσαν	ὄν

복수

	남성	여성	중성
주.	ὄντες	οὖσαι	ὄντα
속.	ὄντων	οὐσῶν	ὄντων
여.	οὖσι (ν)	οὔσαις	οὖσι (ν)
대.	ὄντας	οὔσας	ὄντα

대명사

522. 인칭대명사의 변화

			남성	여성	중성
	ἐγώ	σύ	αὐτός	αὐτή	αὐτό
	나	너	그(남자)	그(여자)	그것
			단수		
주.	ἐγώ	σύ	αὐτός	αὐτή	αὐτό
속.	ἐμοῦ (μου)	σοῦ (σου)	αὐτοῦ	αὐτῆς	αὐτοῦ
여.	ἐμοί (μοι)	σοί (σοι)	αὐτῷ	αὐτῇ	αὐτῷ
대.	ἐμέ (με)	σέ (σε)	αὐτόν	αὐτήν	αὐτό
			복수		
주.	ἡμεῖς	ὑμεῖς	αὐτοί	αὐταί	αὐτά
속.	ἡμῶν	ὑμῶν	αὐτῶν	αὐτῶν	αὐτῶν
여.	ἡμῖν	ὑμῖν	αὐτοῖς	αὐταῖς	αὐτοῖς
대.	ἡμᾶς	ὑμᾶς	αὐτούς	αὐτάς	αὐτά

523. 지시대명사 οὗτος, αὕτη, τοῦτο, **이**의 변화

	단수			**복수**		
	남성	여성	중성	남성	여성	중성
주.	οὗτος	αὕτη	τοῦτο	οὗτοι	αὗται	ταῦτα
속.	τούτου	ταύτης	τούτου	τούτων	τούτων	τούτων
여.	τούτῳ	ταύτῃ	τούτῳ	τούτοις	ταύταις	τούτοις
대.	τοῦτον	ταύτην	τοῦτο	τούτους	ταύτας	ταῦτα

ἐκεῖνος, η, ο, **저**의 변화는 αὐτός와 같은 어미를 가지고 있다.

524. 관계대명사 ὅς, ἥ, ὅ의 변화

	단수			**복수**		
	남성	여성	중성	남성	여성	중성
주.	ὅς	ἥ	ὅ	οἵ	αἵ	ἅ
속.	οὗ	ἧς	οὗ	ὧν	ὧν	ὧν
여.	ᾧ	ᾗ	ᾧ	οἷς	αἷς	οἷς
대.	ὅν	ἥν	ὅ	οὕς	ἅς	ἅ

525. 의문대명사 τίς, τί와 부정대명사(不定代名詞) τις, τι의 변화

	τίς, τί		τις, τι	
	단수			
	남성 · 여성	중성	남성 · 여성	중성
주.	τίς	τί	τις	τι
속.	τίνος	τίνος	τινός	τινός
여.	τίνι	τίνι	τινί	τινί
대.	τίνα	τί	τινά	τι
	복수			
	남성 · 여성	중성	남성 · 여성	중성
주.	τίνες	τίνα	τινές	τινά
속.	τίνων	τίνων	τινῶν	τινῶν
여.	τίσι(ν)	τίσι(ν)	τισί(ν)	τισί(ν)
대.	τίνας	τίνα	τινάς	τινά

526. 재귀대명사 ἐμαυτοῦ, ῆς, **나 자신의**, σεαυτοῦ, ῆς, **너 자신의**의 변화

	ἐμαυτοῦ, ῆς		σεαυτοῦ, ῆς	
	단수			
	남성	여성	남성	여성
속.	ἐμαυτοῦ	ἐμαυτῆς	σεαυτοῦ	σεαυτῆς
여.	ἐμαυτῷ	ἐμαυτῇ	σεαυτῷ	σεαυτῇ
대.	ἐμαυτόν	ἐμαυτήν	σεαυτόν	σεαυτήν
	복수			
	남성	여성	남성	여성
속.	ἑαυτῶν	ἑαυτῶν	ἑαυτῶν	ἑαυτῶν
여.	ἑαυτοῖς	ἑαυταῖς	ἑαυτοῖς	ἑαυταῖς
대.	ἑαυτούς	ἑαυτάς	ἑαυτούς	ἑαυτάς

527. 재귀대명사 ἑαυτοῦ, ῆς, οῦ, **그 남자 자신의, 그 여자 자신의, 그것 자체의**의 변화

	단수			**복수**		
	남성	여성	중성	남성	여성	중성
속.	ἑαυτοῦ	ἑαυτῆς	ἑαυτοῦ	ἑαυτῶν	ἑαυτῶν	ἑαυτῶν
여.	ἑαυτῷ	ἑαυτῇ	ἑαυτῷ	ἑαυτοῖς	ἑαυταῖς	ἑαυτοῖς
대.	ἑαυτόν	ἑαυτήν	ἑαυτό	ἑαυτούς	ἑαυτάς	ἑαυτά

수사

528. εἷς, μία, ἕν, **하나**의 변화

	남성	여성	중성
주.	εἷς	μία	ἕν
속.	ἑνός	μιᾶς	ἑνός
여.	ἑνί	μιᾷ	ἑνί
대.	ἕνα	μίαν	ἕν

529. τρεῖς, τρία, **셋**의 변화

	남성 · 여성	중성
주.	τρεῖς	τρία
속.	τριῶν	τριῶν
여.	τρισί(ν)	τρισί(ν)
대.	τρεῖς	τρία

τέσσαρες, τέσσαρα, **넷**의 변화

	남성 · 여성	중성
주.	τέσσαρες	τέσσαρα
속.	τεσσάρων	τεσσάρων
여.	τέσσαρσι(ν)	τέσσαρσι(ν)
대.	τέσσαρας	τέσσαρα

단축동사

530. τιμάω, **내가 존경하다**의 현재 변화

			현재 능동태		미완료 능동태		현재 중간태 · 수동태		미완료 중간태 · 수동태	
직설법	단.	1.	(τιμάω)	τιμῶ	(ἐτίμαον)	ἐτίμων	(τιμάομαι)	τιμῶμαι	(ἐτιμαόμην)	ἐτιμώμην
		2.	(τιμάεις)	τιμᾷς	(ἐτίμαες)	ἐτίμας	(τιμάῃ)	τιμᾷ	(ἐτιμάου)	ἐτιμῶ
		3.	(τιμάει)	τιμᾷ	(ἐτίμαε)	ἐτίμα	(τιμάεται)	τιμᾶται	(ἐτιμάετο)	ἐτιμᾶτο
	복.	1.	(τιμάομεν)	τιμῶμεν	(ἐτιμάομεν)	ἐτιμῶμεν	(τιμαόμεθα)	τιμώμεθα	(ἐτιμαόμεθα)	ἐτιμώμεθα
		2.	(τιμάετε)	τιμᾶτε	(ἐτιμάετε)	ἐτιμᾶτε	(τιμάεσθε)	τιμᾶσθε	(ἐτιμάεσθε)	ἐτιμᾶσθε
		3.	(τιμάουσι(ν))	τιμῶσι(ν)	(ἐτίμαον)	ἐτίμων	(τιμάονται)	τιμῶνται	(ἐτιμάοντο)	ἐτιμῶντο
가정법	단.	1.	(τιμάω)	τιμῶ			(τιμάωμαι)	τιμῶμαι		
		2.	(τιμάῃς)	τιμᾷς			(τιμάῃ)	τιμᾷ		
		3.	(τιμάῃ)	τιμᾷ			(τιμάηται)	τιμᾶται		
	복.	1.	(τιμάωμεν)	τιμῶμεν			(τιμαώμεθα)	τιμώμεθα		
		2.	(τιμάητε)	τιμᾶτε			(τιμάησθε)	τιμᾶσθε		
		3.	(τιμάωσι(ν))	τιμῶσι(ν)			(τιμάωνται)	τιμῶνται		
명령법	단.	2.	(τίμαε)	τίμα			(τιμάου)	τιμῶ		
		3.	(τιμαέτω)	τιμάτω			(τιμαέσθω)	τιμάσθω		
	복.	2.	(τιμάετε)	τιμᾶτε			(τιμάεσθε)	τιμᾶσθε		
		3.	(τιμαέτωσαν)	τιμάτωσαν			(τιμαέσθωσαν)	τιμάσθωσαν		
부정사			(τιμάειν)	τιμᾶν			(τιμάεσθαι)	τιμᾶσθαι		
분 사		남.	(τιμάων)	τιμῶν			(τιμαόμενος)	τιμώμενος		
		여.	(τιμάουσα)	τιμῶσα			(τιμαομένη)	τιμωμένη		
		중.	(τιμάον)	τιμῶν			(τιμαόμενον)	τιμώμενον		

531. φιλέω, **내가 사랑하다의** 현재 변화

		현재 능동태		미완료 능동태		현재 중간태 · 수동태		미완료 중간태 · 수동태	
직설법	단. 1.	(φιλέω)	φιλῶ	(ἐφίλεον)	ἐφίλουν	(φιλέομαι)	φιλοῦμαι	(ἐφιλεόμην)	ἐφιλούμην
	2.	(φιλέεις)	φιλεῖς	(ἐφίλεες)	ἐφίλεις	(φιλέῃ)	φιλῇ	(ἐφιλέου)	ἐφιλοῦ
	3.	(φιλέει)	φιλεῖ	(ἐφίλεε)	ἐφίλει	(φιλέεται)	φιλεῖται	(ἐφιλέετο)	ἐφιλεῖτο
	복. 1.	(φιλέομεν)	φιλοῦμεν	(ἐφιλέομεν)	ἐφιλοῦμεν	(φιλεόμεθα)	φιλούμεθα	(ἐφιλεόμεθα)	ἐφιλούμεθα
	2.	(φιλέετε)	φιλεῖτε	(ἐφιλέετε)	ἐφιλεῖτε	(φιλέεσθε)	φιλεῖσθε	(ἐφιλέεσθε)	ἐφιλεῖσθε
	3.	(φιλέουσι(ν))	φιλοῦσι(ν)	(ἐφίλεον)	ἐφίλουν	(φιλέονται)	φιλοῦνται	(ἐφιλέοντο)	ἐφιλοῦντο
가정법	단. 1.	(φιλέω)	φιλῶ			(φιλέωμαι)	φιλῶμαι		
	2.	(φιλέῃς)	φιλῇς			(φιλέῃ)	φιλῇ		
	3.	(φιλέῃ)	φιλῇ			(φιλέηται)	φιλῆται		
	복. 1.	(φιλέωμεν)	φιλῶμεν			(φιλεώμεθα)	φιλώμεθα		
	2.	(φιλέητε)	φιλῆτε			(φιλέησθε)	φιλῆσθε		
	3.	(φιλέωσι(ν))	φιλῶσι(ν)			(φιλέωνται)	φιλῶνται		
명령법	단. 2.	(φίλεε)	φίλει			(φιλέου)	φιλοῦ		
	3.	(φιλεέτω)	φιλείτω			(φιλεέσθω)	φιλείσθω		
	복. 2.	(φιλέετε)	φιλεῖτε			(φιλέεσθε)	φιλεῖσθε		
	3.	(φιλεέτωσαν)	φιλείτωσαν			(φιλεέσθωσαν)	φιλείσθωσαν		
부정사		(φιλέειν)	φιλεῖν			(φιλέεσθαι)	φιλεῖσθαι		
분 사	남.	(φιλέων)	φιλῶν			(φιλεόμενος)	φλούμενος		
	여.	(φιλέουσα)	φιλοῦσα			(φιλεομένη)	φιλουμένη		
	중.	(φιλέον)	φιλοῦν			(φιλεόμενον)	φιλούμενον		

532. δηλόω, **내가 드러내다**의 현재 변화

		현재 능동태		미완료 능동태		현재 중간태 · 수동태		미완료 중간태 · 수동태	
직설법	단. 1.	(δηλόω)	δηλῶ	(ἐδήλοον)	ἐδήλουν	(δηλόομαι)	δηλοῦμαι	(ἐδηλοόμην)	ἐδηλούμην
	2.	(δηλόεις)	δηλοῖς	(ἐδήλοες)	ἐδήλους	(δηλόῃ)	δηλοῖ	(ἐδηλόου)	ἐδηλοῦ
	3.	(δηλόει)	δηλοῖ	(ἐδήλοε)	ἐδήλου	(δηλόεται)	δηλοῦται	(ἐδηλόετο)	ἐδηλοῦτο
	복. 1.	(δηλόομεν)	δηλοῦμεν	(ἐδηλόομεν)	ἐδηλοῦμεν	(δηλοόμεθα)	δηλούμεθα	(ἐδηλοόμεθα)	ἐδηλούμεθα
	2.	(δηλόετε)	δηλοῦτε	(ἐδηλόετε)	ἐδηλοῦτε	(δηλόεσθε)	δηλοῦσθε	(ἐδηλόεσθε)	ἐδηλοῦσθε
	3.	(δηλόουσι(ν))	δηλοῦσι(ν)	(ἐδήλοον)	ἐδήλουν	(δηλόονται)	δηλοῦνται	(ἐδηλόοντο)	ἐδηλοῦντο
가정법	단. 1.	(δηλόω)	δηλῶ			(δηλόωμαι)	δηλῶμαι		
	2.	(δηλόῃς)	δηλοῖς			(δηλόῃ)	δηλοῖ		
	3.	(δηλόῃ)	δηλοῖ			(δηλόηται)	δηλῶται		
	복. 1.	(δηλόωμεν)	δηλῶμεν			(δηλοώμεθα)	δηλώμεθα		
	2.	(δηλόητε)	δηλῶτε			(δηλόησθε)	δηλῶσθε		
	3.	(δηλόωσι(ν))	δηλῶσι(ν)			(δηλόωνται)	δηλῶνται		
명령법	단. 2.	(δήλοε)	δήλου			(δηλόου)	δηλοῦ		
	3.	(δηλοέτω)	δηλούτω			(δηλοέσθω)	δηλούσθω		
	복. 2.	(δηλόετε)	δηλοῦτε			(δηλόεσθε)	δηλοῦσθε		
	3.	(δηλοέτωσαν)	δηλούτωσαν			(δηλοέσθωσαν)	δηλούσθωσαν		
부정사		(δηλόειν)	δηλοῦν			(δηλόεσθαι)	δηλοῦσθαι		
분 사	남.	(δηλόων)	δηλῶν			(δηλοόμενος)	δηλούμενος		
	여.	(δηλόουσα)	δηλοῦσα			(δηλοομένη)	δηλουμένη		
	중.	(δηλόον)	δηλοῦν			(δηλοόμενον)	δηλούμενον		

533. 규칙동사의 변화(λύω의 현재 변화)

기본형	λύω				λύσω		ἔλυσα		λέλυκα		λέλυμαι			ἐλύθην	
	현재 능동	미완료 능동	현재 수동,중간	미완료 수동,중간	미래 능동	미래 중간	단순과거 능동	단순과거 중간	현재완료 능동	과거완료 능동	현재완료 중간,수동	과거완료 중간,수동	미래완료 수동	단순과거 수동	미래 수동
직설법 단. 1.	λύω	ἔλυον	λύομαι	ἐλυόμην	λύσω	λύσομαι	ἔλυσα	ἐλυσάμην	λέλυκα	ἐλελύκειν	λέλυμαι	ἐλελύμην	λελύσομαι	ἐλύθην	λυθήσομαι
2.	λύεις	ἔλυες	λύῃ	ἐλύου	λύσεις	λύσῃ	ἔλυσας	ἐλύσω	λέλυκας	ἐλελύκεις	λέλυσαι	ἐλέλυσο	λελύσῃ	ἐλύθης	λυθήσῃ
3.	λύει	ἔλυε(ν)	λύεται	ἐλύετο	λύσει	λύσεται	ἔλυσε(ν)	ἐλύσατο	λέλυκε(ν)	ἐλελύκει	λέλυται	ἐλέλυτο	λελύσεται	ἐλύθη	λυθήσεται
복. 1.	λύομεν	ἐλύομεν	λυόμεθα	ἐλυόμεθα	λύσομεν	λυσόμεθα	ἐλύσαμεν	ἐλυσάμεθα	λελύκαμεν	ἐλελύκειμεν	λελύμεθα	ἐλελύμεθα	λελυσόμεθα	ἐλύθημεν	λυθησόμεθα
2.	λύετε	ἐλύετε	λύεσθε	ἐλύεσθε	λύσετε	λύσεσθε	ἐλύσατε	ἐλύσασθε	λελύκατε	ἐλελύκειτε	λέλυσθε	ἐλέλυσθε	λελύσεσθε	ἐλύθητε	λυθήσεσθε
3.	λύουσι(ν)	ἔλυον	λύονται	ἐλύοντο	λύσουσι(ν)	λύσονται	ἔλυσαν	ἐλύσαντο	λελύκασι(ν) λέλυκαν	ἐλελύκεισαν	λέλυνται	ἐλέλυντο	λελύσονται	ἐλύθησαν	λυθήσονται
가정법 단. 1.	λύω		λύωμαι				λύσω	λύσωμαι	λελύκω		ὦ			λυθῶ	
2.	λύῃς		λύῃ				λύσῃς	λύσῃ	λελύκῃς		λελυμένος ᾖς			λυθῇς	
3.	λύῃ		λύηται				λύσῃ	λύσηται	λελύκῃ		ᾖ			λυθῇ	
복. 1.	λύωμεν		λυώμεθα				λύσωμεν	λυσώμεθα	λελύκωμεν		ὦμεν			λυθῶμεν	
2.	λύητε		λύησθε				λύσητε	λύσησθε	λελύκητε		λελυμένοι ᾖτε			λυθῆτε	
3.	λύωσι(ν)		λύωνται				λύσωσιν	λύσωνται	λελύκωσι(ν)		ὦσι(ν)			λυθῶσι(ν)	
희구법 단. 1.	λύοιμι		λυοίμην		λύσοιμι	λυσοίμην	λύσαιμι	λυσαίμην	λελύκοιμι		εἴην		λελυσοίμην	λυθείην	λυθησοίμην
2.	λύοις		λύοιο		λύσοις	λύσοιο	λύσαις	λύσαιο	λελύκοις		λελυμένος εἴης		λελύσοιο	λυθείης	λυθήσοιο
3.	λύοι		λύοιτο		λύσοι	λύσοιτο	λύσαι	λύσαιτο	λελύκοι		εἴη		λελύσοιτο	λυθείη	λυθήσοιτο
복. 1.	λύοιμεν		λυοίμεθα		λύσοιμεν	λυσοίμεθα	λύσαιμεν	λυσαίμεθα	λελύκοιμεν		εἴημεν		λελυσοίμεθα	λεθείημεν	λυθησοίμεθα
2.	λύοιτε		λύοισθε		λύσοιτε	λύσοισθε	λύσαιτε	λύσαισθε	λελύκοιτε		λελυμένοι εἴητε		λελύσοισθε	λυθείητε	λυθήσοισθε
3.	λύοιεν		λύοιντο		λύσοιεν	λύσοιντο	λύσαιεν	λύσαιντο	λελύκοιεν		εἴησαν		λελύσοιντο	λυθείησαν	λυθήσοιντο
명령법 단. 2.	λῦε		λύου				λῦσον	λῦσαι						λύθητι	
3.	λυέτω		λυέσθω				λυσάτω	λυσάσθω						λυθήτω	
복. 2.	λύετε		λύεσθε				λύσατε	λύσασθε						λύθητε	
3.	λυέτωσαν		λυέσθωσαν				λυσάτωσαν	λυσάσθωσαν						λυθήτωσαν	
부정사	λύειν		λύεσθαι		λύσειν	λύσεσθαι	λῦσαι	λύσασθαι	λελυκέναι		λελύσθαι		λελύσεσθαι	λυθῆναι	λυθήσεσθαι
분사 남.	λύων		λυόμενος		λύσων	λυσόμενος	λύσας	λυσάμενος	λελυκώς		λελυμένος		λελυσόμενος	λυθείς	λυθησόμενος
여.	λύουσα		λυομένη		λύσουσα	λυσομένη	λύσασα	λυσαμένη	λελυκυῖα		λελυμένη		λελυσομένη	λυθεῖσα	λυθησομένη
중.	λῦον		λυόμενον		λῦσον	λυσόμενον	λῦσαν	λυσάμενον	λελυκός		λελυμένον		λελυσόμενον	λυθέν	λυθησόμενον

534. λείπω, **내가 남겨 두다**의 제2단순과거 능동태와 중간태 변화

	제2단순과거 능동태	제2단순과거 중간태
	직설법	직설법
단수 1.	ἔλιπον	ἐλιπόμην
2.	ἔλιπες	ἐλίπου
3.	ἔλιπε(ν)	ἐλίπετο
복수 1.	ἐλίπομεν	ἐλιπόμεθα
2.	ἐλίπετε	ἐλίπεσθε
3.	ἔλιπον	ἐλίποντο
	가정법	가정법
단수 1.	λίπω	λίπωμαι
2.	λίπῃς	λίπῃ
3.	λίπῃ	λίπηται
복수 1.	λίπωμεν	λιπώμεθα
2.	λίπητε	λίπησθε
3.	λιπωσι(ν)	λίπωνται
	명령법	명령법
단수 2.	λίπε	λιποῦ
3.	λιπέτω	λιπέσθω
복수 2.	λίπετε	λίπεσθε
3.	λιπέτωσαν	λιπέσθωσαν
	부정사	부정사
	λιπεῖν	λιπέσθσι
	분사	분사
남성	λιπών	λιπόμενος
여성	λιποῦσα	λιπομένη
중성	λιπόν	λιπόνενον

유음동사의 미래와 단순과거

535. κρίνω, **내가 심판하다**의 미래 능동태와 중간태

	미래 능동태 직설법
단수 1.	κρινῶ
2.	κρινεῖς
3.	κρινεῖ
복수 1.	κρινοῦμεν
2.	κρινεῖτε
3.	κρινοῦσι(ν)

	미래 중간태 직설법
단수 1.	κρινοῦμαι
2.	κρινῇ
3.	κρινεῖται
복수 1.	κρινούμεθα
2.	κρινεῖσθε
3.	κρινοῦνται

536. κρίνω, **내가 심판하다**의 단순과거 능동태와 중간태

	능동태	중간태
	직설법	직설법
단수 1.	ἔκρινα	ἐκρινάμην
2.	ἔκρινας	ἐκρίνω
3.	ἔκρινε(ν)	ἐκρίνατο
복수 1.	ἐκρίναμεν	ἐκρινάμεθα
2.	ἐκρίνατε	ἐκρίνασθε
3.	ἔκριναν	ἐκρίναντο
	가정법	가정법
단수 1.	κρίνω	κρίνωμαι
2.	κρίνῃς	κρίνῃ
3.	κρίνῃ	κρίνηται
복수 1.	κρίνωμεν	κρινώμεθα
2.	κρίνητε	κρίνησθε
3.	κρίνωσι(ν)	κρίνωνται
	명령법	명령법
단수 2.	κρῖνον	κρῖναι
3.	κρινάτω	κρινάσθω
복수 2.	κρίνατε	κρίνασθε
3.	κρινάτωσαν	κρινάσθωσαν
	부정사	부정사
	κρῖναι	κρίνασθαι
	분사	분사
남성	κρίνας	κρινάμενος
여성	κρίνασα	κριναμένη
중성	κρῖναν	κρινάμενον

μι 동사

537. δίδωμι, 어근 δο-, **내가 주다**의 현재 변화

	현재 능동태 직설법	미완료 능동태 직설법	현재 중간태 · 수동태 직설법	미완료 중간태 · 수동태 직설법
단수 1.	δίδωμι	ἐδίδουν	δίδομαι	ἐδιδόμην
2.	δίδως	ἐδίδους	δίδοσαι	ἐδίδοσο
3.	δίδωσι(ν)	ἐδίδου	δίδοται	ἐδίδοτο
복수 1.	δίδομεν	ἐδίδομεν	διδόμεθα	ἐδιδόμεθα
2.	δίδοτε	ἐδίδοτε	δίδοσθε	ἐδίδοσθε
3.	διδόασι(ν)	ἐδίδοσαν	δίδονται	ἐδίδοντο

	가정법	가정법
단수 1.	διδῶ	διδῶμαι
2.	διδῷς	διδῷ
3.	διδῷ	διδῶται
복수 1.	διδῶμεν	διδώμεθα
2.	διδῶτε	διδῶσθε
3.	διδῶσι(ν)	διδῶνται

	명령법	명령법
단수 2.	δίδου	δίδοσο
3.	διδότω	διδόσθω
복수 2.	δίδοτε	δίδοσθε
3.	διδότωσαν	διδόσθωσαν

	부정사	부정사
	διδόναι	δίδοσθαι

	분사	분사
남성	διδούς, διδόντος	διδόμενος
여성	διδοῦσα, διδούσης	διδομένη
중성	διδόν, διδόντος	διδόμενον

538. δίδωμι의 미래와 현재완료

	δίδωμι의 미래 능동태	직설법 중간태
단수 1.	δώσω	δώσομαι
2.	δώσεις	δώσῃ
3.	δώσει	δώσεται
복수 1.	δώσομεν	δωσόμεθα
2.	δώσετε	δώσεσθε
3.	δώσουσι(ν)	δώσονται

	미래 수동태
단수 1.	δοθήσομαι
2.	δοθήσῃ
3.	σοθήσεται
복수 1.	δοθησόμεθα
2.	δοθήσεσθε
3.	δοθήσονται

	δίδωμι의 현재완료 능동태 직설법
단수 1.	δέδωκα
2.	δέδωκας
3.	δέδωκε(ν)
복수 1.	δεδώκαμεν
2.	δεδώκατε
3.	δεδώκασι(δέδωκαν)

	현재완료 중간태 · 수동태 직설법
단수 1.	δέδομαι
2.	δέδοσαι
3.	δέδοται
복수 1.	δεδόμεθα
2.	δέδοσθε
3.	δέδονται

539. δίδωμι의 단순과거 능동태와 중간태 변화

	능동태 직설법	중간태 직설법	수동태 직설법
단수1.	ἔδωκα	ἐδόμην	ἐδόθην
2.	ἔδωκας	ἔδου	ἐδόθης
3.	ἔδωκε(ν)	ἔδοτο	ἐδόθη
복수1.	ἐδώκαμεν	ἐδόμεθα	ἐδόθημεν
2.	ἐδώκατε	ἔδοσθε	ἐδόθητε
3.	ἔδωκαν	ἔδοντο	ἐδόθησαν

	가정법	가정법	가정법
단수1.	δῶ	δῶμαι	δοθῶ
2.	δῷς	δῷ	δοθῇς
3.	δῷ	δῶται	δοθῇ
복수1.	δῶμεν	δώμεθα	δοθῶμεν
2.	δῶτε	δῶσθε	δοθῆτε
3.	δῶσι(ν)	δῶνται	δοθῶσι(ν)

	명령법	명령법	명령법
단수2.	δός	δοῦ	δόθητι
3.	δότω	δόσθω	δοθήτω
복수2.	δότε	δόσθε	δόθητε
3.	δότωσαν	δόσθωσαν	δοθήτωσαν

부정사	부정사	부정사
δοῦναι	δόσθαι	δοθῆναι

	분사	분사	분사
남성	δούς, δόντος	δόμενος	δοθείς
여성	δοῦσα, δούσης	δομένη	δοθεῖσα
중성	δόν, δόντος	δόμενον	δοθέν

540. τίθημι, 어근 θε-, **내가 두다**의 현재 변화

	현재 능동태 직설법	미완료 능동태 직설법	현재 중간태 · 수동태 직설법	미완료 중간태 · 수동태 직설법
단수 1.	τίθημι	ἐτίθην	τίθεμαι	ἐτιθέμην
2.	τίθης	ἐτίθεις	τίθεσαι	ἐτίθεσο
3.	τίθησι(ν)	ἐτίθει	τίθεται	ἐτίθετο
복수 1.	τίθεμεν	ἐτίθεμεν	τιθέμεθα	ἐτιθέμεθα
2.	τίθετε	ἐτίθετε	τίθεσθε	ἐτίθεσθε
3.	τιθέασι(ν)	ἐτίθεσαν	τίθενται	ἐτίθεντο

	가정법	가정법
단수 1.	τιθῶ	τιθῶμαι
2.	τιθῇς	τιθῇ
3.	τιθῇ	τιθῆται
복수 1.	τιθῶμεν	τιθώμεθα
2.	τιθῆτε	τιθῆσθε
3.	τιθῶσι(ν)	τιθῶνται

	명령법	명령법
단수 2.	τίθει	τίθεσο
3.	τιθέτω	τιθέσθω
복수 2.	τίθετε	τίθεσθε
3.	τιθέτωσαν	τιθέσθωσαν

	부정사	부정사
	τιθέναι	τίθεσθαι

	분사	분사
남성	τιθείς, τιθέντος	τιθέμενος
여성	τιθεῖσα, τιθείσης	τιθεμένη
중성	τιθέν, τιθέντος	τιθέμενον

541. τιθημι의 단순과거 능동태 와 중간태 변화

	능동태 직설법	중간태 직설법
단수 1.	ἔθηκα	ἐθέμην
2.	ἔθηκας	ἔθου
3.	ἔθηκε(ν)	ἔθετο
복수 1.	ἐθήκαμεν	ἐθέμεθα
2.	ἐθήκατε	ἔθεσθε
3.	ἔθηκαν	ἔθεντο

	가정법	가정법
단수 1.	θῶ	θῶμαι
2.	θῇς	θῇ
3.	θῇ	θῆται
복수 1.	θῶμεν	θώμεθα
2.	θῆτε	θῆσθε
3.	θῶσι(ν)	θῶνται

	명령법	명령법
단수 2.	θές	θοῦ
3.	θέτω	θέσθω
복수 2.	θέτε	θέσθε
3.	θέτωσαν	θέσθωσαν

	부정사	부정사
	θεῖναι	θέσθαι

	분사	분사
남성	θείς, θέντος	θέμενος
여성	θεῖσα, θείσης	θεμένη
중성	θέν, θέντος	θέμενον

542. ἀφίημι의 변화 중에 신약성서에 나타나는 것

현재 능동태 직설법

단수 1.	ἀφίημι
2.	ἀφεῖς
3.	ἀφίησι
복수 1.	ἀφίεμεν
2.	ἀφίετε
3.	ἀφίουσι(ν)

미완료 능동태 직설법

단수 1.	ἠφίην
2.	ἤφιες
3.	ἤφιε(ν)
복수 1.	ἠφίεμεν
2.	ἠφίετε
3.	ἠφίεσαν

현재 가정법

단수 1.	ἀφιῶ
2.	ἀφιῇς
3.	ἀφιῇ
복수 1.	ἀφιῶμεν
2.	ἀφιῆτε
3.	ἀφιῶσι

현재 명령법

단수 2.	ἀφίει
3.	ἀφιέτω
복수 2.	ἄφιετε
3.	ἀφιέτωσαν

현재 부정사 ἀφιέναι

현재 분사 ἀφιείς, ἀφιεῖσα ἀφιέν

3인칭 단수 미래 수동태 ἀφεθήσεται

3인칭 단수 현재 중간태 직설법 ἀφίεται

3인칭 복수 ἀφίενται 혹은 ἀφίουσιν

3인칭 복수 단순과거 수동태 직설법 ἀφέθησαν

3인칭 단수 가정법 ἀφεθῇ

단순과거 능동태 직설법 ἀφῆκα (ἔθηκα와 같이 변화함.)

가정법은 ἀφῶ(λύω와 같이 변화함.)

2인칭 단수 단순과거 능동태 명령법 ἄφες

2인칭 복수 ἄφετε

단순과거 능동태 부정사 ἀφεῖναι

단순과거 능동태 분사 ἀφείς, -εῖσα, -έν

3인칭 복수 현재완료 중간태 직설법 ἀφέωνται

543. ἵστημι, 어근 στα-, **내가 일으키다**의 현재 변화

	현재 능동태 직설법	미완료 능동태 직설법	현재 중간태·수동태 직설법	미완료 중간태·수동태 직설법
단수 1.	ἵστημι	ἵστην	ἵσταμαι	ἱστάμην
2.	ἵστης	ἵστης	ἵστασαι	ἵστασο
3.	ἵστησι(ν)	ἵστη	ἵσταται	ἵστατο
복수 1.	ἵσταμεν	ἵσταμεν	ἱστάμεθα	ἱστάμεθα
2.	ἵστατε	ἵστατε	ἵστασθε	ἵστασθε
3.	ἱστᾶσι(ν)	ἵστασαν	ἵστανται	ἵσταντο

	가정법	가정법
단수 1.	ἱστῶ	ἱστῶμαι
2.	ἱστῇς	ἱστῇ
3.	ἱστῇ	ἱστῆται
복수 1.	ἱστῶμεν	ἱστώμεθα
2.	ἱστῆτε	ἱστῆσθε
3.	ἱστῶσι(ν)	ἱστῶνται

	명령법	명령법
단수 2.	ἵστη	ἵστασο
3.	ἱστάτω	ἱστάσθω
복수 2.	ἵστατε	ἵστασθε
3.	ἱστάτωσαν	ἱστάσθωσαν

	부정사	부정사
	ἱστάναι	ἵστασθαι

	분사	분사
남성	ἱστάς	ἱστάμενος
여성	ἱστᾶσα	ἱσταμένη
중성	ἱστάν	ἱστάμενον

544. ἵστημι, 어근 στα-, **내가 일으키다**의 제2단순과거 능동태와 γινώσκω, 어근 γνο-, **내가 알다**의 제2단순과거 능동태 변화

	직설법	직설법
단수 1.	ἔστην	ἔγνων
2.	ἔστης	ἔγνως
3.	ἔστη	ἔγνω
복수 1.	ἔστημεν	ἔγνωμεν
2.	ἔστητε	ἔγνωτε
3.	ἔστησαν	ἔγνωσαν
	가정법	**가정법**
단수 1.	στῶ	γνῶ
2.	στῇς	γνῷς
3.	στῇ	γνῷ(γνοῖ)
복수 1.	στῶμεν	γνῶμεν
2.	στῆτε	γνῶτε
3.	στῶσι(ν)	γνῶσι(ν)
	명령법	**명령법**
단수 2.	στῆθι	γνῶθι
3.	στήτω	γνώτω
복수 2.	στῆτε	γνῶτε
3.	στήτωσαν	γνώτωσαν
	부정사	**부정사**
	στῆναι	γνῶναι
	분사	**분사**
남성	στάς	γνούς
여성	στᾶσα	γνοῦσα
중성	στάν	γνόν

545. εἰμί의 변화

	현재 직설법	미완료 직설법	미래 직설법
단수 1.	εἰμί	ἤμην	ἔσομαι
2.	εἶ	ἦς	ἔσῃ
3.	ἐστί(ν)	ἦν	ἔσται
복수 1.	ἐσμέν	ἦμεν	ἐσόμεθα
2.	ἐστέ	ἦτε	ἔσεσθε
3.	εἰσί(ν)	ἦσαν	ἔσονται

	가정법
단수 1.	ὦ
2.	ᾖς
3.	ᾖ
복수 1.	ὦμεν
2.	ἦτε
3.	ὦσι(ν)

	희구법
단수 1.	εἴην
2.	εἴης
3.	εἴη
복수 1.	εἴημεν
2.	εἴητε
3.	εἴησαν

	명령법
단수 2.	ἴσθι
3.	ἔστω
복수 2.	ἔστε
3.	ἔστωσαν

부정사 εἶναι

분 사 ὤν, οὖσα, ὄν

546. οἶδα, **내가 알다**의 변화

	현재완료 직설법	과거완료 직설법
단수 1.	οἶδα	ᾔδειν
2.	οἶδας	ᾔδεις
3.	οἶδε(ν)	ᾔδει
복수 1.	οἴδαμεν	ᾔδειμεν
2.	οἴδατε	ᾔδειτε
3.	οἴδασι(ν)	ᾔδεισαν

	가정법
단수 1.	εἰδῶ
2.	εἰδῇς
3.	εἰδῇ
복수 1.	εἰδῶμεν
2.	εἰδῆτε
3.	εἰδῶσι(ν)

	명령법
단수 2.	ἴσθι
3.	ἴστω
복수 2.	ἴστε
3.	ἴστωσαν

부정사

εἰδέναι

	분 사
남성	εἰδώς
여성	εἰδυῖα
중성	εἰδός

낱말모음

헬라어 - 한글 낱말사전

ἀγαθός, ή όν, 형용사, **좋은.**

ἀγαπάω, ἀγαπήσω, ἠγάπησα, ἠγάπηκα, ἠγάπημαι, ἠγαπήθην, **내가 사랑하다.**

ἀγάπη, ἡ, **사랑.**

ἄγγελος, ὁ, **사자, 사신, 천사.**

ἁγιάζω, ἁγιάσω, ἡγίασα, ἡγίακα, ἡγίασμαι, ἡγιάσθην, **내가 거룩하게 하다, 성별하다.**

ἅγιος, α, ον, 형용사, **거룩한.**

ἀγρός, ὁ, **들, 벌판, 밭.**

ἄγω, ἄξω, ἤγαγον, ἦχα, ἦγμαι, ἤχθην, **내가 인도하다, 가다.**

ἀδελφός, ὁ, **형, 동생.**

αἷμα, αἵματος, τό, **피(血).**

αἴρω, ἀρῶ, ἦρα, ἦρκα, ἦρμαι, ἤρθην, **내가 들어 올리다, 치워 버리다, 없이하다.**

αἰτέω, αἰτήσω, ᾔτησα, ᾔτηκα, ᾔτημαι, ᾐτήθην, **내가 구하다, 청구하다.**

αἰών, αἰῶνος, ὁ, **시대**(時代, an age).

αἰώνιος, ον, 형용사, **영원한.**

ἀκήκοα, ἀκούω의 제2현재완료.

ἀκολουθέω, ἀκολουθήσω, ἠκολούθησα, ἠκολούθηκα, **내가 따르다, 좇아가다.**(여격을 취한다.)

ἀκούω, ἀκούσω, ἤκουσα, ἀκήκοα, ἤκουσμαι, ἠκούσθην, **내가 듣다.**(속격 혹은 대격을 취한다.)

ἀλήθεια, ἡ, **진리, 참.**

ἀληθής, ές, 형용사, **참된.**

ἀλλά, 접속사, **그러나.**(δέ 보다 더욱 강한 대립을 나타낸다.)

ἀλλήλων, οις, ους, 상호대명사, **서로의, 서로서로의.**

ἄλλος, η, ο, 형용사, **다른.**

ἁμαρτάνω, ἁμαρτήσω, ἡμάρτησα 또는 ἥμαρτον, ἡμάρτηκα, ἡμάρτῆμαι, ἡμαρτήθην, **내가 죄를 짓다.**

ἁμαρτία, ἡ, **죄.**

ἁμαρτωλός, ὁ, **죄인.**

ἄν, 불변사, §360, 480, 491을 보라.

ἀναβαίνω, **내가 올라가다.**

ἀναβλέπω, **내가 쳐다보다, 다시 보게 되다.**(소경의 눈이 보게 되는 일)

ἀναλαμβάνω, **내가 들어 올리다.**

ἀνεῳχθῆναι, ἀνοίγω의 단순과거 수동태 부정사.

ἀνήρ, ἀνδρός, ὁ, **남자.**(여자나 아이와 구별하여)

ἄνθρωπος, ὁ, **사람.**(다른 물건과 구별하여)

ἀνίστημι, **내가 일으키다, 일어서게 하다,** (자동사와 중간태는) **내가 일어나**

다, 일어서다.

ἀνοίγω, ἀνοίξω, ἀνέῳξα 혹은 ἤνοιξα 혹은 ἠνέῳξα, ἀνέῳγα, ἀνέῳγμαι 혹은 ἠνέῳγμαι 혹은 ἤνοιγμαι, ἀνεῴχθην 혹은 ἠνοίχθην 혹은 ἠνεῴχθην, **내가 열다(開).**

ἀντί, 전치사, +속격, **대신에.**

ἅπας, ἅπασα, ἅπαν, **모든.**(πᾶς, πᾶσα, πᾶν보다 강한 뜻이 있다.)

ἀπέθανον, ἀποθνῄσκω의 제2단순과거.

ἀπέρχομαι, **내가 가 버리다, 떠나다.**

ἀπέστειλα, ἀποστέλλω의 단순과거.

ἀπό, 전치사, +속격, …**으로부터, 에서.**

ἀποδίδωμι, **내가 돌려주다, 갚다**(빚진 것 혹은 약속한 것을), **주다.**

ἀποθνῄσκω, ἀποθανοῦμαι, ἀπέθανον, **내가 죽다.**

ἀποκρίνομαι, ἀποκρινοῦμαι, ἀπεκρινάμην, ἀποκέκριμαι, ἀπεκρίθην, 디포넌트, **내가 대답하다.**(여격을 취한다.)

ἀποκτείνω, ἀποκτενῶ, ἀπέκτεινα, 단순과거 수동태 ἀπεκτάνθην, **내가 죽이다.**

ἀπόλλυμι 혹은 ἀπολλύω, ἀπολέσω 혹은 ἀπολῶ, ἀπώλεσα, ἀπόλωλα, 제2단순과거 중간태 ἀπωλόμην, **내가 파멸하다,** (중간태) **내가 멸망하다.**

ἀπολύω, **내가 풀어 주다, 놓아주다, 해산시키다.**

ἀποστέλλω, ἀποστελῶ, ἀπέστειλα, ἀπέσταλκα, ἀπέσταλμαι, ἀπεστάλην, **내가 보내다.**(사명을 주어서)

ἀπόστολος, ὁ, **사도.**

ἄρτος, ὁ, **빵, 떡.**

ἀρχή, ἡ, **처음, 시초.**

ἀρχιερεύς, ἀρχιερέως, ὁ, **대제사장.**

ἄρχω, ἄρξω, ἦρξα, **내가 지배하다, 다스리다, 통치하다**(속격을 취한다.), **시작하다.**(중간태)

ἄρχων, ἄρχοντος, ὁ, **통치자.**

ἀρῶ, αἴρω의 미래.

αὐτός, ἡ, ὁ, 3인칭 대명사, **그 자신, 그 여자 자신, 그것 자신.** 인칭대명사, **그 남자, 그 여자, 그것.**

ἀφίημι, ἀφήσω, ἀφῆκα, ἀφεῖκα, ἀφεῖμαι, ἀφείθην, **내가 버려두다, 허락하다, 용서하다.**

βαίνω, βήσομαι, ἔβην, βέβηκα, **내가 가다.**

βάλλω, βαλῶ, ἔβαλον, βέβληκα, βέβλημαι, ἐβλήθην, **내가 던지다, 두다(置).**

βαπτίζω, βαπτίσω, ἐβάπτισα, βεβάπτικα, βεβάπτισμαι, ἐβαπτίσθην, **내가 세례를 베풀다.**

βασιλεία, ἡ, **나라, 왕국.**

βασιλεύς, βασιλέως, ὁ, **왕, 임금.**

βήσομαι, βαίνω의 미래.

βιβλίον, τό, **책**.

βλέπω, βλέψω, ἔβλεψα, **내가 보다**.(현재와 미완료에서만 많이 사용되고 그 밖의 시제에서는 ὁράω가 사용된다.)

Γαλιλαία, ἡ, **갈릴리**.

γάρ, 접속사, 후치어, **왜냐하면**.

γέγονα, γίνομαι의 제2현재완료.

γενήσομαι, γίνομαι의 미래.

γεννάω, γεννήσω, ἐγέννησα, γεγέννηκα, γεγέννημαι, ἐγεννήθην, **내가 낳다**(I beget, 生産).

γένος, γένους, τό, **민족, 족속, 종류**.

γῆ, ἡ, **지구, 땅**.

γίνομαι, γενήσομαι, ἐγενόμην, γέγονα, γεγένημαι, ἐγενήθην, **내가 되다, 생겨나다, 나타나다, 있다**. γίνεται, **그것이 일어나다, 그런 일이 있다, 생기다**.

γινώσκω, γνώσομαι, ἔγνων, ἔγνωκα, ἔγνωσμαι, ἐγνώσθην, **내가 알다**.

γνώσομαι, γινώσκω의 미래.

γράμμα, γράμματος, τό, **글, 문자, 의문**(儀文).

γραμματεύς, γραμματέως, ὁ, **율법학자, 서기관**.

γραφή, ἡ, **문서, 기록, 성경**. αἱ γραφαί, **성서**.

γράφω, γράψω, ἔγραψα, γέγραφα, γέγραμμαι, ἐγράφην, **내가 쓰다, 기록하다**.

γυνή, γυναικός, ἡ, **여자, 부인**.

δαιμόνιον, τό, **귀신**.

δέ, 접속사, 후치어, **그리고, 그러나, 그런데**.

δεῖ, 비인칭동사(非人稱動詞), **반드시 …해야 한다**.

δείκνυμαι 혹은 δεικνύω, δείξω, ἔδειξα, δέδειχα, δέδειγμαι, ἐδείχθην, **내가 보여 주다**.

δέχομαι, δέξομαι, ἐδεξάμην, δέδεγμαι, ἐδέχθην, **내가 받아들이다, 영접하다, 받다**.

δηλόω, δηλώσω, ἐδήλωσα, δεδήλωκα, δεδήλωμαι, ἐδηλώθην, **내가 나타내다, 보여 주다, 드러내다**.

διά, 전치사, +속격, **통하여, 말미암아**, +대격, **때문에**.

διδάσκαλος, ὁ, **선생, 교사, 스승**.

διδάσκω, διδάξω, ἐδίδαξα, δεδίδαχα, δεδίδαγμαι, ἐδιδάχθην, **내가 가르치다**.

δίδωμι, δώσω, ἔδωκα, δέδωκα, δέδομαι, ἐδόθην, **내가 주다**.

διέρχομαι, **내가 통과하다, 지나가다**.

δίκαιος, α, ον, 형용사, **의로운, 옳은**.

δικαιοσύνη, ἡ, **의**(義).

διώκω, διώξω, ἐδίωξα, δεδίωκα, δεδίωγμαι, ἐδιώχθην, **내가 쫓아가다, 박해하다.**

δοκέω, δόξω, ἔδοξα, **내가 생각하다, 내게 생각되다, 내게 …보이다.**

δόξα, ἡ, **영광.**

δοξάζω, δοξάσω, ἐδόξασα, δεδόξακα, δεδόξασμαι, ἐδοξάσθην, **내가 영화롭게 하다, 영광을 돌리다.**

δοῦλος, ὁ, **종, 노예, 일꾼.**

δύναμαι, δυνήσομαι, δεδύνημαι, ἠδυνήθην 혹은 ἠδυνάσθην, 미완료 ἐδυνάμην 혹은 ἠδυνάμην, **내가 할 수 있다, 능히…하다.**

δύναμις, δυνάμεως, ἡ, **힘, 능력, 권능, 기적.**

δύο, 여격 δυσί(ν), **둘.**

δῶρον, τό, **선물.**

ἐάν, 조건을 나타내는 불변사(가정법을 취한다.), **만일.** ἐὰν μή, **만일… 아니하면, 이외에는, … 밖에는.**(때로는 가정법과 함께 ἄν과 같은 역할을 한다.)

ἑαυτοῦ, ῆς, οῦ, 3인칭 재귀대명사, **그 자신의, 그 여자 자신의, 그것 자체의.**

ἔβαλον, βάλλω의 제2단순과거.

ἐβλήθην, βάλλω의 단순과거 수동태.

ἐγγίζω, ἐγγιῶ 혹은 ἐγγίσω, ἤγγισα, ἤγγικα, **내가 가까이 가다.**

ἐγγύς, 부사, **가깝게.**

ἐγείρω, ἐγερῶ, ἤγειρα, –, ἐγήγερμαι, ἠγέρθην, **내가 일으키다.**(수동형이 디포넌트가 되어 **내가 일어나다**의 뜻도 된다.)

ἐγενήθην, γίνομαι의 단순과거 수동태.

ἐγενόμην, γίνομαι의 제2단순과거.

ἔγνωκα, γινώσκω의 현재완료.

ἔγνων, γινώσκω의 제2단순과거.

ἐγνώσθην, γινώσκω의 단순과거 수동태.

ἐγώ, ἐμοῦ 혹은 μου, 1인칭 대명사, **나.**

ἐδιδάχθην, διδάσκω의 단순과거 수동태.

ἔθνος, ἔθνους, τό, **나라, 국가.** τὰ ἔθνη(복수), **열방, 만국, 이방 사람들.**

εἰ, 불변사(사실을 조건으로 삼을 때 쓴다.), …**인지**(whether). εἰ μή, **만일 … 아니하면, 이외에는, 밖에는.**

εἶδον, ὁράω의 제2단순과거.

εἰμί, ἔσομαι, **나는 …이다**(I am.).

εἶπον, λέγω의 제2단순과거(때로는 φημί의 제2단순과거로 취급된다.)

εἰρήνη, ἡ, **화평, 평화, 평안.**

εἰς, 전치사, +대격, **안으로, 으로.**

εἷς, μία, ἕν, 수사, **하나.**

εἰσέρχομαι, **내가 들어가다.**

ἐκ, 전치사(모음 앞에서는 ἐξ), +속

격, …**에서 밖으로.**

ἐκβάλλω, **내가 내던지다, 밖으로 던지다.**

ἐκεῖ, 부사, **거기에.**

ἐκεῖθεν, 부사, **거기서부터, 거기에서**

ἐκεῖνος, η, ο, 지시대명사, **저**(that).

ἐκηρύχθην, κηρύσσω의 단순과거 수동태.

ἐκκλησία, ἡ, **교회.**

ἐκπορεύομαι, **내가 나가다.**

ἔλαβον, λαμβάνω의 제2단순과거.

ἐλεέω, ἐλεήσω, ἠλέησα, ἠλέηκα, ἠλέημαι, ἠλεήθην, **내가 불쌍히 여기다, 측은히 여기다.**

ἐλεύσομαι, ἔρχομαι의 미래.

ἐλήλυθα, ἔρχομαι의 제2현재완료.

ἐλήμφθην, λαμβάνω의 단순과거 수동태.

ἐλπίζω, ἐλπιῶ, ἤλπισα, ἤλπικα, **내가 바라다, 희망하다.**

ἐλπίς, ἐλπίδος, ἡ, **희망, 소망.**

ἐμαυτοῦ, ῆς, 1인칭 재귀대명사, **나 자신의.**

ἔμεινα, μένω의 단순과거.

ἐμός, ή, όν, 소유형용사, **나의, 내게 속한.**

ἔμπροσθεν, 부사, **앞에, 면전에.**

ἐν, 전치사, +여격, **안에.**

ἐντολή, ἡ, **계명.**

ἐνώπιον, 부사, **앞에, 면전에.**

ἐξ, 모음 앞에 오는 ἐκ의 변형.

ἕξ, 수사, **여섯**(변하지 않음).

ἐξέρχομαι, **내가 나가다, 나오다.**

ἔξεστι(ν), 비인칭동사, …**것은 옳다, 법에 합당하다.**

ἐξουσία, ἡ, **권위, 권세, 권한.**

ἔξω, 부사, **밖에**(外).

ἕξω, ἔχω의 미래.

ἑόρακα 혹은 ἑώρακα, ὁράω의 현재완료.

ἐπαγγελία, ἡ, **약속.**

ἔπεσον, πίπτω의 제2단순과거.

ἐπερωτάω, **내가 물어보다, 질문하다, 심문하다.**

ἐπί, 전치사, +속격, **위에**(over, on), **때에**(at the time of). +여격, **위에**(on the basis of), **에서**(at). +대격, **에게**(on, to), **대하여**(against).

ἐπιστρέφω, ἐπιστρέψω, ἐπέστρεψα, ἐπέστροφα, ἐπεστραμμαι, ἐπεστράφην, **내가 돌아서다, 돌아가다.**

ἐπιτίθημι, **내가 …위에 놓다, 누이다.**(놓임을 당하는 물건은 대격, 놓이는 곳이나 사람은 여격이다.)

ἔργον, τό, **일, 행위, 역사**(役事), **공로.**

ἔρημος, ἡ, **광야, 빈들.**

ἐρρηθην 혹은 ἐρρέθην, λέγω 혹은 φημί의 단순과거 수동태.

ἔρχομαι, ἐλεύσομαι, ἦλθον, ἐλήλυθα, **내가 가다, 오다.**

ἐρῶ, λέγω 혹은 φημί의 미래.

ἐρωτάω, ἐρωτήσω, ἠρώτησα, ἠρώτηκα, ἠρώτημαι, ἠρωτήθην, **내가 묻다, 구하다, 요구하다.**

ἐσθίω, φάγομαι, ἔφαγον, **내가 먹다.**

ἔσομαι, εἰμί의 미래.

ἔσχατος, η, ον, 형용사, **마지막의, 끝의.**

ἔσχον, ἔχω의 제2단순과거.

ἕτερος, α, ον, 형용사, **다른**(異).

ἔτι, 부사, **아직.**

ἑτοιμάζω, ἑτοιμάσω, ἡτοίμασα, ἡτοίμακα, ἡτοίμασμαι, ἡτοιμάσθην, **내가 예비하다, 준비하다.**

ἔτος, ἔτους, τό, **해**(年).

εὐ-, 이것으로 시작하는 동사는 때로는 접두모음의 작용으로 ηυ-로 변하고 때로는 그대로 남아 있는다.

εὐαγγελίζω, εὐαγγελίσω, εὐηγγέλισα, εὐηγγέλικα, εὐηγγέλισμαι, εὐηγγελίσθην, 중간태에서는 종종 디포넌트, **내가 복음을 전하다, 전도하다.**

εὐαγγέλιον, τό, **복음, 기쁜 소식, 좋은 소식.**

εὐθέως, 부사, **곧, 당장에.**

εὐθύς, 부사, **곧, 당장에.**

εὐλογέω, εὐλογήσω, εὐλόγησα, εὐλόγηκα, εὐλόγημαι, εὐλογήθην, **내가 축복하다, 축사하다.**

εὑρίσκω, εὑρήσω, εὗρον, εὕρηκα, εὕρημαι, εὑρέθην, **내가 발견하다, 만나다, 찾아내다.**

εὐχαριστέω, εὐχαριστήσω, εὐχαρίστησα, εὐχαρίστηκα, εὐχαρίστημαι, εὐχαριστήθην, **내가 감사하다, 감사드리다.**

ἔφαγον, ἐσθίω의 제2단순과거.

ἔφη, φημί의 3인칭 단수 미완료 능동태 직설법.

ἐχθρός, ὁ, **원수.**

ἔχω, ἕξω, ἔσχον, ἔσχηκα, 미완료 εἶχον, **내가 가지다, 소유하다.**

ἑώρακα 혹은 ἑόρακα, ὁράω의 현재완료.

ἕως, 부사, **까지**(속격을 동반한다.), 접속사, **동안, 까지.**

ζάω, ζήσω 혹은 ζήσομαι, ἔζησα, **내가 살다**(I live).

ζητέω, ζητήσω, ἐζήτησα, **내가 구하다, 노력하다, 애쓰다.**

ζωή, ἡ, **생명.**

ζωοποιέω, **내가 살리다, 소생시키다.**

ἤ, 접속사, **보다**(than), **혹은**(or).

ἤγαγον, ἄγω의 제2단순과거.

ἠγέρθην, ἐγείρω의 단순과거 수동태.

ἤδη, 부사, **이미, 벌써.**

ἤθελον, θέλω의 미완료.

ἦλθον, ἔρχομαι의 제2단순과거.

ἡμέρα, ἡ, **날(日).**

ἡμέτερος, α, ον, 소유형용사, **우리의, 우리에게 속하는.**

ἤνεγκα 혹은 ἤνεγκον, φέρω의 단순과거.

ἠνέχθην, φέρω의 단순과거 수동태.

ἦρα, αἴρω의 단순과거.

Ἡρῴδης, ου, ὁ, **헤롯.**

θάλασσα, ἡ, **바다, 호수.**

θάνατος, ὁ, **죽음, 사망.**

θαυμάζω, θαυμάσομαι, ἐθαύμασα, τεθαύμακα, 단순과거 수동태 ἐθαυμάσθην, **내가 놀라다, 기이히 여기다, 경탄하다.**

θέλημα, θελήματος, τό, **뜻.**

θέλω, θελήσω, ἠθέλησα, 미완료 ἤθελον, **내가 원하다, 바라다.**

θεός, ὁ, **하나님, 신(神).**

θεραπεύω, θεραπεύσω, ἐθεράπευσα, τεθεράπευκα, τεθεράπευμαι, ἐθεραπεύθην, **내가 고치다, 낫게 하다.**

θεωρέω, θεωρήσω, ἐθεώρησα, **내가 보다, 관찰하다**(I behold).

θνήσκω, τέθνηκα, **내가 죽는다.**(현재완료와 과거완료에만 사용된다.)

Ἰάκωβος, ὁ, **야고보.**

ἴδιος, α, ον, 형용사, …**자신의.**

ἰδού, 불변사, **보라, 보시오.**

ἰδών, ἰδοῦσα, ἰδόν, ὁράω의 제2단순과거 분사.

ἱερεύς, ἱερέως, ὁ, **제사장.**

ἱερόν, τό, **성전.**

Ἰησοῦς, οῦ, ὁ, **예수.**

ἱκανός, ή, όν, **충분한, 상당한, 많은, 가능한.**

ἱμάτιον, τό, **옷.**

ἵνα, 접속사, …**하기 위하여**(in orther that, 가정법과 함께).

Ἰουδαῖος, ὁ, **유대인.**

ἵστημι, στήσω, ἔστησα, 제2단순과거 ἔστην, ἕστηκα, ἕσταμαι, ἐστάθην, **내가 일어서게 하다, 세우다**(현재, 미완료, 미래, 단순과거의 능동태), **서다**(제2단순과거와 현재완료).

ἰσχυρότερος, α, ον, 형용사, **보다 강한.**(ἰσχυρός, ά, όν, **강한**의 비교급)

Ἰωάννης, ὁ, **요한.**

κἀγώ=καὶ ἐγώ.

καθαρός, ά, όν, 형용사, **깨끗한, 순결한.**

κάθημαι, 디포넌트, **내가 앉다.**

καθώς, 부사, …**과 같이**(just as).

καί, **그리고, 까지도, 역시.** καί…καί, …**과 …이다**(both…and).

καιρός, ὁ, **때, 정한 때, 시기.**

κακός, ή, όν, **나쁜, 악한.**

καλέω, καλέσω, ἐκάλεσα, κέκληκα, κέκλημαι, ἐκλήθην, **내가 부르다.**

καλός, ή, όν, 형용사, **좋은, 아름다운.**

καλῶς, 부사, 잘(well).
καρδία, ἡ, 마음.
καρπός, ὁ, 열매, 결실.
κατά, 전치사, +속격, 에서 밑으로, …에 대항하여, +대격, …에 따라서, …에 의하여.
καταβαίνω, 내가 내려가다.
κατέρχομαι, 내가 내려가다, 내려오다.
κελεύω, κελεύσω, ἐκέλευσα, 내가 명령하다.
κηρύσσω, κηρύξω, ἐκήρυξα, κεκήρυχα, κεκήρυγμαι, ἐκηρύχθην, 내가 선포하다, 전파하다.
κλάω, 단순과거 ἔκλασα, 내가 깨뜨리다, 부수다.
κόσμος, ὁ, 세계, 세상.
κρείσσων, ον, 형용사, 보다 좋은. (ἀγαθός의 비교급으로 사용된다.)
κρίνω, κρινῶ, ἔκρινα, κέκρικα, κέκριμαι, ἐκρίθην, 내가 심판하다, 판단하다.
κρίσις, κρίσεως, ἡ, 심판.
κύριος, ὁ, 주, 주님.
κωλύω, 내가 막다, 방해하다.
κώμη, ἡ, 마을.
λαλέω, λαλήσω, ἐλάλησα, λελάληκα, λελάλημαι, ἐλαλήθην, 내가 말하다.
λαμβάνω, λήμψομαι, ἔλαβον, εἴληφα, εἴλημμαι, ἐλήμφθην, 내가 취하다, 받다(I receive).
λαός, ὁ, 백성, 평민.
λέγω, ἐρῶ, εἶπον, εἴρηκα, εἴρημαι, ἐρρέθην 혹은 ἐρρήθην, 내가 말하다.
λείπω, λείψω, ἔλιπον, λέλοιπα, λέλειμμαι, ἐλείφθην, 내가 남기다, 버려두다.
λήμψομαι, λαμβάνω의 미래.
λίθος, ὁ, 돌(石).
λόγος, ὁ, 말, 말씀.
λοιπός, ἡ, όν, 형용사, 남은. οἱ λοιποί, 남은 사람들.
λύω, λύσω, ἔλυσα, λέλυκα, λέλυμαι, ἐλύθην, 내가 풀다, 파괴하다, 깨뜨리다.
μαθητής, ὁ, 제자.
μακάριος, α, ον, 형용사, 행복한, 복된.
μᾶλλον, 부사, 더욱, 오히려.
μαρτυρέω, μαρτυρήσω, ἐμαρτύρησα, μεμαρτύρακα, μεμαρτύρημαι, ἐμαρτυρήθην, 내가 증거하다, 목격하다.
μαρτυρία, ἡ, 증거, 목격.
μέγας, μεγάλη, μέγα, 형용사, 큰.
μείζων, ον, 형용사, 더 큰.(μέγας의 비교급)
μέλλω, μελλήσω, 미완료 ἤμελλον 혹은 ἔμελλον, 내가 …하려 하다(I am about, I am going to).
μέν…δέ, 한편은 … 또 한편은.(μέν은

해석하지 않고 δέ만 **그러나**로 번역하면 되는 경우가 많다.)

μένω, μενῶ, ἔμεινα, μεμένηκα, **내가 머물다, 거하다, 유하다.**

μετά, 전치사, +속격, **함께, 같이**, +대격, **후에, 뒤에.**

μετανοέω, μετανοήσω, μετενόησα, **내가 회개하다.**

μέχρι, 전치사, +속격, **까지**, 접속사, **까지.**

μή, 부정 부사, **아니.**(직설법 외의 다른 법과 함께 사용된다.)

μή, 접속사, **…나 않을까, …지 않도록.**

μηδέ, **그리고 아니, …도 …아니, 역시 아니.** μηδέ…μηδέ, **…도…도 모두…아니.**

μηδείς, μηδεμία, μηδέν, **아무 사람도 아니, 아무것도 아니.**

μηκέτι, 부사, **이제는 더…아니.**

μήποτε, **혹시…않을까 하여.**(가정법과 함께)

μήτηρ, μητρός, ἡ, **어머니.**

μικρός, ά, όν, 형용사, **작은.**

μνημεῖον, τό, **무덤.**

μόνον, 부사, **…만, 다만, 뿐만.**

μόνος, η, ον, 형용사, **홀로, 유일한.**

μυστήριον, τό, **비밀, 신비.**

ναός, ὁ, **성소, 성전.**(ἱερόν은 성전 경내 전체를 가리키는 반면, ναός는 성전 건물 자체를 말한다.)

νεκρός, ά, όν, 형용사, **죽은.**

νόμος, ὁ, **율법.**

νῦν, 부사, **지금.**

νύξ, νυκτός, ἡ, **밤(夜).**

ὁ, ἡ, τό, 정관사, **그(其).**

ὁδός, ἡ, **길, 도리.**

οἶδα, **내가 알다.**(현재완료이면서 현재의 뜻으로 사용된다.)

οἰκία, ἡ, **집.**

οἶκος, ὁ, **집.**

ὀλίγος, η, ον, 형용사, **적은, 작은.**

ὅλος, η, ον, 형용사, **전부의, 모든.**

ὅμοιος, α, ον, 형용사, **같은.**

ὄνομα, ὀνόματος, τό, **이름.**

ὅπου, 부사, **…곳**(where, 관계부사).

ὅπως, 접속사, **…하기 위하여**(in order that, 가정법과 함께).

ὁράω, ὄψομαι, εἶδον, ἑώρακα 혹은 ἑόρακα, ὦμμαι, ὤφθην, 제2단순과거 분사 ἰδών, **내가 보다.**(현재에서는 ὁράω보다 βλέπω가 많이 사용된다.)

ὄρος, ὄρους, τό, **산(山).**

ὅς, ἥ, ὅ, 관계대명사.

ὅσος, ὅση, ὅσον, 관계형용사, **…만큼 다**(as great as, as much as, as many as).

ὅστις, ἥτις, ὅτι, 부정관계대명사, **누구든지, 어느 것이든지, 무엇이든지.**

ὅταν, **언제든지…때는.**(가정법과 함께)

ὅτε, 부사, …**때에.**

ὅτι, 접속사, …**는 것을**(that), **왜냐하면.**(직접화법의 따옴표의 역할도 한다.)

οὐ, 부사, **아니.**(모음 앞에서는 οὐκ, 거친 숨표 앞에서는 οὐχ)

οὐδέ, 접속사, **그리고 아니, 또 아니, 역시 아니.** οὐδέ…οὐδέ, …**도** …**도 다 아니**(neither… nor).

οὐδείς, οὐδεμία, οὐδέν, **아무도… 아니, 아무것도…아니.**

οὐδέπω, 부사, **아직도…아니.**

οὐκ, 연한 숨표를 가진 모음이나 이중모음 앞에 나타나는 οὐ는 이렇게 변한다.

οὐκέτι, 부사, **이제는 더…아니.**

οὖν, 접속사, 후치어, **따라서, 그러므로.**

οὔπω, 부사, **아직…아니.**

οὐρανός, ὁ, **하늘.**

οὖς, ὠτός, τό, **귀.**

οὔτε, 접속사, **또 아니, 그리고…아니.** οὔτε…οὔτε, …**도…도 모두…아니**(neither…nor).

οὗτος, αὕτη, τοῦτο, 지시대명사, **이**(此).

οὕτως, 부사, **이렇게, 이와 같이.**

οὐχ, 거친 숨표를 가진 모음이나 이중모음 앞에 있는 οὐ가 변한 것이다.

ὀφείλω, **내가 빚지다, 내가 …해하다, 마땅히…해야 한다.**

ὀφθαλμός, ὁ, **눈**(眼).

ὄχλος, ὁ, **무리, 대중, 군중.**

ὄψομαι, ὁράω의 미래.

παιδίον, τό, **어린아이.**

πάλιν, 부사, **다시.**

παρά, 전치사, +속격, **에서부터,** +여격, **곁에서, 앞에서,** +대격, …**와 나란히,** …**와 함께**(alongside of).

παραβολή, ἡ, **비유.**

παραγίνομαι, **내가 나타나다, 이르다, 오다.**

παραδίδωμι, **내가 넘겨주다, 내어주다.**

παρακαλέω, **내가 권고하다, 격려하다, 간청하다, 위안하다.**

παραλαμβάνω, **내가 받아들이다, 영접하다, 데리고 가다.**

πᾶς, πᾶσα, πᾶν, 형용사, **모든, 각**(各).

πάσχω, πείσομαι, ἔπαθον, πέπονθα, **내가 고통을 당하다, 경험하다.**

πατήρ, πατρός, ὁ, **아버지.**

Παῦλος, ὁ, **바울.**

παύομαι, **내가 멈추다, 그치다.**

πείθω, πείσω, ἔπεισα, πέποιθα, πέπεισμαι, ἐπείσθην, **내가 설복하다.**

πειράζω, πειράσω, ἐπείρασα, πεπείρακα, πεπείρασμαι, ἐπειράσθην, **내가 유혹하다, 시험하다, 해보다.**

πέμπω, πέμψω, ἔπεμψα, πέπομφα,

πέπεμμαι, ἐπέμφθην, **내가 보내다.**

πεντακισχίλιοι, αι, α, **오천**(五千).

πέντε, 수사, **다섯.**(변화하지 않는다.)

περί, 전치사, +속격, **관하여, 대하여,** +대격, **주위에, 두루.**

περιπατέω, περιπατήσω, περιεπάτησα, περιπεπάτηκα, **내가 걸어가다, 걸어 다니다.**

Πέτρος, ὁ, **베드로.**

πίνω, πίομαι, ἔπιον, πέπωκα, πέπομαι, ἐπόθην, **내가 마시다.**

πίπτω, πεσοῦμαι, ἔπεσον 혹은 ἔπεσα, πέπτωκα, **내가 떨어지다, 넘어지다.**

πιστεύω, πιστεύσω, ἐπίστευσα, πεπίστευκα, πεπίστευμαι, ἐπιστεύθην, **내가 믿다.**(여격을 취한다.) πιστεύω εἰς, **내가…를 믿다.**(I believe in or on, 대격을 취한다.)

πίστις, πίστεως, ἡ, **믿음.**

πιστός, ή, όν, 형용사, **신실한, 믿는.**

πλείων, ον, 형용사, **더 많은.**(πολύς의 비교급)

πλῆθος, πλήθους, τό, **대중, 군중, 무리.**

πλήρης, ες, 형용사, **가득한, 충만한.** (때때로 변화하지 않는다.)

πληρόω, πληρώσω, ἐπλήρωσα, πεπλήρωκα, πεπλήρωμαι, ἐπληρώθην, **내가 가득 채우다, 이루다.**

πλοῖον, τό, **배**(舟).

πνεῦμα, πνεύματος, τό, **영**(靈), **성령.**

ποιέω, ποιήσω, ἐποίησα, πεποίηκα, πεποίημαι, ἐποιήθην, **내가 행하다, 만들다.**

ποῖος, α, ον, **어떤 종류의?**

πόλις, πόλεως, ἡ, **도시.**

πολύς, πολλή, πολύ, 형용사, **많은, 큰.**

πονηρός, ά, όν, 형용사, **악한.**

πορεύομαι, πορεύσομαι, ἐπορευσάμην, πεπόρευμαι, ἐπορεύθην, 디포넌트, **내가 가다.**(보통 수동태 형태로 쓰인다.)

πότε, 의문부사, **언제?**

ποτέ, 불변사, 전접어, **언젠가는, 어떤 때에.** μήποτε, **혹시…나 않을까 하여.**

ποτήριον, τό, **잔**(盞).

ποῦ, 의문부사, **어디?**

πούς, ποδός, ὁ, **발**(足).

πρό, 전치사, +속격, **앞에.**

πρός, 전치사, +대격, **에게로.**

προσέρχομαι, **내가…에게로 가다, 내가…에게 오다.**(여격을 취한다.)

προσεύχομαι, προσεύξομαι, προσηυξάμην, **내가 기도하다.**

προσκυνέω, προσκυνήσω, προσεκύνησα, **내가 예배하다.**(보통 여격을 취하고, 때로는 대격도 취한다.)

προσφέρω, **내가…에게 가져가다, …에게 데려가다.**(가져가지는 물건은 대격,

그것을 받는 사람은 여격이다.)
πρόσωπον, τό, **얼굴.**
προφήτης ὁ, **예언자.**
πρῶτος, η, ον, 형용사, **처음, 첫.**
πῦρ, πυρός, τό, **불(火).**
πῶς, 의문부사, **어떻게?, 어찌하여?**
ῥηθείς, ῥηθεῖσα, ῥηθέν, λέγω 혹은 φημί의 단순과거 수동태 분사.
ῥῆμα, ῥήματος, τό, **말(言)**
σάββατον, τό, **안식일.**(복수 σάββατα, σαββάτων, σαββασι(ν), 때로는 단수의 뜻으로 사용된다.)
σάρξ, σαρκός, ἡ, **살(肉), 육체.**
σεαυτοῦ, ῆς, 2인칭 재귀대명사, **그대 자신의, 너 자신의.**
σημεῖον, τό, **표징, 기적, 표적.**
σήμερον, ἡ, **오늘.**
Σίμων, Σίμωνος, ὁ, **시몬.**
σκότος, σκότους, τό, **어두움.**
Σόδομα, ων, τά, **소돔.**
σός, ή, όν, 소유형용사, **너의, 네게 속한.**
σοφία, ἡ, **지혜.**
σπείρω, σπερῶ, ἔσπειρα, –, ἔσπαρμαι, ἐσπάρην, **내가 뿌리다.**
στάδιον, τό, 복수 τὰ στάδια 혹은 οἱ στάδιοι, **스타디온.**
σταυρόω, σταυρώσω, ἐσταύρωσα, ἐσταύρωκα, ἐσταύρωμαι, ἐσταυρώθην, **내가 십자가에 달다.**
στόμα, στόματος, τό, **입(口).**
στρατιώτης, ου, ὁ, **군인.**
σύ, σοῦ, 2인칭 대명사, **너, 당신.**
σύν, 전치사, +여격, **함께, 같이.**
συνάγω, **내가 같이 모이다, 함께 모이다.**
συναγωγή, ἡ, **회당.**
συνέρχομαι, **내가 같이 가다, 같이 오다.**
σχῶ, ἔχω의 제2단순과거 가정법.
σώζω, σώσω, ἔσωσα, σέσωκα, σέσω(σ)μαι, ἐσώθην, **내가 구하다, 구원하다.**
σῶμα, σώματος, τό, **몸.**
σωτηρία, ἡ, **구원.**
τέθνηκα, θνήσκω의 현재완료.
τέκνον, τό, **아이(兒).**
τέσσαρες, τέσσαρα, 수사, **넷(四).**
τηρέω, τηρήσω, ἐτήρησα, τετήρηκα, τετήρημαι, ἐτηρήθην, **내가 지키다.**
τίθημι, θήσω, ἔθηκα, τέθεικα, τέθειμαι, ἐτέθην, **내가 두다, 놓다.**
τιμάω, τιμήσω, ἐτίμησα, τετίμηκα, τετίμημαι, ἐτιμήθην, **내가 존경하다.**
τίς, τί, 의문대명사, **누구?, 무엇?, 어느 것?**
τις, τι, 부정대명사, **어떤 사람이, 어떤 것이, 어떤 사람이나, 어떤 것이나.**
τοιοῦτος, τοιαύτη, τοιοῦτο, **그와 같은 것.**
τόπος, ὁ, **곳, 장소.**
τότε, 부사, **그때에.**

τρεῖς, τρία, 수사, **셋.**

τυφλός, ὁ, **소경.**

ὕδωρ, ὕδατος, τό, **물(水).**

υἱός, ὁ, **아들.**

ὑμέτερος, α, ον, 소유형용사, **너희의, 너희에게 속한.**

ὑπάγω, **내가 가 버리다, 떠나다.**

ὑπέρ, 전치사, +속격, **위하여**(in behalf of), +대격, **위에, 초월하여, 위에 높이.**

ὑπό, 전치사, +속격, **말미암아,** +대격, **밑에.**

ὑποστρέφω, ὑποστρέψω, ὑπέστρεψα, **내가 돌아가다.**

φανερόω, φανερώσω, ἐφανέρωσα, πεφανέρωκα, πεφανέρωμαι, ἐφανερώθην, **내가 드러내다, 밝히 나타내다.**

Φαρισαῖος, ὁ, **바리새인.**

φέρω, οἴσω, ἤνεγκα, ἐνήνοχα, ἐνήνεγμαι, ἠνέχθην, **내가 가져오다, 지고 가다, 견디다, 지다(負), 맺다**(열매).

φημί, ἐρῶ, εἶπον, εἴρηκα, εἴρημαι, ἐρρέθην 혹은 ἐρρήθην, **내가 말하다.**

φιλέω, φιλήσω, ἐφίλησα, πεφίληκα, πεφίλημαι, ἐφιλήθην, **내가 사랑하다.**

φίλος, ὁ, **친구, 동무.**

φοβέομαι, 단순과거 ἐφοβήθην, 디포넌트, **내가 두려워하다, 무서워하다.**

φονεύω, **내가 살인하다.**

φυλακή, ἡ, **감옥, 파수, 경(更).**

φωνή, ἡ, **음성, 소리.**

φῶς, φωτός, τό, **빛.**

χαίρω, χαρήσομαι, 제2단순과거 수동태 ἐχάρην, **내가 기뻐하다.**

χαρά, ἡ, **기쁨.**

χάρις, χάριτος, ἡ, **은혜.**

χείρ, χειρός, ἡ, **손.**

Χριστός, ὁ, **그리스도, 메시아.**

χρόνος, ὁ, **시간, 때.**

χώρα, ἡ, **시골, 촌.**

χωρίς, 부사, **…을 떠나서, 밖에는.**(속격을 동반한다.)

ψυχή, ἡ, **목숨, 영혼, 정신, 마음.**

ὧδε, 부사, **이리로, 여기.**

ὤν, οὖσα, ὄν, εἰμί의 현재 분사.

ὥρα, ἡ, **시간**(hour).

ὡς, 부사, 접속사, **같이**(as), **때에.**(수[數]와 함께 쓸 때에는 약[約]이라는 뜻이 된다.)

ὡσεί, ὡς의 강조형.

ὥσπερ, 부사, **똑같이**(just as), **같이.**

ὥστε, **그래서…이다.**(종종 대격과 부정사가 따라 나온다.)

ὤφθην, ὁράω의 단순과거 수동태.

한글 – 헬라어 낱말사전

가까이 가다, ἐγγίζω.
가깝게, ἐγγύς, 부사.
가능한, ἱκανός, ή, όν.
가 버리다, ἀπέρχομαι.
가 버리다, ὑπάγω.
가다, ἄγω.
가다, βαίνω.
가다, ἔρχομαι.
가다, πορεύομαι.
가득 채우다, πληρόω.
가득한, πλήρης, ες.
가르치다, διδάσκω.
가져오다, φέρω.
가지다, ἔχω.
각(各), πᾶς, πᾶσα, πᾶν.
간청하다, παρακαλέω.
갈릴리, Γαλιλαία.
감사하다, εὐχαριστέω.
감옥, φυλακή.
같은, ὅμοιος, α, ον.
같이, καθώς, 부사.
같이, μετά, 전치사, +속격.
같이, σύν, 전치사, +여격.
같이, ὡς, 부사, 접속사.
같이, ὥσπερ, 부사.
같이 가다, συνέρχομαι.
같이 모이다, συνάγω.
같이 오다, συνέρχομαι.
갚다, ἀποδίδωμι.
거기서부터, ἐκεῖθεν, 부사.
거기에, ἐκεῖ.
거기에서, ἐκεῖθεν.
거룩하게 하다, ἁγιάζω.
거룩한, ἅγιος, α, ον.
거하다, μένω.
걸어 다니다, περιπατέω.
걸어가다, περιπατέω.
격려하다, παρακαλέω.
견디다, φέρω.
결실, καρπός.
경(更), φυλακή.
경탄하다, θαυμάζω.
경험하다, πάσχω.
곁에서, παρά, 전치사, +여격.
계명, ἐντολή.
고치다, θεραπεύω.
고통을 당하다, πάσχω.
곧, εὐθέως, 부사.
곧, εὐθύς, 부사.
곳, τόπος.
공로, ἔργον.
…과…이 모두, καί…καί.
관찰하다, θεωρέω.
관하여, περί, 전치사, +속격.
광야, ἔρημος.
교사, διδάσκαλος.

교회, ἐκκλησία.
구원, σωτηρία.
구원하다, σῴζω.
구하다, αἰτέω.
구하다, ἐρωτάω.
구하다, ζητέω.
구하다, σῴζω.
국가, ἔθνος.
군인, στρατιώτης.
군중, ὄχλος.
군중, πλῆθος.
권고하다, παρακαλέω.
권능, δύναμις.
권세, ἐξουσία.
권위, ἐξουσία.
권하다, παρακαλέω.
권한, ἐξουσία.
귀, οὖς.
귀신, δαιμόνιον.
그(其), ὁ, ἡ, τό.
그것, αὐτό.
그것 자체, αὐτό.
그것 자체의, ἑαυτοῦ.
그 남자, αὐτός.
그대 자신의, σεαυτοῦ.
그때에, τότε.
그래서…이다, ὥστε.
그러나, ἀλλά.
그러나, δέ.
그러나, μέν…δέ.
그러므로, οὖν.
그런데, δέ.
그런 일이 있다, γίνομαι.
그리고, δέ.
그리고, καί.
그리고…아니, μηδέ.
그리고…아니, οὐδέ.
그리고…아니, οὐτέ.
그리스도, Χριστός.
그 여자, αὐτή.
그 여자 자신의, ἑαυτῆς.
그와 같은 것, τοιοῦτος.
그이, αὐτός.
그 자신, αὐτός.
그 자신의, ἑαυτοῦ.
그치다, παύομαι.
글, γράμμα.
기도하다, προσεύχομαι.
기록, γραφή.
기록하다, γράφω.
기뻐하다, χαίρω.
기쁜 소식, εὐαγγέλιον.
기쁨, χαρά.
기이히 여기다, θαυμάζω.
기적, δύναμις.
기적, σημεῖον.
길, ὁδός.
까지, ἕως, 부사, 접속사.
까지, μέχρι, 전치사, +속격.
까지도, καί.

깨끗한, καθαρός. ά, όν.
깨뜨리다, κλάω.
깨뜨리다, λύω.
끝의, ἔσχατος, η, ον.
나, ἐγώ.
나가다, ἐκπορεύομαι.
나가다, ἐξέρχομαι.
나라, βασιλεία.
나라, ἔθνος.
나란히, παρά, 전치사, +대격.
나쁜, κακός, ή, όν.
…나 않을까, μή, 접속사.
나오다, ἐξέρχομαι.
나의, ἐμός, ή, όν.
나 자신의, ἐμαυτοῦ, ῆς.
나타나다, γίνομαι.
나타나다, παραγίνομαι.
나타내다, δηλόω.
날(日), ἡμέρα.
남기다, λείπω.
남은, λοιπός, ή, όν.
남은 사람들, οἱ λοιποί.
남자, ἀνήρ.
낫게 하다, θεραπεύω
낳다(生), γεννάω.
내게 속한, ἐμός, ή, όν.
내던지다, ἐκβάλλω.
내려가다, καταβαίνω.
내려가다, κατέρχομαι.
내려오다, κατέρχομαι.
내어주다, παραδίδωμι.
너, σύ.
너의, σός, ή, όν.
너 자신의, σεαυτοῦ, ῆς.
너희에게 속한, ὑμέτερος, α, ον.
너희의, ὑμέτερος, α, ον.
넘겨주다, παραδίδωμι.
넘어지다, πίπτω.
네게 속한, σός, ή, όν.
넷, τέσσαρες, τέσσαρα.
노력하다, ζητέω.
노예, δοῦλος.
놀라다, θαυμάζω.
놓다, τίθημι.
놓아주다, ἀπολύω.
누구?, τίς.
누구든지, ὅστις, ἥτις, ὅτι.
누이다, ἐπιτίθημι.
눈(眼), ὀφθαλμός.
…는 것을, ὅτι.
능력, δύναμις.
능히…하다, δύναμαι.
다른, ἄλλος, η, ο.
다른(異), ἕτερος, α, ον.
다만, μόνον, 부사.
다섯, πέντε.
다스리다, ἄρχω.
다시, πάλιν, 부사.
다시 보게 되다, ἀναβλέπω.
당신, σύ.

당장에, εὐθέως, εὐθύς, 부사.
대답하다, ἀποκρίνομαι.
대신에, ἀντί, 전치사, +속격.
대제사장, ἀρχιερεύς.
대중, ὄχλος.
대중, πλῆθος.
대하여, ἐπί, 전치사, +대격.
대하여, περί, 전치사, +속격.
대항하여, κατά, 전치사, +속격.
더 많은, πλείων, ον.
더욱, μᾶλλον, 부사.
더 큰, μείζων, ον.
던지다, βάλλω.
데리고 가다, παραλαμβάνω.
…도…도 모두…아니, μηδέ…μηδέ, οὔτε…οὔτε.
…도…아니, μηδέ.
도리, ὁδός.
도시, πόλις.
돌, λίθος.
돌려주다, ἀποδίδωμι.
돌아가다, ἐπιστρέφω.
돌아가다, ὑποστρέφω.
돌아서다, ἐπιστρέφω.
동무, φίλος.
동생, ἀδελφός.
동안, ἕως, 접속사.
되다, γίνομαι.
두다, βάλλω.
두다, τίθημι.
두려워하다, φοβέομαι.
두루, περί, 전치사, +대격.
둘, δύο.
뒤에, μετά, 전치사, +대격.
드러내다, δηλόω.
드러내다, φανερόω.
듣다, ἀκούω.
들, ἀγρός.
들어가다, εἰσέρχομαι.
들어 올리다, αἴρω.
들어 올리다, ἀναλαμβάνω.
따라서, κατά, 전치사, +대격.
따라서, οὖν, 접속사.
따르다, ἀκολουθέω.
땅, γῆ.
때, καιρός.
때, χρόνος.
때문에, διά, 전치사, +대격.
…때에, ὅτε.
때에, ἐπί, 전치사, +속격.
때에, ὡς, 접속사.
떠나다, ἀπέρχομαι.
떠나다, ὑπάγω.
떠나서, χωρίς, 부사.
떡, ἄρτος.
떨어지다(落), πίπτω.
또 아니, οὐδέ.
또 아니, οὔτε.
똑같이, ὥσπερ.
뜻(旨), θέλημα.

마시다, πίνω.
마을, κώμη.
마음, καρδία.
마음, ψυχή.
마지막의, ἔσχατος, η, ον.
막다, κωλύω.
…만, μόνον, 부사.
만국, τὰ ἔθνη.
만나다, εὑρίσκω.
만들다, ποιέω.
만일, ἐάν.
만일…아니하면, εἰ μή.
…만큼 다, ὅσος, ὅση, ὅσον.
많은, ἱκανός, ή, όν.
많은, πολύς, πολλή, πολύ.
말, λόγος.
말, ῥῆμα.
말미암아, διά, 전치사, +대격.
말미암아, ὑπό, 전치사, +속격.
말씀, λόγος.
말하다, λαλέω.
말하다, λέγω.
말하다, φημί.
맺다(열매), φέρω.
머물다, μένω.
먹다, ἐσθίω.
멈추다, παύομαι.
메시아, Χριστός.
면전에, ἔμπροσθεν, 부사.
면전에, ἐνώπιον, 부사.
멸망하다, ἀπόλλυμι.
명령하다, κελεύω.
모든, ἅπας, ἅπασα, ἅπαν.
모든, ὅλος, η, ον.
모든, πᾶς, πᾶσα, πᾶν.
목격, μαρτυρία.
목격하다, μαρτυρέω.
목숨, ψυχή.
몸, σῶμα.
무덤, μνημεῖον.
무리, ὄχλος, πλῆθος.
무서워하다, φοβέομαι.
무엇?, τί.
무엇이든지, ὅτι.
문서, γραφή.
문자, γράμμα.
묻다(問), ἐπερωτάω, ἐρωτάω.
물, ὕδωρ.
물어보다, ἐπερωτάω, ἐρωτάω.
민족, γένος, ἔθνος.
믿는, πιστός, ή, όν.
믿다, πιστεύω, πιστεύω εἰς….
믿음, πίστις.
밑에, ὑπό, 전치사, +대격.
밑으로, κατά, 전치사, +속격.
바다, θάλασσα.
바라다, ἐλπίζω.
바라다, θέλω.
바리새인, Φαρισαῖος.
바울, Παῦλος.

박해하다, διώκω.
밖에(外), ἔξω, 부사.
밖에는, ἐὰν μή….
밖에는, εἰ μή….
밖에는, χωρίς, 부사.
밖으로 던지다, ἐκβάλλω.
반드시…해야 한다, δεῖ.
받다, δέχομαι, λαμβάνω.
받다, παραλαμβάνω.
받아들이다, δέχομαι.
받아들이다, παραλαμβάνω.
발, πούς.
발견하다, εὑρίσκω.
밝히 나타내다, φανερόω.
밤, νύξ.
방해하다, κωλύω.
밭, ἀγρός.
배(舟), πλοῖον.
백성, λαός.
버려두다, ἀφίημι.
버려두다, λείπω.
벌써, ἤδη, 부사.
벌판, ἀγρός.
베드로, Πέτρος.
보내다(사명을 띠고), ἀποστέλλω.
보내다, πέμπω.
…보다, ἤ, 접속사.
보다, βλέπω.
보다, θεωρέω.
보다, ὁράω.
보다 강한, ἰσχυρότερος, α, ον.
보다 좋은, κρείσσων, ον.
보라, ἰδού.
보시오, ἰδού.
보여 주다, δηλόω.
…보이다, δοκέω.
보이다, δηλόω.
복된, μακάριος, α, ον.
복음, εὐαγγέλιον.
복음을 전하다, εὐαγγελίζω.
부르다, καλέω.
부수다, κλάω.
부인, γυνή.
불(火), πῦρ.
불쌍히 여기다, ἐλεέω.
비밀, μυστήριον.
비유, παραβολή.
빈들, ἔρημος.
빚지다 ὀφείλω.
빚진 것을 갚다, ἀποδίδωμι.
빛, φῶς.
빵, ἄρτος.
뿌리다, σπείρω.
…뿐만, μόνον, 부사.
사도, ἀπόστολος.
사람, ἄνθρωπος.
사랑, ἀγάπη.
사랑하다, ἀγαπάω.
사랑하다, φιλέω.
사망, θάνατος.

사신, ἄγγελος, ἀπόστολος.
사자, ἄγγελος.
산, ὄρος.
살(肉), σάρξ.
살다, ζάω.
살리다, ζωοποιέω.
살인하다, φονεύω.
상당한, ἱκανός, ή, όν.
생각되다, δοκέω.
생각하다, δοκέω.
생겨나다, γίνομαι.
생기다, γίνομαι.
생명, ζωή.
서다(立), ἵστημι.
서로의, ἀλλήλων, οις, ους.
서로서로의, ἀλλήλων, οις, ους.
선물, δῶρον.
선생, διδάσκαλος.
선포하다, κηρύσσω.
설복하다, πείθω.
성경, γραφή.
성령, πνεῦμα ἅγιον.
성별하다, ἁγιάζω.
성소, ἱερόν, ναός.
성서, γραφή.
성전, ἱερόν.
성전, ναός.
세계, κόσμος.
세례를 베풀다, βαπτίζω.
세상, κόσμος.
세우다, ἵστημι.
셋, τρεῖς.
소경, τυφλός.
소돔, Σόδομα.
소리, φωνή.
소망, ἐλπίς.
소생시키다, ζωοποιέω.
소유하다, ἔχω.
손, χείρ.
순결한, καθαρός, ά, όν.
스승, διδάσκαλος.
스타디온, στάδιον.
시간, χρόνος.
시간, ὥρα.
시골, χώρα.
시기, καιρός.
시대, αἰών.
시몬, Σίμων.
시작하다, ἄρχομαι, ἄρχω의 중간태.
시초, ἀρχή.
시험하다, πειράζω.
신(神), θεός.
신비, μυστήριον.
신실한, πιστός, ή, όν.
심판, κρίσις.
심판하다, κρίνω.
십자가에 달다, σταυρόω.
쓰다, γράφω.
아니, μή.
아니, μηδέ.

아니, οὐ.
…아니하면, ἐὰν μή….
아들, υἱός.
아름다운, καλός, ή, όν.
아무것도…아니, μηδέν.
아무것도…아니, οὐδέν.
아무도…아니, μηδείς.
아무 사람도…아니, οὐδείς.
아버지, πατήρ.
아이, παιδίον, τέκνον.
아직도, ἔτι, 부사.
아직…아니, οὔπω, 부사.
아직도 …아니, οὐδέπω, 부사.
악한, κακός, ή, όν.
악한, πονηρός, ά, όν.
안식일, σάββατον.
안에, ἐν, 전치사, +여격.
안으로, εἰς, 전치사, +대격.
앉다, κάθημαι.
…않도록, μή.
알다, γινώσκω, οἶδα.
앞에, ἔμπροσθεν, 부사.
앞에, ἐνώπιον, 부사.
앞에, πρό, 전치사, +속격.
앞에서, παρά, 전치사, +대격.
애쓰다, ζητέω.
야고보, Ἰάκωβος.
약(約), ὡς.
약속, ἐπαγγελία.
어느 것?, τί.
어느 것이든지, ὅτι.
어두움, σκότος.
어디?, ποῦ.
어떤 것이, τι.
어떤 것이나, τι.
어떤 때에, πότε.
어떤 사람이, τις.
어떤 사람이나, τις.
어떤 종류의?, ποῖος.
어떻게?, πῶς.
어린아이, παιδίον.
어머니, μήτηρ.
어찌하여, πῶς.
언제?, πότε.
언제든지…때에는, ὅταν.
언젠가는, ποτέ.
얼굴, πρόσωπον.
없이하다, αἴρω.
…에게, ἐπί, 전치사, +대격.
…에게 가져가다, προσφέρω.
…에게 데려가다, προσφέρω.
…에게로, πρός, 전치사, +대격.
…에게로 가다, προσέρχομαι.
…에게 오다, προσέρχομαι.
…에서, ἀπό, 전치사, +속격.
…에서 밖으로, ἐκ, 전치사, +속격.
…에서부터, παρά, 전치사, +속격.
여기, ὧδε.
여섯, ἕξ.
여인, γυνή.

여자, γυνή.
역사(役事), ἔργον.
역시, καί.
역시…아니, μηδέ.
역시…아니, οὐδέ.
열다, ἀνοίγω.
열매, καρπός.
열방, τὰ ἔθνη.
영, πνεῦμα.
영광, δόξα.
영광을 돌리다, δοξάζω.
영원한, αἰώνιος, ον.
영접하다, δέχομαι.
영접하다, παραλαμβάνω.
영혼, ψυχή.
영화롭게 하다, δοξάζω.
예배하다, προσκυνέω.
예비하다, ἑτοιμάζω.
예수, Ἰησοῦς.
예언자, προφήτης.
오늘, σήμερον.
오다, ἔρχομαι.
오다, παραγίνομαι.
오천(五千), πεντακισχίλιοι.
오히려, μᾶλλον, 부사.
올라가다, ἀναβαίνω.
옳다, ἔξεστι(ν).
옳은, δίκαιος, α, ον.
옷, ἱμάτιον.
왕, βασιλεύς.
왕국, βασιλεία.
왜냐하면, γάρ.
왜냐하면, ὅτι.
요구하다, ἐρωτάω.
요한, Ἰωάννης.
용서하다, ἀφίημι.
우리에게 속한, ἡμέτερος, α, ον.
우리의, ἡμέτερος, α, ον.
원수, ἐχθρός.
위안하다, παρακαλέω.
위에, ἐπί, 전치사, +속격.
위에, ἐπί, 전치사, +여격.
위에, ὑπέρ, 전치사, +대격.
…위에 높이, ὑπέρ, 전치사, +대격.
…위에 놓다, ἐπιτίθημι.
위하여, ὑπέρ, 전치사, +속격.
유대인, Ἰουδαῖος.
유일한, μόνος, η, ον.
유하다, μένω.
유혹하다, πειράζω.
육체, σάρξ.
율법, νόμος.
율법학자, γραμματεύς.
…으로, εἰς, 전치사, +대격.
…으로부터, ἀπό, 전치사, +속격.
은혜, χάρις.
음성, φωνή.
의로운, δίκαιος, α, ον.
의문(儀文), γράμμα.
…의하여, κατά, 전치사, +대격.

이(此), οὗτος, αὕτη, τοῦτο.
이렇게, οὕτως, 부사.
이루다, πληρόω.
이르다, παραγίνομαι.
이름, ὄνομα.
이리로, ὧδε, 부사.
이미, ἤδη, 부사.
이방 사람들, τὰ ἔθνη.
이와 같이, οὕτως, 부사.
이외에는, ἐὰν μή….
이외에는, εἰ μή….
이제는 더…아니, μηκέτι.
이제는 더…아니, οὐκέτι.
인도하다, ἄγω.
…인지, εἰ.
일, ἔργον.
일꾼, δοῦλος.
일어나다, ἀνίστημι.
일어나다, γίνομαι.
일어나다, ἐγείρω.
일어서게 하다, ἀνίστημι.
일어서게 하다, ἵστημι.
일어서다, ἀνίστημι.
일으키다, ἀνίστημι.
일으키다, ἐγείρω.
임금, βασιλεύς.
입(口), στόμα.
있다, γίνομαι, εἰμί.
자신, αὐτός, ής, όν.
…자신의, ἴδιος, α, ον.
작은, μικρός, ά, όν.
작은, ὀλίγος, η, ον.
잔(盞), ποτήριον.
잘, καλῶς, 부사.
장소, τόπος.
저(彼), ἐκεῖνος, η, ον.
적은, ὀλίγος, η, ον.
전도하다, εὐαγγελίζω.
전부의, ὅλος, η, ον.
전파하다, κηρύσσω.
정신, ψυχή.
정한 때, καιρός.
제사장, ἱερεύς.
제자, μαθητής.
족속, γένος.
존경하다, τιμάω.
종, δοῦλος.
종류, γένος.
좇아가다, ἀκολουθέω.
좋은, ἀγαθός, ή, όν.
좋은, καλός, ή, όν.
좋은 소식, εὐαγγέλιον.
죄, ἁμαρτία.
죄를 짓다, ἁμαρτάνω.
죄인, ἁμαρτωλός.
주, κύριος.
주님, ὁ κύριος.
주다, δίδωμι.
주위에, περί, 전치사, +대격.
죽다, ἀποθνῄσκω.

죽은, νεκρός, ά, όν.
죽음, θάνατος.
죽이다, ἀποκτείνω.
준비하다, ἑτοιμάζω.
증거, μαρτυρία.
증거하다, μαρτυρέω.
지구, γῆ.
지금, νῦν.
지나가다, διέρχομαι, παρέρχομαι.
지다(負), φέρω.
지배하다, ἄρχω.
지키다, τηρέω.
지혜, σοφία.
진리, ἀλήθεια.
질문하다, ἐπερωτάω.
집, οἰκία.
집, οἶκος.
쫓아가다, διώκω
참, ἀλήθεια.
참된, ἀληθής, ές.
찾아내다, εὑρίσκω.
책, βιβλίον.
처음, ἀρχή.
처음, πρῶτος, η, ον.
천사, ἄγγελος.
첫, πρῶτος, η, ον.
청구하다, αἰτέω.
쳐다보다, ἀναβλέπω.
초월하여, ὑπέρ, 전치사, +대격.
촌, χώρα.
축복하다, εὐλογέω.
축사하다, εὐλογέω, εὐχαριστέω.
충분한, ἱκανός, ή, όν.
충만한, πλήρης, ες.
취하다(取), λαμβάνω.
측은히 여기다, ἐλεέω.
치워 버리다, αἴρω.
친구, φίλος.
큰, μέγας, μεγάλη, μέγα.
큰, πολύς, πολλή, πολύ.
통과하다, διέρχομαι.
통치자, ἄρχων.
통치하다, ἄρχω.
통하여, διά, 전치사, +속격.
파괴하다, λύω.
파멸하다, ἀπόλλυμι.
파수, φυλακή.
판단하다, κρίνω.
평민, λαός.
평안, εἰρήνη.
평화, εἰρήνη.
표적, σημεῖον.
풀다(解), λύω.
풀어 주다, ἀπολύω.
피(血), αἷμα.
…하기 위하여, ἵνα.
…하기 위하여, ὅπως.
하나, εἷς, μία, ἕν.
하나님, θεός, ὁ θεός.
하늘, οὐρανός.

…하려 하다, μέλλω.
…하여야 한다, δεῖ.
…하여야 한다, ὀφείλω.
한편은…또 한편은, μέν…δέ….
…할 수 있다, δύναμαι.
함께, μετά, 전치사, +속격.
함께, σύν, 전치사, +여격.
함께 모이다, συνάγω.
합당하다, ἔξεστι(ν).
해(年), ἔτος.
해보다, πειράζω.
해산시키다, ἀπολύω.
행복한, μακάριος, α, ον.
행위, ἔργον.
행하다, ποιέω.
허락하다, ἀφίημι.
헤롯, Ἡρῴδης.
형, ἀδελφός.
호수, θάλασσα.
혹시…나 않을까 하여, μήποτε.
혹은, ἤ.
홀로, μόνος, η, ον.
화평, εἰρήνη.
회개하다, μετανοέω.
회당, συναγωγή.
후에, μετά, 전치사, +대격.
희망, ἐλπίς.
희망하다, ἐλπίζω.
힘, δύναμις.

부록

Ⅰ. 시제
Ⅱ. 법
Ⅲ. 부정사
Ⅳ. 분사
Ⅴ. 불규칙동사의 변화

I. 시제(Tense)

1. 현재

1) 진행적 현재: 진행 중의 동작 혹은 지속적인 상태에 있는 것을 나타낸다.

(1) 현재 진행 중에 있는 사실을 묘사한다.

보기 κύριε, σῶσον, ἀπολλύμεθα. **주님, 구하여 주십시오. 우리가 죽게 되었습니다(우리가 멸망을 당하는 중입니다).**(마 8:25, 참고. 마 25:8, 요 5:7)

(2) 현존(現存) 결과의 존속을 나타낸다.

보기 ἀκούω σχίσματα ἐν ὑμῖν ὑπάρχειν. **너희들 가운데 분열이 있다는 것을 나는 듣고 있다(즉 듣고 아는 상태가 존속되고 있다).**(고전 11:18, 참고. 갈 1:6)

(3) 과거에 시작되어 현재까지 계속되는 사실을 나타낸다.

보기 ἀπ' ἀρχῆς μετ' ἐμοῦ ἐστέ. **처음부터 그대들이 나와 함께 있다.**(요 15:27, 참고. 눅 13:7, 고후 12:9)

2) 습관적 현재: 습관적으로 일어나는 일이나 으레 그러리라고 기대되는 일을 현재 시제로 나타낸다.

보기 πᾶς οἶκος κατασκευάζεται ὑπό τινος. **어떤 집이든지 (어떤) 사람에게 지음을 받기 마련이다.**(히 3:4, 참고. 마 7:17, 고후 9:7)

3) 반복 동작의 현재: 계속적으로 어떤 간격을 두고 일어나는 일을 나타낸다.

보기 καθ' ἡμέραν ἀποθνήσκω. **내가 날마다 죽는다.**(고전 15:31, 참고. 롬 8:36, 고전 11:21)

4) 단회적 현재(aoristic present): 단순과거는 과거에 단회적으로 일어나는 동작을 나타낸다. 그와 반대로 현재 시제로서 현재에 단회적으로 일어나는 동작을 나타낼 수 있다.

보기 γνωρίζω ὑμῖν, ἀδελφοί, τὸ εὐαγγέλιον τὸ εὐαγγελισθὲν ὑπ' ἐμοῦ ὅτι οὐκ ἔστιν κατὰ ἄνθρωπον. **형제들아, 내가 전한 복음이 사람의 뜻을**

따라서 된 것이 아니라는 것을 내가 너희에게 알게 한다.(갈 1:11, 참고. 행 9:34, 16:18)

5) 미래적 현재: 아직 일어나지 않은 것이지만 너무도 확실해서 이미 일어나고 있다고 생각되는 것을 나타낸다.

보기 ὁ υἱὸς τοῦ ἀνθρώπου παραδίδοται εἰς τὸ σταυρωθῆναι. **사람의 아들은 십자가에 달리기 위하여 넘겨줌을 받는다.**(마 26:2, 참고. 눅 3:9, 요 14:3)

6) 역사적 현재: 과거의 사실을 현재 일어나는 일처럼 생생하게 그려 내려 할 때에 사용된다.

보기 τῇ ἐπαύριον βλέπει τὸν Ἰησοῦν ἐρχόμενον πρὸς αὐτόν. **이튿날 그는 예수께서 자기에게 오시는 것을 본다.**(요 1:29, 참고. 마 3:1, 막 14:17)

7) 추세적(趨勢的) 현재: 비록 실제로는 일어나고 있지 않지만 그렇게 되도록 의도했거나(purposed), 시도한(attempted) 동작을 나타낼 때 사용된다. 즉 실현될 경향을 가지고 있는 동작을 나타낸다.

보기 ἐπυνθάνετο παρ' αὐτῶν ποῦ ὁ χριστὸς γεννᾶται. **그는 그리스도가 어디서 탄생하겠느냐고 그들에게 물었다.**(마 2:4, 참고. 요 10:32, 갈 5:4)

8) 불변적 현재: 항구적으로 존속하는 것으로 간주되거나 당연히 그런 것이라고 언제나 생각되는 상태를 나타낼 때 사용된다.

보기 ἀπ' ἀρχῆς ὁ διάβολος ἁμαρτάνει. **처음부터 악마는 죄를 짓고 있다.**(요일 3:8, 참고. 요 15:27, 벧후 3:4)

2. 미완료

1) 진행적 미완료: 과거에 진행 중에 있던 동작을 나타낸다.

(1) 과거에 실제로 진행되던 동작을 생생하게 묘사한다.

보기 καὶ πολλοὶ πολούσιοι ἔβαλλον πολλά. **많은 부자들은 많은 것을**

넣고 있었다.(막 12:41, 참고. 마 3:6, 눅 15:16)

(2) 어떤 동작이 끝났든지 끝나지 않았든지 간에 과거 얼마 동안 계속 진행된 것을 나타낸다.

보기 ἐν τῷ μεταξὺ ἠρώτων αὐτὸν οἱ μαθηταί. **그러는 중에 제자들은 그에게 질문을 하고 있었다.**(요 4:31, 참고. 눅 2:49, 고전 3:6)

2) 습관적 미완료: 과거에 규칙적으로 또는 통상적으로 일어난 일을 나타낸다.

보기 καὶ ἐπηρώτων αὐτὸν οἱ ὄχλοι. **그리고 무리들은 그에게 늘 질문했다.**(눅 3:10, 참고. 막 15:6, 고전 10:4)

3) 반복 동작의 미완료: 과거에 계속적으로 어떤 간격을 두고 거듭 일어난 동작을 묘사한다.

보기 καὶ ἤρχοντο πρὸς αὐτὸν καὶ ἔλεγον· χαῖρε ὁ βασιλεὺς τῶν Ἰουδαίων· καὶ ἐδίδοσαν αὐτῷ ῥαπίσματα. **그들이 그에게 계속하여 가서 유대인의 왕 만세라고 말하며 또 그 손바닥으로 때리고 있었다.**(요 19:3, 참고. 행 3:2, 눅 14:7)

4) 추세적(趨勢的) 미완료: 비록 그 결과가 어떻게 되었는지는 몰라도 다만 시도된 일이 있거나 실현될 경향을 가지고 있던 동작을 나타낸다.

보기 καὶ ἐκάλουν αὐτὸ Ζαχαρίαν. **그리고 그들은 그를 사가랴라고 부르려 하였다.**(눅 1:59, 참고. 마 3:14, 행 7:26)

5) 원망적(願望的) 미완료: 소원 혹은 의향을 나타낸다.

보기 ἐβουλόμην καὶ αὐτὸς τοῦ ἀνθρώπου ἀκοῦσαι. **나 자신도 그 사람의 말을 듣고자 하고 있었다.**(행 25:22, 참고. 롬 9:3, 갈 4:20)

6) 시발(始發)의 미완료: 어떤 과정의 시작을 나타낸다.

보기 καθίσας ἐδίδασκεν τοὺς ὄχλους. **그는 앉아서 그 무리들을 가르치기 시작하셨다.**(눅 5:3, 참고. 막 5:32, 행 3:8)

3. 미래

1) 예고적 미래: 미래에 일어날 것으로 기대되는 사건을 미리 말한다.

보기 ἐκεῖνος ὑμᾶς διδάξει πάντα. **그가 너희에게 모든 것을 가르칠 것이다.**(요 14:26, 참고. 롬 6:14, 빌 3:21)

2) 진행적 미래: 미래에 진행되고 계속될 동작이나 상태를 나타낸다.

보기 ἐν τούτῳ χαίρω. ἀλλὰ καὶ χαρήσομαι. **이것으로 나는 기뻐한다. 아니, 계속하여 또한 기뻐할 것이다.**(빌 1:18, 참고. 롬 6:2, 살후 3:4)

3) 명령적 미래: 명령이나 금지를 나타내는 데 사용된다.

보기 καὶ καλέσεις τὸ ὄνομα αὐτοῦ Ἰωάννην. **그리고 너는 그의 이름을 요한이라 할지니라.**(눅 1:13) οὐ φονεύσεις. **살인하지 말라.**(마 5:21, 참고. 마 1:21, 약 2:8)

4) 의도적 미래: 확실하지 않은 것을 물어보는 질문을 미래 직설법으로 나타낼 때가 있다.

보기 κύριε, πρὸς τίνα ἀπελευσόμεθα; **주님, 우리가 누구에게로 가리이까?**(요 6:68, 참고. 롬 3:6, 10:14)

5) 격언적 미래: 정상적인 조건하에서는 으레 그러리라고 기대되는 사실 또는 행동을 진술할 때 사용된다.

보기 ἕκαστος τὸ ἴδιον φορτίον βαστάσει. **사람은 각각 자기 자신의 짐을 질 것이다(져야 한다).**(갈 6:5, 참고. 롬 5:7, 엡 5:31)

4. 단순과거

1) 총괄적(總括的) 단순과거: 어떤 동작의 지속되는 기간이 얼마나 되든지 개의치 않고 그것을 총체적으로 하나로 보아 나타낸다.

보기 τεσσεράκοντα καὶ ἓξ ἔτεσιν οἰκοδομήθη ὁ ναὸς οὗτος. **이 성전이 사십육 년 동안에 건축되었다.**(요 2:20, 참고. 마 8:3, 히 11:13)

2) 진입적(進入的) 단순과거: 어떤 상태나 조건으로 들어가는 것을 나타낸다. 즉 그 시작을 초점을 두고 말한다.

보기 νεκρὸς ἦν καὶ ἔζησεν. **그가 죽었다가 살았다(삶에로 들어갔다)** 또는 **삶을 시작하였다.**(눅 15:32, 참고. 고후 8:9, 행 15:12-13)

3) 절정적(絕頂的) 단순과거: 어떤 사건을 총괄적으로 관찰하되 그 남은 결과를 주로 생각하며 나타낼 때 사용된다. 특히 노력이 들고 어떤 과정을 거쳐야 하는 일에서 그 일의 목적이 도달된 것을 나타낼 때 사용된다.

보기 ἐγὼ ἔμαθον αὐτάρχης εἶναι. **나는 자족하는 일을 (마침내) 배웠다.**(빌 4:11, 참고. 눅 1:1, 행 5:4)

4) 격언적 단순과거: 일반적으로 승인된 사실이나 진리가 그 확실성에서 아주 확고하고 그 성격상으로 보아 공리(公理)와 같은 것이므로 마치 그것이 실제로 일어난 일이나 되는 것처럼 단순과거를 가지고 나타낸다.

보기 καὶ ἐδικαιώθη ἡ σοφία ἀπὸ πάντων τῶν τέκνων αὐτῆς. **그리고 지혜는 그 모든 자녀(열매)로써 옳다함을 얻는다(얻었다).**(눅 7:35, 참고. 요 15:8, 갈 5:24, 벧전 1:24)

5) 서한(書翰)의 단순과거: 글 쓰는 사람이 자기에게는 현재나 미래의 동작이나 사건이지만 독자의 입장에 서서 단순과거 직설법을 가지고 나타내는 경우가 있다.

보기 σπουδαιοτέρως οὖν ἔπεμψα αὐτόν. **그러므로 나는 더욱 급히 그를 보낸다(보냈다).**(빌 2:28, 참고. 행 23:30, 골 4:8)

6) 극적(劇的) 단순과거: 현실을 과거의 사건처럼 확신을 가지고 진술하는 방법으로 강조의 뜻을 나타낸다. 방금 이루어진 상태 혹은 방금 되었거나 될 찰나에 있는 일의 결과를 이렇게 단순과거로 나타내는 수가 있다.

보기 οὗτός ἐστιν ὁ υἱός μου ὁ ἀγαπητός, ἐν ᾧ εὐδόκησα. **이는 내 사랑하는 아들이요, 내가 그를 기뻐한다(기뻐했다).**(마 3:17, 참고. 요 13:31, 고전 4:18)

5. 현재완료

1) 결과의 현재완료: 현재완료는 한마디로 말해서 과거에 완료된 동작의

현재적 결과를 나타내는 시제다. 여기에 완료의 개념과 결과의 개념 두 가지 가운데서 특별히 현재 남아 있는 결과 혹은 상태를 강조하는 경우가 있다.

보기 ὁ διακρινόμενος ἐὰν φάγῃ κατακέκριται. **의심하면서 먹으면 그는 이미 정죄를 받은 상태에 있다.**(롬 14:23, 참고. 눅 24:46, 약 1:6)

2) 완성의 현재완료: 어떤 동작이나 과정이 과거에 이미 완성되었다는 사실을 특히 뚜렷이 나타내려 할 때 현재완료를 사용한다. 그렇다고 해서 그 동작의 결과를 완전히 무시하는 것은 아니다. 어떤 사건의 과정이 완성되었다는 것은 반드시 그 결과를 함께 말해 주는 것이기 때문이다.

보기 πεπληρώκατε τὴν Ἰερουσαλὴμ τῆς διδαχῆς ὑμῶν. **너희는 너희 교훈으로 예루살렘을 채워 놓았다.**(행 5:28, 참고. 롬 5:5, 딤후 4:7)

6. 과거완료

1) 결과의 과거완료: 과거의 입장에서 그보다 더 과거에 완료된 동작이 그 과거에 남긴 결과를 묘사한다. 즉 완료되었다는 개념보다 남은 결과에 치중하여 강조하는 경우가 있다.

보기 ἄνδρες δύο παρειστήκεισαν αὐτοῖς. **두 사람이 이미 그들과 함께 곁에서 있었다.**(행 1:10, 참고. 눅 4:41, 요 18:16)

2) 완성의 과거완료: 과거 어느 시점에서보다 더 과거에 어떤 동작이나 과정이 완료된 것을 특히 강조한다.

보기 ἤδη συνετέθειντο οἱ Ἰουδαῖοι. **유대인들은 이미 동의했었다.**(요 9:22, 참고. 눅 8:2, 행 9:21)

Ⅱ. 법(Mood)

1. 직설법(indicative mood)

1) 묘사(描寫)의 직설법: 사실을 그대로 진술하거나 묘사한다.

보기 ἐν ἀρχῇ ἦν ὁ λόγος. **맨 처음에 말씀이 계셨다.**(요 1:1, 참고. 엡 4:1, 살전 2:7)

2) 의문의 직설법: 사실을 단순히 질문하는 것이다.

보기 τίνα λέγουσιν οἱ ἄνθρωποι εἶναι τὸν υἱὸν τοῦ ἀνθρώπου; **사람들이 인자를 누구라고 합니까?**(마 16:13, 참고. 막 1:24, 요 1:38)

3) 명령의 직설법: 미래 직설법은 때때로 명령을 나타낸다.

보기 ἀγαπήσεις τὸν πλησίον σου ὡς σεαυτόν. **그대의 이웃을 그대 자신처럼 사랑하라.**(약 2:8, 참고. 마 27:24, 눅 1:13)

4) 가정적 직설법: 사실과 반대되는 것을 조건으로 삼을 때와 그 귀결을 말할 때 직설법을 사용한다. §491을 보라.

보기 εἰ ἦς ὧδε οὐκ ἂν ἀπέθανεν. **만일 당신이 여기 계셨더라면 그가 죽지 않았을 것입니다.**(요 11:21, 참고. 막 14:5, 행 26:32)

2. 가정법(subjunctive mood)

1) 청유(請誘)의 가정법: §253을 보라.(히 4:15, 12:1, 요일 4:7)

2) 금지의 가정법: §381을 보라.(마 6:13, 34, 히 3:8)

3) 의도적 가정법: §354를 보라.(막 12:14, 눅 3:10, 고전 11:32)

4) 강한 부정의 가정법: §494를 보라.(마 5:20, 눅 6:37, 살전 5:3)

5) 우연적 가정법: §254-255, 436을 보라.

3. 희구법(希求法, optative mood)

1) 소원의 희구법: 소원과 희망을 나타낸다.

보기 τὸ ἀργύριόν σου σὺν σοὶ εἴη εἰς ἀπώλειαν. **네 은(銀)이 너와 함께 망했으면 좋겠다.**(행 8:20, 참고. 살후 3:5, 벧전 1:2)

2) 가정적 희구법: ἄν과 함께 사용되어 가정법보다 더 희박한 가능성을 보이며 귀결절에 나타난다.

보기 ἐνένευον τῷ πατρὶ αὐτοῦ τὸ τί ἂν θέλοι καλεῖσθαι αὐτό. **그의 아버지가 그 아이를 어떻게 부르기를 원하는지 그들이 그 아버지에게 시늉으로 물어보았다.**(눅 1:62, 참고. 행 8:31, 17:18)

3) 협의적 희구법: 간접적인 수사의문(修辭疑問, rhetorical question)을 나타낼 때 사용된다. 마음에 아주 의심을 품었을 때에 쓰인다.

보기 διελάλουν πρὸς ἀλλήλους τί ἂν ποιήσαιεν τῷ Ἰησοῦ. **그들은 예수에 대하여 어떻게 할 수 있겠는지를 서로 논의하였다.**(눅 6:11, 참고. 눅 1:29, 22:23, 행 17:11)

4. 명령법(imperative mood)

1) 명령: §380을 보라.(마 5:44, 6:6, 살전 5:16)

2) 금지: §381을 보라.(요 6:20, 눅 7:14, 고전 6:9)

3) 요청적 명령법

보기 ἄφες ἡμῖν τὰ ὀφειλήματα ἡμῶν. **우리의 죄를 사하여 주시옵소서.**(마 6:12, 참고. 마 9:22, 눅 17:5, 요 17:11)

4) 허락의 명령법 : 명령인 동시에 허락 혹은 찬성을 나타낸다.

보기 εἰ ὁ ἄπιστος χωρίζεται, χωριζέσθω. **믿지 않는 자가 떠나려거든 떠나시오(떠나도 좋소).**(고전 7:15, 참고. 마 8:32, 26:45)

Ⅲ. 부정사(Infinitive)

1. 부정사의 동사적 작용

1) 정동사(定動詞, finite verb)의 목적(purpose)을 나타낸다.

보기 καὶ ἤλθομεν προσκυνῆσαι αὐτῷ. **우리는 그에게 경배하기 위하여 왔습니다.**(마 2:2, 참고. 마 5:17, 눅 1:77)

2) 결과를 나타낸다.

보기 διὰ τί ἐπλήρωσεν ὁ σατανᾶς τὴν καρδίαν σου, ψεύσασθαί σε τὸ πνεῦμα τὸ ἅγιον; **어찌하여 네 마음에 사탄이 가득 차서 네가 성령을 속이느냐?**(행 5:3, 참고. 롬 1:10, 7:3)

3) 시간을 나타낸다.

보기 (1) 이전(先行的) 시간: πρὶν ἢ δὶς ἀλέκτορα φωνῆσαι. **닭이 두 번 울**

기 전에.(막 14:30, 참고. 요 4:49, 행 2:20)

(2) 같은(同時的) 시간: ἐν τῷ+부정사의 형식을 취한다. καὶ ἐν τῷ σπείρειν αὐτόν. **그가 씨 뿌릴 때에.**(마 13:4, 참고. 눅 1:21, 행 9:3)

(3) 이후 시간: μετὰ τὸ+부정사의 형식을 취한다. μετὰ τὸ ἐγερθῆ-ναί με. **내가 다시 살아난 후에.**(마 26:32, 참고. 눅 12:5, 행 1:3)

4) 원인을 나타내는 데 사용된다. 그때에는 διά+대격 부정사의 형식을 취한다.

보기 εὐθέως ἐξανέτειλεν διὰ τὸ μὴ ἔχειν βάθος γῆς. **땅이 깊지 않기 때문에 곧 싹이 났다.**(마 13:5, 참고. 막 5:4, 약 4:2)

5) 명령을 나타내는 부정사도 있다.

보기 χαίρειν μετὰ χαιρόντων. **기뻐하는 자들과 같이 기뻐하라.**(롬 12:15, 참고. 빌 3:16, 딛 2:2)

2. 부정사의 명사적 용법

1) 주어 역할을 한다.

보기 οὕτως πρέπον ἐστὶν ἡμῖν πληρῶσαι πᾶσαν δικαιοσύνην. **이와 같이 하여 우리가 모든 의를 이루는 것이 옳다.**(마 3:15, 참고. 롬 7:18, 엡 5:12)

2) 정동사의 목적어 역할을 한다.

보기 καὶ ἐζήτουν αὐτὸν κρατῆσαι. **또 그들은 그를 잡기를 힘썼다.**(막 12:12, 참고. 고후 8:11, 빌 2:6)

3) 간접 목적어의 역할을 한다.

보기 Σίμων, ἔχω σοί τι εἰπεῖν. **시몬, 내가 그대에게 좀 말할 것이 있소.** (눅 7:40) ὁ θεὸς παρέδωκεν αὐτοὺς λατρεύειν τῇ στρατιᾷ τοῦ οὐρανοῦ. **하나님께서는 그들이 하늘의 군대를 섬기라고 버려두셨다.**(행 7:42, 참고. 눅 10:40)

4) 어떤 동사나 명사로써 나타내는 동작의 수단 혹은 방편의 역할을 한다.

보기 τί πειράζετε τὸν θεόν, ἐπιθεῖναι ζυγὸν ἐπὶ τὸν τράχηλον τῶν μαθητῶν; **어찌하여 당신들은 제자들의 목에 멍에를 둠으로 하나님을 시험합니까?**(행 15:10, 참고. 히 5:5, 고후 2:13)

5) 명사와 동격(apposition)으로 나타날 때가 있다.

보기 θρησκεία καθαρὰ···παρὰ τῷ θεῷ καὶ πατρὶ αὕτη ἐστίν, ἐπισκέπτεσθαι ὀρφανοὺς···. **하나님 아버지 앞에 정결한 경건이 이것이니 곧 고아를 돌아보는 일이다.**(약 1:27, 참고. 살전 4:3, 행 15:28)

6) 명사나 형용사를 수식하는 수식어의 역할을 한다.

(1) 명사를 수식하는 경우

보기 ἔδωκεν αὐτοῖς ἐξουσίαν τέκνα θεοῦ γενέσθαι. **그가 그들에게 하나님의 아들이 되는 권세를 주셨다.**(요 1:12, 참고. 마 3:14, 계 11:18)

(2) 형용사를 수식하는 경우

보기 οὐκ εἰμὶ ἱκανὸς λῦσαι. **나는 풀기에 합당하지 못하다.**(막 1:7, 참고. 고전 7:39, 벧전 1:5)

IV. 분사(Participle)

1. 분사의 부사적 용법

1) 목적(purpose)을 나타내는 경우

보기 ἴδωμεν εἰ ἔρχεται Ἠλίας σώσων αὐτόν. **어디 엘리야가 그를 구하러 오나 보자.**(마 27:49, 참고. 행 15:27, 3:26, 롬 16:25)

2) 시간을 나타내는 경우: '···때에, 후에, 동안에, ···면서, ···(하)고서' 등의 말로 끝을 맺을 수 있는 경우다.

보기 ἰδόντες τὸν ἀστέρα ἐχάρησαν. **그들이 그 별을 보고서(보았을 때에) 기뻐하였다.**(마 2:10, 참고. 롬 4:10, 고후 2:13)

3) 이유를 나타내는 경우: 주동사의 동작의 이유를 나타낸다.

보기 ἐδέξαντο αὐτὸν πάντα ἑωρακότες ὅσα ἐποίησεν. **그들은 그가 행한**

것을 다 보았으므로 그를 영접하였다.(요 4:45, 참고. 마 3:6, 딤전 4:8)

4) 조건을 나타내는 경우: 분사는 조건문의 조건절의 역할을 한다.

보기 πῶς ἡμεῖς ἐκφευξόμεθα τηλικαύτης ἀμελήσαντες σωτηρίας; **우리가 이같이 큰 구원을 등한히 여기면 어떻게 피하겠는가?**(히 2:3, 참고. 눅 3:11, 행 15:29)

5) 양보의 뜻을 나타내는 경우: '비록…일지라도, 아무리…일지라도'

보기 ἐν ᾧ ἀγαλλιᾶσθε, ὀλίγον ἄρτι εἰ δέον λυπηθέντες ἐν ποικίλοις πειρασμοῖς. **이제 여러 가지 시험으로 인하여 그대들이 잠간 동안 근심하게 되지 않을 수 없을지라도 오히려 크게 기뻐한다.**(벧전 1:6, 참고. 롬 5:10, 히 5:12)

6) 수단과 방편을 나타내는 경우

보기 τίς ἐξ ὑμῶν μεριμνῶν δύναται προσθεῖναι ἐπὶ τὴν ἡλικίαν αὐτοῦ; **당신들 중에 누가 염려함으로 자기 키를 더하게 할 수 있소?**(마 6:27, 참고. 행 16:16, 딤전 1:12)

7) 주동사의 동작의 양식(manner)을 나타내는 경우

보기 παραγίνεται Ἰωάννης ὁ βαπτιστὴς κηρύσσων. **세례 요한이 전도하며 나타났다.**(마 3:1) ἐλάλει εὐλογῶν τὸν θεόν. **하나님을 찬양하여 말하였다.**(눅 1:64, 참고. 마 19:22)

8) 주동사로써 나타낸 동작의 개념을 완성시키는 보충적 역할을 한다.

보기 οὐ παύομαι εὐχαριστῶν ὑπὲρ ὑμῶν. **너희를 위하여 감사하기를 마지 않는다.**(엡 1:16, 참고. 마 6:16, 히 5:12)

9) 부수적(附隨的) 분사: 위에서 말한 어떠한 기능도 가지지 않고 다만 하나의 선행적(先行的) 사실이나 생각을 말하는 데 지나지 않는 경우가 있다.

보기 ἐκεῖνοι ἐξελθόντες ἐκήρυξαν πανταχοῦ. **저들은 나가서 사방에서 전도하였다(저들은 나갔다. 그리고 사방에서 전도하였다.).**(막 16:20, 참고. 눅 4:15, 딤후 4:11)

10) 명령의 뜻으로 사용되는 경우

보기 ἀποστυγοῦντες τὸ πονηρόν, κολλώμενοι τῷ ἀγαθῷ. **악을 미워하고 선에 속하라.**(롬 12:9, 참고. 막 5:23, 벧전 2:18)

2. 분사의 완곡어법(periphrastic)

분사는 종종 정동사(定動詞, finite verb)와 합하여 합성 시제를 이룬다. εἰμί 동사와 분사가 합하는 것이 보통이고 γίνομαι, ὑπάρχω와 합하는 경우도 있다.

1) 완곡한 현재: εἰμί와 현재 분사를 합한 형식인데, 이런 형식을 통하여 현재 진행의 뜻을 완전히 드러낼 수 있다. 헬라어 현재 시제는 진행적인 것과 그렇지 않은 것 모두를 나타내는 것이므로 이런 완곡한 방법을 통하여 특별히 진행적인 동작을 나타내게 하는 것은 매우 편리한 고안이라 할 수 있다.

보기 καθὼς καὶ ἐν παντὶ τῷ κόσμῳ ἐστὶν καρποφορούμενον. **온 세상에서도 그것이 열매를 맺고 있는 것과 같이.**(골 1:6, 참고. 마 2:33, 고후 2:17)

2) 완곡한 미완료: εἰμί의 미완료와 현재 분사를 합한 것이다. 이미 미완료 자체가 진행적인 의미를 가지고 있는데, 같은 뜻을 더 긴 말로 표현하는 것이다.

보기 ἦσαν ἐν τῇ ὁδῷ ἀναβαίνοντες εἰς Ἱεροσόλυμα. **그들은 예루살렘으로 올라가고 있는 길이었다.**(막 10:32, 참고. 눅 19:47, 갈 1:22)

3) 완곡한 미래: εἰμί의 미래와 현재 분사를 합한 것이다. 미래 시제도 역시 진행적인 동작과 그렇지 않은 것을 함께 나타낼 수 있으므로 이런 방법을 통하여 완전히 미래의 진행적인 동작을 나타낼 수 있는 것이다.

보기 καὶ οἱ ἀστέρες ἔσονται ἐκ τοῦ οὐρανοῦ πίπτοντες. **그리고 별들이 하늘에서 떨어지고 있을 것이다.**(막 13:25, 참고. 눅 5:10, 21:17, 24)

4) 완곡한 현재완료: εἰμί의 현재와 동사의 현재완료 분사를 합한 것이다. 이것은 대개 완료된 동작의 현재적 결과를 더욱 강조하는 역할을 한다.

그러나 때로는 완성의 개념을 강조하는 경우도 있다.

보기 πεπεισμένος ἐστιν Ἰωάννην προφήτην εἶναι. **요한이 예언자라는 것은 이미 확신되어 있다.**(눅 20:6, 참고. 고후 4:3, 히 4:2)

5) 완곡한 과거완료: εἰμί의 미완료와 동사의 현재완료 분사를 합한 것이다. 완곡한 현재완료와 비교하면 다만 시간적으로 과거라는 것만 다르다.

보기 ἦσαν αὐτῶν οἱ ὀφθαλμοὶ βεβαρημένοι. **그들의 눈이 이미 무거워져 있었던 것이었다.**(마 26:43, 참고. 눅 2:26, 행 21:29)

6) 완곡한 미래완료: εἰμί의 미래와 동사의 현재완료 분사가 합한 것이다. 이것이 신약성서에서는 미래완료의 정규적인 형식이다. 즉 신약성서에는 이 형식밖에 미래완료가 나타나지 않는다.

보기 ὅσα ἐὰν λύσητε ἐπὶ τῆς γῆς ἔσται λελυμένα ἐν οὐρανῷ. **무엇이든지 그대들이 땅에서 풀면 하늘에서 이미 풀려 있을 것이다.**(마 18:18, 참고. 눅 12:52, 히 2:13)

V. 불규칙동사의 변화

현재	미래	단순과거	현재완료 능동태	현재완료 수동태	단순과거 수동태
ἀγγέλλω	ἀγγελῶ	ἤγγειλα		ἤγγελμαι	ἠγγέλην
ἄγω	ἄξω	ἤγαγον		ἦγμαι	ἤχθην
αἱρέω	αἱρήσομαι	εἷλον		ᾕρημαι	ᾑρέθην
αἴρω	ἀρῶ	ἦρα	ἦρκα	ἦρμαι	ἤρθην
ἀκούω	ἀκούσω	ἤκουσα	ἀκήκοα		ἠκούσθην
ἁμαρτάνω	ἁμαρτήσω	ἥμαρτον	ἡμάρτηκα		
		ἡμάρτησα			
ἀνοίγω	ἀνοίξω	ἠνέῳξα	ἀνέῳγα	ἠνέῳγμαι	ἠνεῴχθην
		ἀνέῳξα		ἀνέῳγμαι	ἀνεῴχην
		ἤνοιξα		ἤνοιγμαι	ἠνοίχθην

현재	미래	단순과거	현재완료 능동태	현재완료 수동태	단순과거 수동태
ἀποκτείνω	ἀποκτενῶ	ἀποέκτεινα			ἀποεκτάνθην
ἀπόλλυμι	ἀπολέσω	ἀπώλεσα	ἀπώλωλα		
ἀρέσκω	ἀρέσω	ἤρεσα			
ἀρνέομαι	ἀρνήσομαι	ἠρνησάμην		ἤρνημαι	ἠρνήθην
ἄρχω	ἄρξομαι	ἠρξάμην			
ἀφίημι	ἀφιήσω	ἀφιῆκα	ἀφιεῖκα	ἀφιέωμαι	ἀφιέθην
βαίνω	βήσομαι	ἔβην	βέβηκα		
βάλλω	βαλῶ	ἔβαλον	βέβληκα	βέβλημαι	ἐβλήθην
γαμέω	γαμήσω	ἔγημα	γεγάμηκα		ἐγαμήθην
γίνομαι	γενήσομαι	ἐγενόμην	γέγονα	γεγένημαι	ἐγενήθην
γινώσκω	γνώσομαι	ἔγνων	ἔγνωκα	ἔγνωσμαι	ἐγνώσθην
γράφω	γράψω	ἔγραψα	γέγραφα	γέγραμμαι	ἐγράφην
δείκνυμι	δείξω	ἔδειξα		δέδειγμαι	ἐδείχθην
δέχομαι	δέξομαι	ἐδεξάμην		δέδεγμαι	ἐδέχθην
διδάσκω	διδάξω	ἐδίδαξα			ἐδιδάχθην
δίδωμι	δώσω	ἔδωκα	δέδωκα	δέδομαι	ἐδόθην
διώκω	διώξω	ἐδίωξα		δεδίωγμαι	ἐδιώχθην
δύναμαι	δυνήσομαι	ἐδυνάμην			ἠδυνήθην
		ἠδυνάμην			ἠδυνάσθην
ἐγγίζω	ἐγγίσω	ἤγγισα	ἤγγικα		
	ἐγγιῶ				
εἰμί	ἔσομαι	ἤμην(미완료)			
ἐλπίζω	ἐλπίσω	ἤλπισα	ἤλπικα		
ἐργάζομαι		ἠργασάμην		εἴργασμαι	εἰργάσθην
ἔρχομαι	ἐλεύσομαι	ἦλθον	ἐλήλυθα		

현재	미래	단순과거	현재완료 능동태	현재완료 수동태	단순과거 수동태
ἐσθίω	φάγομαι	ἔφαγον			
εὐαγγελίζω		εὐηγγέλισα		εὐηγγέλισ-	εὐηγγελίσ-
		εὐηγγελισά-		μαι	θην
		μην			
εὑρίσκω	εὑρήσω	εὗρον	εὕρηκα		εὑρέθην
εὔχομαι	εὔξομαι	εὐξάμην			
ἔχω	ἕξω	ἔσχον	ἔσχηκα		
θέλω	θελήσω	ἠθέλησα			
θνήσκω	θανοῦμαι	ἔθανον	τέθνηκα		
ἵστημι	στήσω	ἔστησα	ἕστηκα		ἐστάθην
καίω	καύσω	ἔκαυσα		κέκαυμαι	ἐκαύθην
καλέω	καλέσω	ἐκάλεσα	κέκληκα	κέκλημαι	ἐκλήθην
κλίνω	κλινῶ	ἔκλινα	κέκλινα		ἐκλίθην
κρίνω	κρινῶ	ἔκρινα	κέκρινα	κέκριμαι	ἐκρίθην
λαμβάνω	λήμψομαι	ἔλαβον	εἴληφα	εἴλημμαι	ἐλήμφθην
λέγω	ἐρῶ	εἶπον	εἴρηκα	εἴρημαι	ἐρρέθην
		εἶπα			ἐρρήθην
λείπω	λείψω	ἔλιπον	λέλοιπα	λέλειμμαι	ἐλείφθην
μανθάνω		ἔμαθον	μεμάθηκα		
μέλλω	μελλήσω	ἤμελλον			
		ἔμελλον			
μένω	μενῶ	ἔμεινα	μεμένηκα		
μιμνήσκω	μνήσω	ἔμνησα		μέμνημαι	ἐμνήσθην
ὁράω	ὄψομαι	εἶδον	ἑόρακα		
			ἑώρακα		ὤφθην

현재	미래	단순과거	현재완료 능동태	현재완료 수동태	단순과거 수동태
πάσχω		ἔπαθον	πέπονθα		
πείθω	πείσω	ἔπεισα	πέποιθα	πέπεισμαι	ἐπείσθην
πίνω	πίομαι	ἔπιον	πέπωκα		ἐπόθην
πίπτω	πεσοῦμαι	ἔπεσον	πέπτωκα		
στέλλω	στελῶ	ἔστειλα	ἔσταλκα	ἔσταλμαι	ἐστάλην
στρέφω	στρέψω	ἔστρεψα		ἔστραμμαι	ἐστράφην
σώζω	σώσω	ἔσωσα	σέσωκα	σέσωσμαι	ἐσώθην
τελέω	τελῶ	ἐτέλεσα	τετέλεκα	τετέλεσμαι	ἐτελέσθην
τίθημι	θήσω	ἔθηκα	τέθεικα	τέθειμαι	ἐτέθην
τρέχω		ἔδραμον			
φαίνω	φανοῦμαι	ἔφανα			
φέρω	οἴσω	ἤνεγκα	ἐνήνοχα		ἐνέχθην
φεύγω	φεύξομαι	ἔφυγον	πέφευγα		
φθείρω	φθερῶ	ἔφθειρα		ἔφθαρμαι	ἐφθάρην

※신약성서에서 가장 많이 사용되고, 또 가장 어려운 불규칙 동사만을 골라서 여기에 실었다.

색인

주제 색인

낱말 색인